Ein Buch über das Tagebuchschreiben: Wer tut das, in welchem Lebensalter und in welcher Form, und wie fängt man damit an? Schreibt man besser mit dem Stift oder am Computer, spontan oder bedacht, täglich oder nur gelegentlich, auf Reisen oder auch im Alltag, in kurzen Stichworten oder langen Sätzen? Darf man Tagebuchnotizen korrigieren? Sind sie dann noch authentisch? Und überhaupt: Wer sollte sie lesen? Wie gingen berühmte Tagebuchschreiber mit ihren Aufzeichnungen um?

Olaf Georg Klein weiß, dass Tagebuchschreiben mehr Zeit schenkt als verbraucht – und dass das Schreiben das Leben vervielfacht. Er zeigt die Möglichkeiten, mit Hilfe eines Tagebuchs die Erinnerung zu schärfen, konkreter zu denken, intensiver zu fühlen und zu leben. Und er erläutert, worin der Unterschied zu einem Blog besteht.

Begleitet von berühmten Tagebuchschreibern wie Franz Kafka, Alma Mahler-Werfel, Elias Canetti, Anaïs Nin, Max Frisch und Susan Sontag.

OLAF GEORG KLEIN

TAGEBUCHSCHREIBEN

Verlag Klaus Wagenbach Berlin

INHALT

VORWORT

Tagebuchschreiben trotz Blog & Co.

Schreiben zu können ist ein Wunder. Der niedergeschriebene Satz kann einen Moment des Lebens einfangen und festhalten. Für einen selbst und vielleicht auch für andere. So, wie das Foto einen bestimmten Augenblick fixieren kann. Aber es gibt da einen wesentlichen Unterschied. Das Foto bildet die sichtbare Oberfläche ab. Besser als nichts. Der geschriebene Satz aber kann das eigene Denken und Fühlen, ja das eigene Sein festhalten. Ein geschriebener Satz ist nicht Oberfläche, sondern Tiefendimension, wie ein Foto der eigenen Seele, des eigenen Seins.

Das ist die Faszination, die seit Jahrhunderten von Tagebüchern ausgeht. Was aber unterscheidet ein Tagebuch von einem Brief, einer E-Mail, einer beliebigen Mitteilung an andere? Diese Mitteilungen haben ein spezielles Thema, ein bestimmtes Ziel und vor allem ein persönliches Gegenüber. Dieses Gegenüber beeinflusst auf eine subtile Weise, was geschrieben wird. Man versucht sich einem anderen verständlich zu machen. Auch bei diesem Schreiben kommt direkt oder indirekt etwas vom eigenen Selbst ins Spiel. Aber normalerweise ist es gerade nicht das eigene reflektierende Selbst, das zum Thema gemacht wird.

Das Tagebuch dagegen hat ursprünglich vor allem dieses Selbst zum Gegenstand. Wie es die Dinge erlebt und verarbeitet, wie es fühlt und denkt, was es träumt und was es sich wünscht. Das Tagebuchschreiben hat kein äußeres Ziel, das über das Schreiben hinausgeht, will niemanden überzeugen oder beeinflussen. Höchstens sich selbst. Es ist auf eine radikale Weise intim. Wie eine bestimmte Art der Meditation. Nicht auf ein Tun oder Erreichen gerichtet. Beim Tagebuchschreiben bleibt die Zeit für einen Moment stehen. Man geht nicht weiter, verändert nichts, will nichts erreichen, bezwecken – Tagebuchschreiben ist reines Sein.

Gerade in dieser Zeit der Reizüberflutung, des Getriebenseins, der Zerstreuung und der beinahe unendlichen Optionen kann diese Rückbesinnung auf das Zentrum der eigenen Existenz eine Quelle der Kraft, der Ruhe und der Klarheit sein. Man hält die Zeit an und betrachtet, wie bei einer schönen Bergwanderung, die Aussicht. Nur eben die Aussicht auf das eigene Leben und was da an Schönheiten und Perspektiven, an Widersprüchen und Abgründen sichtbar wird.

Obendrein ist das Tagebuch verschwiegen. Man muss darin nicht »gut aussehen«, kann sich irren, sich wiederholen oder widersprechen, kann übertreiben oder weglassen, kann Zusammenhänge herstellen oder Dinge verschweigen. Ganz nach Belieben. Es gibt keine Pflicht, jeden Tag zu schreiben, obwohl der Name des »Tage«-Buchs das vermuten lässt. Wer möchte, schreibt, wer an einem Tag nichts notieren möchte, lässt es sein. Niemand ist beleidigt oder frustriert, wenn nichts geschrieben wurde.

Das Tagebuch erlaubt es einem, so oft man möchte, zurückzuschauen. Die Zeit kann quasi rückwärtslaufen, wie in einem Film, der nach dem Ende wieder von vorn angeschaut wird. Ein Projekt, das schon fertig ist, kann noch mal vom Anfang her betrachtet werden. Von einer Liebe, die vielleicht in voller Blüte oder schon vergangen ist, können noch einmal die zarten oder verrückten Anfänge nachempfunden werden.

Das ist eine ganz andere Art des Surfens. Es ist ein Surfen durch das eigene, schon gelebte und vor allem – bewusst – erlebte Leben. Dieses Leben kann einem niemand mehr nehmen, es kann höchstens verschleudert oder vertan werden, indem man nach und nach die Fähigkeit verliert, sich tief und differenziert an vieles zu erinnern, was bereits längere Zeit zurückliegt.

Durch das Tagebuchschreiben nimmt die Tiefe des Empfindens zu, die Intensität des Nachspürens und die Fähigkeit, sich nuanciert zu erinnern. Dies geschieht sowohl durch das Tagebuch, das man bereits geschrieben hat, als auch durch das fortlaufende Weiterschreiben. Es ist ein heilsames Gegenüber zu den vorbeirauschenden Erlebnissen des Tages, bei denen man schon nach ein paar Stunden nicht mehr sagen kann, was man eigentlich dabei gedacht oder empfunden hat. Ein Gegenüber zu dem von Paul Virilio im gleichnamigen Essay so treffend bezeichneten »rasenden Stillstand«, in dem einerseits alles sehr schnell vorbeirauscht und sich andererseits nichts mehr zu verändern scheint.

Durch das Tagebuch lässt sich erkennen, dass und vor allem wie man sich im Laufe der Zeit verändert – in seinen Vorlieben und Abneigungen, in seinen Meinungen und Haltungen, in der Art, die Welt zu sehen und sich darin zu verhalten.

Der Tagebuchschreiber muss auswählen. Es ist unmöglich, einen ganzen Tag mit all seinen Facetten, äußeren Begebenheiten und inneren Reaktionen zu beschreiben. Das allein wäre ein Roman, so wie James Joyce in seinem Buch *Ulysses* einen einzigen Tag seines Helden beschreibt. Da niemand jeden Tag einen Roman schreiben kann, sind Tagebuchschreibende gezwungen, eine Auswahl zu treffen. Welches Gefühl, welcher Gedanke ist an diesem Tag des Lebens wichtig gewesen? Einzigartig und unvergleichlich? Welche Anregung sollte aufgenommen und weiterverfolgt werden? Welches Ereignis notiert?

Das kann eine Liedzeile sein, ein Satz aus einer E-Mail, die Rückmeldung eines Freundes, ein interessanter Gedanke aus einer Vorlesung oder einem Buch. Dieses Auswählen, das man beim Schreiben allmählich lernt und verfeinert, führt beinahe wie von selbst zu einer inneren Zentrierung. Aufschreiben oder nicht aufschreiben? Und wenn, wie genau? Wie ausführlich? Aus welcher Perspektive? Ein wunderbares Reich der Freiheit. Eine Möglichkeit, das, was einem selbst am eigenen Leben wichtig erscheint, herauszuheben aus dem Strom des Vergessens und der vergehenden Zeit.

Der Prozess des Schreibens führt daher zu einer vollkommen anderen Art von Selbstbewusstsein. Zu einem Selbstbewusstsein, das nicht so sehr auf Wettkampf und äußeren Erfolgen, auf oberflächlicher und leicht vergänglicher äußerer Anerkennung basiert, sondern auf dem Bewusstsein der Einzigartigkeit der eigenen Existenz.

All dies vermittelt möglicherweise eine Ahnung von dem, was so ganz nebenbei an »Gewinn« aus einem Tagebuch gezogen werden kann. Und es wird vielleicht deutlich, warum diese jahrhundertealte Kulturtechnik nichts von ihrer Faszination verloren hat und heute als eine qualifizierte Gegenbewegung zu Facebook & Co. eine Art Renaissance erlebt.

Muss noch eigens betont werden, worin der Unterschied zwischen einem Tagebuch und einem Blog besteht? Das Tagebuch ist eine weitgehend zweckfreie Angelegenheit, die höchstens auf Selbsterkenntnis zielt und nicht an andere Personen gerichtet ist. Das gilt auch für Tagebücher, die vielleicht doch Jahrzehnte oder Jahrhunderte später veröffentlicht werden.

Der Blog ist dagegen eine spezielle Methode des Veröffentlichens im Internet. Er hat meist ein klar umrissenes Thema und vor allem von Beginn an den Leser, den Follower im Blick. Auch wenn er privat ist, ist er zugleich öffentlich. Das verändert die Art zu schreiben, den Grad der Ungeschütztheit und der Selbstinfragestellung. Was da geschrieben wird, ist und bleibt – selbst in der Grenzüberschreitung – kalkuliert und zielgerichtet. Das kann interessant sein, gewisse Einblicke in eine fremde Lebenssituation geben und durchaus ergreifen, wie in dem später zum Buch gewordenen Blog von Wolfgang Herrndorf, *Arbeit und Struktur*, in dem er über seinen Kampf gegen den Gehirntumor schreibt.[1]

Authentische Tagebücher haben eine ganz andere Tiefendimension, weil sie ungeschützt und nicht kalkulierend geschrieben wurden, ohne den ständigen Seitenblick auf einen zukünftigen Leser, sodass es fast möglich scheint, in einen anderen Menschen hineinzuschauen.

Bei Tagebüchern ist zu unterscheiden, ob sie als authentisches Tagebuch geführt (und später vielleicht in Auszügen oder als Ganzes veröffentlicht) wurden oder ob der Schreiber eine Veröffentlichung von vornherein geplant hat, wie dies zum Beispiel bei den Tagebüchern von Max Frisch der Fall ist.[2]

Solche im Hinblick auf eine Veröffentlichung verfassten Texte haben Ähnlichkeiten mit einem Blog (nur dass der heutige Blog obendrein noch interaktiv ist). In diesen stilisierten und literarisierten Tagebüchern geht es nicht in erster Linie um Selbstreflexion und Selbsterkenntnis, sondern ebenfalls um das fiktive oder reale Publikum, das diese Texte lesen soll.

Ein jüngeres Beispiel hierfür ist Helmut Krausser, der über zwölf Jahre jedes Jahr einen Monat lang Tagebuch geschrieben hat, beginnend im Jahr 1992. Auch da ist jede Selbstoffenbarung, jede Grenzübertretung von vornherein kalkuliert, um am Ende ein teils theatralisches, teils fiktionales Selbstbild des Autors zu erzeugen.

In Tagebüchern, die von Anfang an zur Veröffentlichung vorgesehen und dafür geschrieben werden, spürt der Autor eben nicht den eigenen Gedanken nach oder entwickelt diese erst. Er notiert fertige Gedanken oder reflektierte Emotionen und versucht, anderen ein bestimmtes Bild von sich zu vermitteln. Es geht darum, sich möglichst interessant zu machen, sich selbst zu inszenieren.

Die Linie zwischen diesen beiden Arten von Tagebüchern ist leicht zu erkennen. Einem authentischen Tagebuch fehlt das Ausgewogene und Geglättete, das Bedachte und Komponierte. Es ist wild oder widersprüchlich, unvorteilhaft oder suchend. Elias Canetti formulierte das so:

»Alle die Gespräche, die man in der Wirklichkeit nie zu Ende führen kann, weil sie in Gewalttätigkeiten enden würden, alle die absoluten, schonungslosen vernichtenden Worte, die man anderen oft zu sagen hätte, schlagen sich hier nieder. Hier bleiben sie geheim, denn ein Tagebuch, das nicht geheim ist, ist keines …«[3]

Gibt es Mischformen und fließende Übergänge? Bei einem berühmt gewordenen Autor stellt sich die Frage, inwieweit allein die Erwartung, dass die Tagebücher vielleicht dereinst veröffentlicht werden könnten, das Schreiben derselben beeinflusst. Nicht ohne Grund hat Thomas Mann seine frühen Tagebücher vernichtet und die späteren im Horizont seines wachsenden Ruhms geschrieben. Aber auch hier ist mit Canetti festzuhalten:

»Im Tagebuch spricht man zu sich selbst. Wer das nicht kann, wer eine Zuhörerschaft vor sich sieht, sei es auch eine späte, sei es nach seinem Tod, der fälscht. Von solchen gefälschten Tagebüchern soll jetzt nicht die Rede sein. Auch sie können ihren Wert haben. Es gibt welche unter ihnen, die ungemein fesselnd sind; was an ihnen interessiert, ist das Maß der Fälschung: ihr Reiz hängt ab von der Begabung des Fälschers.«[4]

Um diese und viele andere, hier nur angerissene Themen soll es in diesem Buch gehen – um die heilsamen Wirkungen des Tagebuchschreibens, den Zusammenhang von Schreiben und Denken, von Schreiben und Selbstbewusstsein (das durch das Schreiben entstehen kann), um die Veränderungen in der Zeitwahrnehmung und der Erinnerung. Und wenn sich der eine oder die andere inspiriert fühlen sollte, angeregt durch diese Gedanken, Betrachtungen und Erfahrungen, selbst ein Tagebuch zu beginnen, wäre das ein nicht ganz ungewollter Nebeneffekt.

I. DAS TAGEBUCH SCHREIBEN

ANLÄSSE DES TAGEBUCHSCHREIBENS

Wann schreiben Menschen Tagebuch?

Viele haben in ihrem Leben schon einmal Tagebuch geschrieben. Manche nur ein paar Tage, manche ein paar Wochen und wenige auch über Jahrzehnte hinweg. Vor allem in bestimmten Ausnahmesituationen greifen Menschen zu Papier und Stift – oder öffnen eine neue Datei im Computer mit der Überschrift: »Tagebuch« – und fangen an zu schreiben.

Nicht unbedingt täglich. Aber immer wieder. Ohne große Vorüberlegungen oder Grundsatzentscheidungen. Ohne darüber nachzudenken, wohin es am Ende führen wird und wozu es nützlich ist. Ohne Theorien über das Tagebuchschreiben oder berühmte Tagebücher gelesen zu haben. Quasi spontan.

In außergewöhnlichen Momenten des Lebens liegt es besonders nahe, das plötzlich über einen Hereinbrechende, das gerade Erlebte für sich selbst zu sortieren und in Worte zu fassen. Sei es, dass einem etwas besonders Schönes oder überraschend Neues begegnet ist, sei es, dass man – mitunter sehr plötzlich – mit einem Verlust, einem Schmerz oder einer existentiellen Veränderung konfrontiert wurde.

Oft gibt es in konfliktreichen Situationen ein gewisses Durcheinander, eine Gleichzeitigkeit von Ängsten und Erwartungen, von Befürchtungen und Interpretationen, die sich, wenn sie einmal niedergeschrieben wurden, leichter einordnen und benennen, prüfen und befragen lassen. Auch mit traumatischen und immer wiederkehrenden Gedanken oder Emotionen lässt sich in einem Tagebuch besser umgehen, weil das Niederschreiben zu einer Verlangsamung und einer Entlastung führt.

Ein anderer Grund, mit dem Tagebuchschreiben zu beginnen, ist das Fehlen eines geeigneten Gesprächspartners. Ein Mensch, der Verständnis hat, nicht in einem Konkurrenzverhältnis steht, der keine Eigeninteressen hat, der über eine gewisse Erfahrung verfügt und dem man außerdem vertrauen kann.

All das kann ein Tagebuch leisten. Das Verschriftlichen dessen, was einen im Inneren bewegt, hilft, zu den vielen gleichzeitigen Impulsen und Ideen, Gedanken und Befürchtungen ein wenig auf Distanz zu gehen. Anvertrauen kann man dem Tagebuch einfach alles – vorausgesetzt, man ist sich sicher, dass niemand anderes es liest.

Eigeninteressen hat ein Tagebuch nicht. Es nimmt einfach alles auf und an, ohne die Stirn zu runzeln oder Kommentare abzugeben. Dadurch, dass man die eigenen Schilderungen später nochmals lesen kann, kommt man quasi von allein in die Rolle der Betrachterin oder des Betrachters. Was habe ich da gestern geschrieben? Stimmt das noch immer? Genau auf diese Weise? Gibt es andere Aspekte? Neue Perspektiven? Eine unerwartete Einsicht? Dies führt nach und nach zu einer genaueren Wahrnehmung des eigenen Denkens und Fühlens.

Auch eine außergewöhnliche Reise in eine fremde Kultur kann Anlass sein, ein Tagebuch zu führen. Darin geht es dann nicht nur um äußere Begebenheiten und Erlebnisse, sondern auch darum, wie man sich selbst in dieser anderen Kultur wahrnimmt und verändert. Was ist eigentlich individuell? Was kulturelle Prägung? Was könnte aus dieser anderen Kultur vielleicht in das eigene Leben übernommen werden?

Das Tagebuchschreiben hilft dabei, nicht nur passiv und rezeptiv durchs Leben zu gehen. Der individuelle Einfluss auf Situationen und auch mögliche Alternativen werden deutlicher. Viele Menschen fangen vor großen Entscheidungen an, Tagebuch zu schreiben, weil für den Abwägungsprozess eine einfache Plus-Minus-Liste nicht mehr ausreicht.

Auch eine aktivere, selbstbewusstere Gestaltung des Lebens wird durch das Tagebuchschreiben unterstützt. Eine kleine Geste, eine schöne Begegnung oder ein glücklicher Moment können im Tagebuch festgehalten und intensiver nachempfunden werden. Sonst würden sie im Gedränge des Alltags einfach untergehen. Das Niederschreiben wiederum stärkt die Fähigkeit, solche kostbaren Momente bewusst wahrzunehmen.

Wenn man sich Ziele setzt oder etwas verändern möchte, hilft ein Tagebuch ebenfalls. Ein Ziel aufzuschreiben ist etwas ganz anderes, als es nur vage im Kopf zu haben. Das Tagebuch erinnert einen an seine eigenen Vorsätze. Beim Wiederlesen fragt man sich, warum man diese Vorsätze vielleicht (noch) nicht umgesetzt hat und was einen davon abhält.

Auch aus Fehlern zu lernen ist einfacher, wenn man sie niedergeschrieben und sie damit zumindest vor sich selbst zugegeben und analysiert hat. Das befreit im besten Falle von unbewussten Wiederholungen, die bekanntlich umso leichter geschehen, je eher die eigenen Fehler ignoriert, übergangen oder verdrängt werden.

Das Tagebuch kann auch nützlich sein, um der ständigen Versäumnisangst[1] etwas entgegenzusetzen. Wer hin und wieder innehält und sich die Zeit nimmt zu notieren, was er oder sie erlebt, gelesen, gehört oder sinnlich genossen hat, dem kommt sein Leben plötzlich reicher und erfüllter vor. Das heißt, die Sucht nach dem Neuen, das meistens gar nicht so neu ist, die Abhängigkeit von einer ständigen Beschleunigung und Betriebsamkeit werden auf eine unaufdringliche und behutsame Art gemildert.

Manch einer schreibt hingegen ein Arbeitsjournal, das den Fokus eher auf den Fortgang und die Schwierigkeiten im kreativen Prozess legt. Nicht zuletzt schreiben Menschen Tagebuch, um wunderbare Begebenheiten, Erfahrungen und Gefühle nicht einfach vorbeiziehen zu lassen und zu vergessen. Denn dieses immer schnellere Vergessen führt ja oft zu einer inneren Leere, die dann durch noch größeren Aktionismus ausgeglichen werden soll.

Kann man ohne Tagebuch leben?

Wer sich das bisher Ausgeführte vergegenwärtigt und bedenkt, was das Tagebuchschreiben darüber hinaus noch für heilsame und erfüllende Funktionen haben kann, könnte sich fragen, warum es überhaupt Menschen gibt, die kein Tagebuch schreiben. Wahrscheinlich ist es hier, wie so oft im Leben, dass man das, was man nicht kennt, nicht wirklich vermisst.

Wer es aber kennengelernt hat, möchte oft nicht mehr darauf verzichten. Selbst wenn einem das, was dann manchmal im Tagebuch steht, nicht wirklich gefällt. Arthur Schnitzler meinte ein bisschen selbstironisch:

»Wann wird endlich der Tag kommen, an dem ich in ungetrübt heiterer Laune in diese Blätter schreibe – Aber jetzt! Nichts als Klagen: mir selbst ists zuwider – aber das scribieren hab' ich mir nun mal angewöhnt und wie so manche schlechte Gewohnheit ists nicht loszubringen.«[2]

Bei vielen Menschen gibt es keine *bewusste Entscheidung* gegen das Tagebuchschreiben, sondern es ist für sie vor allem eine Frage der Zeit oder der Priorität. Wann sollte man an einem ohnehin vollen Tag noch die Ruhe finden, um innezuhalten, um sich zu fragen, wie dieser Tag eigentlich verlaufen ist? Was sich gelohnt hat? Was vergeblich war? Was schön und was überraschend gewesen ist? Und wofür und für wen – etwa nur für sich selbst – sollte dieses Tagebuch geschrieben werden? Man ist ja schließlich kein Schriftsteller, keine berühmte Persönlichkeit, deren Gedanken oder Tagesabläufe so bedeutend sind, dass spätere Generationen sie nachlesen werden.

In der Tat ist das Tagebuchschreiben eine Tätigkeit, die nicht auf Nützlichkeit angelegt ist. Es bringt keinen direkten, nachweisbaren oder gar monetären Profit. Keine Fans. Keine Follower. Es ist im wahrsten Sinne des Wortes zuallererst ein Selbstzweck. Das heißt, so angenehm, hilfreich und förderlich eine ganze Reihe von »Nebeneffekten« des authentischen Tagebuchschreibens sind, so kann sich doch niemand hinsetzen und sagen: »Ich schreibe jetzt Tagebuch und dieses und jenes wird dabei herauskommen. Für das eine oder andere wird es garantiert nützlich sein.«

Das Tagebuchschreiben ähnelt einer bestimmten Art von konzentrierter und gesteigerter Aufmerksamkeit. Auch da ist nicht ausgemacht, worauf sich diese Aufmerksamkeit im Einzelnen richten wird. Mit anderen Worten: Niemand kann ein ausbeuterisches Verhältnis zu seinem Tagebuch haben. Damit ist gemeint: Wer drei Runden gejoggt ist, kann messen, wie viele Kalorien er oder sie dabei verbrannt hat und wie sich das auf das Körpergewicht auswirkt. Wer drei Seiten Tagebuch geschrieben hat, kann nicht wissen, wohin ihn das Geschriebene führen wird: zu welcher Erkenntnis, Einsicht oder Verlangsamung, zu welcher Ruhe oder Konzentration. Manchmal ist eine Veränderung vielleicht sofort zu spüren, ein anderes Mal erst nach Wochen oder Monaten.

Was einem bei der Niederschrift fast banal erschien, wird plötzlich wesentlich, und was man für äußerst wichtig hielt, verliert an Bedeutung. Die Bewegung des Lebens wird intensiver spürbar. Aber eine Garantie gibt es nicht.

Wer längere Zeit schreibt, kann feststellen, dass sich das eigene Werten und Urteilen relativiert und sich die Wahrnehmung intensiviert. Man bemerkt zudem, dass man die eigenen Erfahrungen im Laufe der Zeit anders sieht. Was im ersten Moment als große

Chance erschien, stellt sich am Ende als Sackgasse heraus, eine zufällige Begegnung dagegen, die man beinahe gar nicht erwähnt hätte, bewirkt eine Wende im Leben.

Auch die Grenze zwischen dem, was jemand denken und fühlen sollte, und dem, was er oder sie wirklich denkt und fühlt, wird beim Tagebuchschreiben deutlich. Diese beiden Dimensionen des Lebens werden durch Manipulation und Anpassungsdruck von außen oder durch Verdrängung und Selbstverleugnung von innen oft vernebelt oder verwischt. Es ist interessant, sie wieder genauer zu unterscheiden: Wo gebe ich mich auf, zugunsten der Anforderungen anderer? Bringe ich meine eigenen Ansichten selbst zum Verschwinden? Welche meiner vorgeblich eigenen Gedanken und Interpretationen sind mir mehr oder weniger deutlich nahegelegt worden? Welche habe ich in einer bestimmten Situation übernommen, ohne sie zu hinterfragen? Zu welchen bekenne ich mich notgedrungen, mit welchen identifiziere ich mich nach längerem Abwägen? Welche Gedanken wandle ich in Aktivitäten um? Viele Fragen, auf die der Dialog mit dem Tagebuch Antworten zu geben vermag.

Zudem ist der Mensch ja kein in sich einheitliches Individuum. Es gibt in jedem Moment eine Vielzahl von Empfindungen und Wünschen, Wahrnehmungen und Erinnerungen, Impulsen und Ängsten. Durch das Tagebuchschreiben nähert sich der Einzelne wie beiläufig den Fragen: Wer bin ich wirklich? Welche Persönlichkeitsanteile dominieren in meinem Leben? Welche kommen zu kurz? Lebe ich wirklich »mein« Leben? Oder gilt für mich das bekannte Zitat von Ödön von Horváth:

»Ich bin nämlich eigentlich ganz anders, ich komme nur so selten dazu.«[3]

Nebenbei bemerkt schenkt einem das Tagebuchschreiben mehr Zeit, als es kostet. Das wird einem erst allmählich bewusst, ist aber empirisch schwer zu beweisen. Denn wie viele Umwege oder welches Unglück einem erspart bleiben, wie viel unnützer Hetzerei man sich entzieht, wie viele kostspielige Prozesse oder Konflikte man vermeidet, welche schwerwiegenden Fehler nicht wiederholt werden – das alles lässt sich kaum in Tagen und Stunden messen.

Verschiedene Ebenen von Tagebüchern

Es gibt kaum eindimensionale Tagebücher. In jedem Tagebuch existieren verschiedene Ebenen, die dem Schreiber oder der Schreiberin im Moment des Schreibens selbst nicht immer vollkommen bewusst sind.

Selbst wenn sich jemand vornehmen sollte, ein reines Traumtagebuch zu führen, wird er nicht umhinkommen, Deutungen und Zusammenhänge festzuhalten.

Wenn jemand sich nur seinen Emotionen widmen will, ist dies kaum möglich, ohne äußere Ereignisse, Situationen oder Personen zu erwähnen, mit denen diese zusammenhängen. Wer ein Denktagebuch schreiben möchte wie Hannah Arendt, dem wird es nicht gelingen, nur Gedanken zu notieren, sondern es fließen Wertungen und Bezüge und damit auch Emotionen ein – und seien es nur Punkte und Ausrufezeichen.

Wer ein reines Kunst- und Gesellschaftsportrait seiner Zeit verfassen möchte, ohne dabei über sich selbst Auskunft zu geben, wird als Person hinter den Beschreibungen dennoch sichtbar werden – einfach durch den Fokus, mit dem er die Geschehnisse wahrnimmt, beschreibt, Einzelnes hervorhebt und anderes als nebensächlich weglässt. Selbst die nüchternste Chronik verrät etwas über den Lebensrhythmus und die Geisteshaltung ihres Verfassers. Und selbst eine flüchtige Notiz kann viel mehr an Erkenntnis enthalten, als der Schreiber im Moment des Notierens ahnte. Ein Beispiel ist der Satz von Franz Kafka:

»Deutschland hat Russland den Krieg erklärt. – Nachmittag Schwimmschule.«[4]

Wie kann es sein, dass ein solches Ereignis unkommentiert bleibt und in seinen möglichen Konsequenzen nicht reflektiert wird? Kann eine solche Banalität folgen, wenn gerade ein Krieg beginnt? Es kann. Und es zeigt etwas über das Menschsein an sich auf, nämlich über das Zusammenspiel von historischen Ereignissen und persönlichen Lebenszuständen. Diese Notiz weist auf die Kluft hin zwischen dem, was der Einzelne beeinflussen kann und was nicht, und weshalb er seinen Alltag weiterlebt, als sei nichts Besonderes geschehen.

Oder wenn jemand beschreibt, wie er Anfang der 1990er Jahre in Paris am Gare du Nord mehrere große handgeschriebene Zettel an verschiedene Pfeiler geklebt hat, mit seinem Namen und der Adresse des Hotels, in dem er zu finden sei, weil wegen eines Bahnstreiks die Ankunft des Zuges aus Rom ungewiss war, in dem eine geliebte Person saß. Für einen späteren Leser dieser Aufzeichnungen scheint plötzlich auf, wie das Leben ohne Mobiltelefone funktioniert hat. Dass man sie nicht vermisst hat, weil sie nicht existierten. Und wie man sich stattdessen kreativ beholfen hat, um eine Kommunikation aufrechtzuerhalten in diffusen und unklaren Momenten des menschlichen Lebens. Das ist genau der Reiz, der von Tagebüchern ausgehen kann – nicht nur von fremden, veröffentlichten Tagebüchern berühmter Leute.

Der Chronist seines eigenen Lebens, der individuelle Tagebuchschreiber, kann beim Wiederlesen der eigenen Tagebücher immer wieder überraschende Entdeckungen machen: was einmal normal war oder von einem selbst für normal gehalten wurde. Was möglich war und später nicht einmal mehr denkbar. Oder was nicht erwähnt wurde, weil es anscheinend zu nebensächlich war.

Manchmal würde man schwören, ein Erlebnis, eine Begegnung nie gehabt zu haben, eine Tat nicht begangen, eine Meinung nie geteilt, eine Behauptung nie geglaubt – bis, ja bis man zufällig im Tagebuch genau das Gegenteil über sich selbst nachliest. Unangenehm? Könnte sein. Aber eben auch sehr heilsam, um nicht der Selbstgerechtigkeit zu verfallen oder arrogant zu werden oder über andere zu schnell zu urteilen.

Und dann ist da noch das »geheime Leben«, das sich mal explizit, mal angedeutet in Tagebüchern wiederfindet. Die Dinge, die nicht ins Bild passen, die nicht ausgesprochen werden können oder sollen, die von anderen nicht akzeptiert würden, die aber einen nicht unwesentlichen Teil des eigenen Lebens ausmachten oder ausmachen.

Notizbücher und andere Vorformen

Ein Tagebuch zu schreiben muss nicht zwangsläufig mit einem Paukenschlag oder einem festen Vorsatz beginnen, wie etwa bei Friedrich Nietzsche:

»Endlich ist mein Entschluss gefasst, ein Tagebuch zu schreiben, in welchem man alles, was freudig oder auch traurig das Herz bewegt, dem Gedächtnis überliefert, um sich nach Jahren noch an Leben und Treiben dieser Zeit und besonders *meiner* zu erinnern. Möge dieser Entschluss nicht wankend gemacht werden, obgleich bedeutende Hindernisse in den Weg treten.«[5]

Das klingt ein bisschen angestrengt, abgesehen davon, dass um die Weihnachtszeit gefasste Vorsätze (26.12.1856) oft nicht sehr lange halten. Aber die Formulierung, bestimmte Erlebnisse und Erfahrungen »dem Gedächtnis zu überliefern« und sie damit zu erhalten, sei hier noch einmal besonders hervorgehoben.

Es gibt jedoch ganz unterschiedliche, auch niedrigschwellige Anfänge, um mit dem Tagebuchschreiben zu beginnen. Zum Beispiel Kalendereinträge. Wenn diese ausführlicher werden, können sie langsam in eine Art Tagebuch übergehen. Oder man hält parallel zum Kalender in einem Notizbuch Ideen und Gedanken fest, um bestimmte Erkenntnisse nicht zu vergessen. Bis daraus irgendwann, fast unbemerkt, ein Tagebuch geworden ist, auch wenn das eigentlich gar nicht intendiert war.

Kalendereinträge und Notizhefte können also selbstverständliche Vorformen von Tagebüchern sein. Während sich aber Kalendereinträge einem bestimmten Tag zuordnen lassen, ist das bei Notizheften nicht unbedingt der Fall. Das wäre eine erste Trennlinie zwischen einem Notizheft, in das Gedanken, Ideen und Notizen ohne Datum eingetragen werden, und einem Tagebuch, in dem die Eintragungen einem bestimmten Tag und manchmal einer bestimmten Stunde zugeordnet sind.

Aber selbst diese Trennlinie ist nicht eindeutig. In den Notizbüchern von Gottfried Benn beispielsweise finden sich Gedankensplitter, Gedichtanfänge, Ideen und kurze Beschreibungen, die zum Teil ausgearbeitet wurden, die aber oft nur für den Schreiber selbst als Gedankenstütze von Bedeutung waren. Diese sind für einen Außenstehenden schwer oder gar nicht zu interpretieren. Obendrein sind sie selten mit einem Datumseintrag verbunden, was die Zuordnung im Nachhinein für den Schreiber und erst recht für nachher damit befasste Literaturwissenschaftler schwer macht. Man könnte sie als »anarchistische Notizbücher«[6] bezeichnen.

Vorformen von Tagebüchern stellen auch Notate dar, die eher stichpunktartig die Stationen oder Begegnungen des Tages festhalten und später als Erinnerungsstütze oder zum Schreiben einer Autobiographie herangezogen werden können, wie etwa die frühen Aufzeichnungen Johann Wolfgang von Goethes aus dem Mai 1776:

»10. Über Arndstadt Neu Dietendorf Erfurt zurück nach Weimar
d. 11. Im Gart. M. bey St. (mit dem Herrn) Nachts Br. v. Fr.
d. 12. Bey St. abends Claudinen gelesen. Br. V. K.«[7]

Es fehlt noch jede Konkretisierung der Inhalte, die Deutung und die Selbstdeutung. Namen sind nur für den Schreibenden selbst verständlich. Die Niederschrift dient offensichtlich der eigenen Erinnerung. Aber, und das lässt sich hier und bei vielen anderen Tagebuchschreibern zeigen: Tagebücher entwickeln sich, und die

Tagebuchschreiber auch. Spätere Eintragungen von Goethe sind viel ausführlicher und enthalten über die reinen Notate hinweg eine ganze Reihe von Beschreibungen und Reflexionen.

Hier wird eine weitere Trennlinie zwischen kurzen Stichpunktsätzen und einem Tagebuch sichtbar: die Deutung und die Interpretation dessen, was getan oder beobachtet wurde, kommt zu der Notiz hinzu.

Auch Listen, in denen wesentliche Dinge aufgeführt werden, stellen eine Vorform des Tagebuchs dar. Das sind zum Beispiel Listen, die der Selbstbeobachtung und Selbstanalyse dienen, etwa über eigene Ziele, gute Vorsätze oder Dinge, die man in Zukunft lieber sein lassen möchte. Diese sind manchmal einem Datum zugeordnet – an dem die Liste begonnen oder für abgeschlossen erklärt wurde. Sie können aber prinzipiell später ergänzt und variiert werden, weil sie nicht zwingend im Zusammenhang mit einem bestimmten Tag stehen.

Ein berühmtes Beispiel für Listen ohne Datum ist das Kopfkissenbuch einer Hofdame am japanischen Kaiserhof aus dem Jahre 1000. Sie schreibt darüber:

»Was Herzklopfen verursacht« oder »Was das Herz erfreut«, »Was schlecht zusammenpasst«, »Was wunderbar ist«, »Was nah, doch fern ist« oder »Was fern, doch nah ist«.[8]

Von Jochen Schmidt, der eigentlich ein Tagebuch/Blog über seine Erfahrungen beim Lesen von Proust schreibt, stammt ein jüngeres Beispiel. Dort findet sich am Tag 75, am 3. Oktober 2006, die folgende Liste samt Einleitung:

»Man muss auch mal das Positive betonen, dachte ich, aber weil es mir nicht so leicht fiel wie gedacht, eine Liste von Dingen zusammenzustellen, über die ich im Moment glücklich sein könnte, bekam ich schlechte Laune:

- Das neue rote Küchenmesser.
- YouTube.
- Daß keiner über mir wohnt.
- Daß ich nur noch 73 Kilo wiege …
- Daß ich nicht mehr fernsehe (seit Januar).
- Flash Speichersticks …
- Daß ich nicht Verkäuferin geworden bin.
- Daß ich keinen Heliobacter habe …«[9]

Diese Notiz ist aus verschiedenen Gründen interessant. Der Autor schildert, aus welchem Grund er diese Liste anlegt und wie es ihm dabei geht. Obwohl er sich vornimmt, sich mit Hilfe seiner Notizen auf das Positive zu konzentrieren und glücklicher zu sein, tritt beim Schreiben – erst einmal – das Gegenteil ein. Aber schlechte Laune hat er eigentlich nicht wegen der Liste selbst, sondern weil er beim Aufschreiben noch intensiver wahrnimmt, wie schwer es ihm fällt, sich auf das Positive zu konzentrieren.

Das ist eine typische Situation beim Tagebuchschreiben: Die Wahrnehmung wird intensiviert und man kann ihr nicht mehr so leicht ausweichen. Für den Autor ergeben sich daraus zwei mögliche Schlussfolgerungen – in Zukunft keine solche Listen mehr zu schreiben oder dies öfter zu tun und dadurch nach und nach die Perspektive auf sich und das Leben zu verändern.

Die Gemeinsamkeit zwischen diesen hier angeführten Vorformen des Tagebuchs und einem Tagebuch ist die Verschriftlichung. Das, was geschieht, was beobachtet, gedacht oder erlebt wurde, wird nicht nur an einem äußerst unzuverlässigen Platz irgendwo im Kopf notiert und dann alsbald gelöscht oder überschrieben. Es wird für wert befunden, auf ein Medium gebannt zu werden, sei es das Papier oder sei es auf ein digitales Speichermedium.

Man kann natürlich auch diktieren, was einem durch den Kopf geht und was man nicht sogleich wieder vergessen möchte. Beim Diktieren selbst und auch beim Anhören der Diktate befindet man sich aber noch immer im Bereich der gesprochenen, der oralen Kultur und nicht in der *Schriftkultur* mit ihren verschiedenen Implikationen.

Das Diktieren kann einen Gedanken vor dem Vergessen bewahren. Es ist und bleibt aber ein spontanes und (noch) unreflektiertes Sprech-Denken. Natürlich kommt es auch beim konzentrierten Sprechen dazu, dass neue Gedanken und Einsichten entstehen. Aber es ist schwierig, diese Gedanken zugleich aus einem gewissen Abstand zu betrachten und zu reflektieren, wie das beim Tagebuchschreiben der Fall ist.

Wer einmal einen mündlichen Text, beispielsweise ein Interview, in die Schriftform übertragen hat, kennt das Phänomen. Sprache, Denkhaltung und Wahrnehmung sind beim Sprechen flüchtiger, sprunghafter und weniger strukturiert. Wer hingegen seine Worte niederschreibt, kann abwägen, einen Begriff ersetzen oder eine Passage umformulieren – wieder und wieder. Erst der zweite oder dritte Blick auf das geschriebene Wort macht es möglich, über seinen Inhalt und die genaue Bedeutung selbst nachzudenken und es gegebenenfalls zu präzisieren oder zu erläutern.

DIE SPONTANEITÄT DES TAGEBUCHSCHREIBENS

Die richtigen Worte suchen und finden

»Da fehlen mir einfach die Worte.« Auch im Gespräch kommt es gelegentlich vor, dass man die richtigen Worte nicht findet. Beim Tagebuchschreiben ist diese Herausforderung womöglich noch größer. Die Suche nach einem passenden Wort, welches dem, was man ausdrücken möchte, am nächsten kommt, ist ein kreativer und offener Prozess.

Einerseits können verschiedene Worte benutzt werden, um einen bestimmten Sachverhalt oder eine Emotion auszudrücken. Andererseits trifft vielleicht kein bekannter Begriff genau die Intention. Dann sucht man nach Synonymen oder Metaphern. Obendrein sind Wahrnehmungen und Empfindungen oft sehr komplex oder verschwommen, überlagert oder widersprüchlich und daher mit bestimmten Worten oder Sätzen nur schwer zu erfassen und in eine klare Reihenfolge zu bringen.

»Was ich mit mir spreche – welch ein Labyrinth!«[10]

Dieser Satz Paul Valérys macht deutlich, dass es herausfordernd sein kann, sich bei sich selbst zurechtzufinden, die treffenden Worte zu wählen und sie strukturiert niederzuschreiben. Das ist das berühmte Phänomen des weißen Blattes: Eben war – im Kopf – noch alles klar, aber nun, wo es aufgeschrieben werden soll, verweigern sich die Worte. Wo anfangen? Wie sich ausdrücken? Alles hängt mit allem zusammen, bedingt sich, geht ineinander über.

Wo ist der rote Faden? Was ist die Hauptsache, was nebensächlich? Um beim Bild des Labyrinths zu bleiben: Es gilt eine ganze Reihe von Neben- und Irrwegen auszulassen. Aber wo ist der Hauptweg? Entsteht er nicht gerade beim Nachdenken und Aufschreiben? Im Ausprobieren und Verwerfen? Auch hier ist der erste Satz der schwierigste.

Erst im Prozess des Schreibens ergibt sich die Klärung, die man nicht im Kopf vorwegnehmen kann. Daher ist das Tagebuchschreiben kein Abschreiben von zuvor im Kopf Gedachtem, sondern ein kreativer Prozess, bei dem das, was so unbefangen als Wirklichkeit bezeichnet wird, aufgenommen und bedacht, in Worte gefasst und damit gewissermaßen neu konstruiert wird. Zugespitzt ließe sich sagen: Woher kann ich wissen, was ich wirklich denke, bevor ich lese, was ich schreibe?

»Wir kennen unser Gehirn immer nur vom Hörensagen«,[11] notierte abermals Paul Valéry in seinen *Heften* und zielte damit auf den Zusammenhang von Denken und Sprechen sowie auf die Dominanz der Sprache bei der Selbsterkenntnis.

Darüber hinaus gibt es noch eine andere Dimension des Denkens, bei der man das eigene Gehirn kennenlernen kann und in der zugleich das Unbewusste beteiligt ist: Das sind die Träume.

Beim Wahrnehmen, Erinnern und Aufschreiben von Träumen, in einem Traumtagebuch, ist die Sache noch ein bisschen komplizierter als beim Notieren von Gedanken und Emotionen. Träume sind ihrer Natur nach hochkomplexe Bilder, vergleichbar mit surrealen, inneren Filmen, obendrein voller Symbole und Andeutungen, und sie spielen häufig zu verschiedenen Zeiten oder vereinen verschiedene Zeiten symbolisch zu einem einzigen Moment. Diese Bilder und Symbole müssen überhaupt erst einmal in Worte und Sätze übersetzt werden. (Nur selten werden in Träumen Worte formuliert.) Um derart unübersichtliche und vieldeutige Geschehnisse auszudrücken, muss man sie in eine zeitliche Reihenfolge bringen und die Versprachlichung und Umschreibung dieser komplexen Bilder so zueinander in Beziehung setzen, dass sich daraus ein lesbarer und verständlicher Text ergibt, der dem eigentlichen Traum möglichst nahekommt.

Ganz zu schweigen von den Assoziationen, die der Träumende selbst mit bestimmten Symbolen und Verknüpfungen, Personen und Räumen verbindet, die den Traum schon zu interpretieren beginnen. Dieser Prozess der Übersetzung von Bildern in Sprache stellt eine interessante »Mentalisierung«[12] dar, die dabei hilft, vage und unscharfe visuelle Bilder genauer wahrzunehmen und deren Wirkung und Bedeutung für das eigene Leben zu erfassen.

Ähnliches gilt übrigens für die unendlich vielen visuellen Wahrnehmungen, denen der moderne Mensch an einem Tag ausgesetzt ist und die ihn nicht nur auf subtile Art und Weise beeinflussen, sondern die meist vorsprachlich und damit unbewusst bleiben, ohne dass das überhaupt registriert wird. Dies beginnt bei der Wahrnehmung der Körpersprache anderer Menschen und reicht über Werbeflächen bis hin zu Filmen. Auch hier wäre es sinnvoll, hin und wieder zu trainieren, diese Bilder im Tagebuch in Sprache zu übersetzen. Natürlich kann man auch Skizzen, Fotos, Zeitungsausschnitte und Ähnliches in seine Tagebücher einfügen. Aber ohne eine Versprachlichung in Form einer Interpretation und eines In-Beziehung-Setzens zur eigenen Existenz wäre so eine Bildsammlung kein Tagebuch mehr, sondern eher ein Fotoalbum oder eine Collage.

Der Prozess der Versprachlichung und Verschriftlichung eigener Gedanken und Beobachtungen, von Bildern und Träumen führt sowohl zu einer ständigen Mentalisierung als auch zum Vertiefen und Präzisieren der jeweiligen Beobachtungen. Im Moment des Aufschreibens tritt vieles klarer hervor, was man vorher nur nebenbei, vage oder halbbewusst wahrgenommen hat, und man kann es außerdem durch den Abstand intensiver oder affektfreier betrachten.

Spontane und geplante Tagebücher

Nach diesen Reflexionen über das Denken, Sprechen und Beobachten und deren Verschriftlichung soll an dieser Stelle eine Lanze für die Spontaneität des Tagebuchschreibens gebrochen werden. Was schwierig klingt, ist zugleich ein ganz alltäglicher Prozess und wird, je mehr Übung man damit hat, immer leichter.

Außerdem gilt: So, wie es kein perfektes Leben gibt, gibt es kein perfektes Tagebuch. Jeder Tagebuchschreiber wählt aus, übersieht, verliert sich, wird formal oder episch, wird einseitig oder geschwätzig, schreibt abgehoben oder banal. Ganz gleich, ob spontan oder geplant.

Das Wunderbare ist jedoch gerade die große Freiheit, die mit dem Schreiben eines Tagebuchs einhergeht. Man kann vage bleiben. Mit Andeutungen spielen. Dinge nicht so genau ausführen. Abschweifen, wiederholen, Nebenwege gehen oder sich treiben lassen. Oder gar nicht schreiben. Oder schreiben, dass man leider nicht geschrieben hat, wie es zum Beispiel Walter Kempowski tat:

»Wunderschöne Träume, aber ich war zu faul sie aufzuschreiben, und jetzt habe ich sie vergessen.«[13]

Tagebuchschreiben ist ein Reich der Freiheit und der Unbekümmertheit, eines der wenigen, die es in der heutigen Zeit und in dieser Kultur noch gibt. Niemanden geht es etwas an, was geschrieben wird, wie geschrieben wird oder wann geschrieben wird. Keiner prüft die Texte, beurteilt oder verurteilt sie. Es gibt keine Noten. Daher kann das Tagebuchschreiben auch die Lust am Schreiben wieder zurückbringen, die manchem durch Schulaufsätze oder Hausarbeiten an der Universität vergangen oder ausgetrieben worden ist.

Wenn die Alphabetisierung nur dazu dient, später Informationen an andere schriftlich übermitteln zu können, wird sie bald überflüssig werden. Diese Aufgabe könnten auch Diktierprogramme übernehmen. Was aber neben der Rechtschreibung und den Gedichtinterpretationen in Schulen vermittelt werden sollte, ist der Zusammenhang von Denken und Schreiben. Denn der eigentliche Effekt kontinuierlichen Schreibens besteht darin, zu einer vertieften Selbsterkenntnis zu gelangen.

Wer also beginnt, ein Tagebuch zu führen, kann feststellen, dass ein Satz den nächsten hervorbringt und dass sich spontan neue Fragen ergeben. Das Tagebuch sorgt – einmal begonnen – für sich selbst. Während etwas hingeschrieben wird, wandert die Aufmerksamkeit. Ein anderes Thema wird plötzlich wichtig. Eine Behauptung wurde mit Vehemenz herausgeschleudert und niedergeschrieben – und plötzlich keimt leise die Frage auf, ob nicht vielleicht auch das Gegenteil wahr sein könnte. Wenn man eindringlich eine Seite eines Konflikts beschrieben hat, ruft der Text quasi nach Ergänzung: Was ist mit der anderen Seite? Der anderen Perspektive?

Wer denkt, der Tag habe nichts Interessantes mit sich gebracht, und nur zögernd einen ersten Satz notiert, gerät plötzlich in Schreibfluss, und es scheint, als würde sich das Tagebuch wie von selbst vertiefen und fortschreiben. Obendrein verändert sich das Schreiben, manchmal am selben Tag, manchmal im Lauf der Zeit. Aus abgehackten Stakkatos wird langsam ein flüssiger Text oder umgekehrt.

Das heißt, der Impuls des Schreibens führt den Schreibenden oft zu Themen oder Sätzen, die er oder sie sich gar nicht bewusst vorgenommen hatten. (Ganz anders als beim Schreiben eines Aufsatzes.) Es gibt, gewollt oder nicht, immer ein Zusammenspiel von geplant und ungeplant, von Vorsatz und Spontaneität, von bewusst und unbewusst. Und der Zufall hat bei allem seine Hand im Spiel. Eine Stunde früher oder später geschrieben, stünde etwas anderes im Tagebuch.

Das Tagebuch ist also alles andere als objektiv. Es ist radikal subjektiv, zeitgebunden und bleibt spontan, selbst wenn es geplant war. Es ist ein kreativer Prozess, bei dem sich ein gewisser Flow, eine Leichtigkeit einstellt und bei dem nur ungefähr zu sagen ist, wo genau die Grenzlinie zwischen dem Schreibenden, dem Schreiben und dem Geschriebenen verläuft. Denn auch der Zustand des Schreibers selbst verändert sich während des Schreibens, wie das zum Beispiel Sören Kierkegaard im Juli 1837 an sich selbst beobachtet:

»Ich mag gar nichts, ich mag nicht gehen – das strengt an; ich mag mich nicht niederlegen; denn entweder würde ich da lange liegen, und das mag ich nicht, oder ich würde sofort wieder aufstehen, und das mag ich auch nicht – ich mag nicht reiten – das ist eine zu starke Anstrengung im Verhältnis zu meiner Apathie ... Kurz: ich mag auch nicht das schreiben, was ich gerade geschrieben habe, und ich mag es auch nicht ausstreichen.«[14]

Auf den ersten Blick offenbart sich hier eine einzige Tristesse – bis hin zum letzten Satz, der nach dem vorher Beschriebenen zwar konsequent ist, aber dem Ganzen plötzlich eine selbstironische Wendung gibt. – »Ich mag es auch nicht ausstreichen«. Das könnte ja bedeuten: Das Schreiben dieser Sätze war vielleicht doch hilfreich, hat den Schreiber womöglich in einen anderen Zustand gebracht. Die genaue Schilderung seines apathischen Zustands war nicht vergeblich.

Im Zusammenhang von Spontaneität und Planung ist auch die Frage interessant, ob das Tagebuch eher am Morgen oder am Abend geschrieben werden sollte. Es gibt sicher nur wenige Menschen, die so exzessiv Tagebuch schreiben, wie es Anaïs Nin getan hat, die einfach immer und überall schrieb, in jedem freien Moment, im Zug, im Café, auf der Straße, beim Friseur.

Wer am Abend schreibt, betont bewusst oder unbewusst eher den Abschluss eines Tages, versucht tendenziell ein Resümee. Die Erlebnisse sind noch nicht durch die Nacht in die Ferne gerückt. Kein Traum hat sie überlagert. Was nicht erledigt wurde, kann erst morgen getan werden. Nacht, Ruhe und Dunkelheit steigern das Bewusstsein für die Endlichkeit des Lebens. Zugleich gibt es da den Ausblick auf den neuen Tag, wie Cesare Pavese das in seinem Tagebuch formuliert hat:

»Es ist Nacht, wie gewöhnlich. Du verspürst die Freude, daß du jetzt ins Bett gehen wirst – du wirst verschwinden, und es wird in einem Augenblick Morgen sein, es wird früher Morgen sein, und es wird die unerhörte Entdeckung, das Sich-den-Dingen-Öffnen, wieder anfangen.«[15]

Immer am Morgen zu schreiben kann dem Tagebuch eine ganz andere Färbung geben. Zum einen sind die Erlebnisse und Ereignisse des letzten Tages bereits ein bisschen zurückgetreten. So kann man schon etwas gelassener auf diese unmittelbare Vergangenheit zurückschauen. Was immer gestern war – heute ist ein neuer Tag. Der Abstand zu dem, was Tag für Tag erschaffen, erlebt oder erlitten wird, vergrößert sich und die Beobachterposition dem eigenen Leben gegenüber wird gestärkt.

Das Schreiben am Morgen wagt eher den Blick in die Zukunft. Man notiert das Datum, hat einen neuen Tag des Lebens vor sich, an dem auch ein neuer Anfang oder wenigstens eine kleine Akzentverschiebung möglich ist. Vielleicht wird die Dankbarkeit gefördert, noch am Leben, noch einmal wach geworden zu sein und etwas aus dem machen zu können, was scheinbar selbstverständlich vor einem liegt.

In gewisser Weise sind also alle Tagebücher spontan. Geplante Tagebücher sind vor allem solche, die von vornherein auf ein bestimmtes Thema hin angelegt oder fokussiert sind. Aber selbst bei diesen geplanten Tagebüchern findet das gleiche Zusammenspiel von Plan und Zufall, von Spontaneität und Struktur, von Chaos und Ordnung statt. Neue Themen können sich ergeben, neue Perspektiven sich entwickeln, Grenzüberschreitungen sind jederzeit möglich.

Literarische Tagebücher

Beim Tagebuchschreiben und dem Umgang mit Tagebüchern gibt es einen Widerspruch. Einerseits sind Tagebücher radikal subjektiv, privat und geheim – und andererseits wurden und werden Tagebücher veröffentlicht. Wie passt das zusammen? Eigentlich gar nicht. Aber spätestens nachdem das erste Tagebuch jemals veröffentlicht wurde, kann oder muss ein Tagebuchschreiber damit rechnen, dass sein (und sei es auch noch so geheimes) Tagebuch einst, ob er will oder nicht, anderen zugänglich gemacht wird.

Das betrifft nicht nur literarische Tagebücher oder Tagebücher von Schriftstellern und berühmten Forschungsreisenden. Authentische Tagebücher können aufgrund ihres Inhalts, ihres Stils oder ihrer zeithistorischen Bedeutung veröffentlicht werden. Ein Beispiel hierfür ist das Tagebuch der Anne Frank. Sie schreibt bereits in ihrem vierten Eintrag:

»Ich nehme an, daß später weder ich noch jemand anders Interesse haben wird an den Herzergüssen eines dreizehnjährigen Schulmädels. Aber eigentlich kommt es darauf gar nicht an. Ich habe Lust zum Schreiben und will vor allem mein Herz gründlich erleichtern.«[16]

Kaum ein Tagebuch ist im letzten Jahrhundert öfter gelesen worden als das ihre.

Bereits hier ist zu erkennen, dass die *Trennlinie* zwischen einem literarischen und einem nicht-literarischen Tagebuch schwer zu ziehen ist und dass viele Faktoren darüber entscheiden, ob ein Tagebuch Jahrzehnte später noch von Interesse ist und gelesen wird. Auch ob ein Tagebuchtext als Literatur gilt, wird zu verschiedenen Zeiten möglicherweise unterschiedlich beurteilt.

Außerdem beginnt ein späterer Autor seine Tagebücher oft lange bevor er das eigentliche Niveau seines Schreibens erreicht hat. Das Tagebuch kann mitunter der Weg sein, zum regelmäßigen Schreiben zu kommen. Das heißt, das Tagebuch entwickelt sich mit dem Autor und der Autor mit seinem Tagebuch. Daher sind frühe Tagebücher von Autoren nicht unbedingt bewusst als ein künstlerisches Werk gestaltet, überarbeitet oder redigiert worden. Die frühen Tagebucheinträge Goethes beispielsweise haben noch sehr wenig mit Literatur oder literarischer Gestaltung zu tun. Es sind zuerst einmal private Aufzeichnungen, Erinnerungsstützen und Listen.

Auch bei anderen Autoren sind die Anfänge ihrer Tagebücher oft Kladden, Versuche der Selbstverständigung, bruchstückhaft und quasi ins Unreine gesprochen oder geschrieben. Dennoch können sie Jahre oder Jahrzehnte später von großem publizistischem und kulturellem Interesse sein, da sie nachträglich den Weg erkennen lassen, den ein Autor von seinen Anfängen bis zur Reife durchmessen hat.

Vor diesem Hintergrund wird verständlich, dass Autoren wie zum Beispiel Thomas Mann oder Brigitte Reimann ihre frühen Tagebücher zu Lebzeiten vernichteten. Das ist konsequent, weil diese Texte nie für eine Veröffentlichung vorgesehen waren. Brigitte Reimann schreibt:

»Als ich heute früh die Asche aus dem Ofen nahm – feine, schneeweiße, zartblättrige Asche –, war ich töricht genug zu staunen. Als hätte ich nicht damit gerechnet, daß sich die Zeugnisse von zehn Jahren während weniger Minuten in Asche verwandeln könnten …«[17]

Das Spannungsverhältnis zwischen dem öffentlichen Interesse an jenen frühen Tagebüchern und Aufzeichnungen und den Eigeninteressen des Autors bleibt letztlich unauflösbar.

So oder so führt aber die Auseinandersetzung mit den verschiedenen Dimensionen der Sprache und des Selbstausdrucks bei Tagebuchschreibern zu einer sich immer mehr entwickelnden

Sprachsensibilität. Daher ist keine jemals geschriebene Zeile umsonst geschrieben worden. Sie verändert den schreibenden und denkenden Tagebuch-Autor, völlig unabhängig davon, was später mit diesen Texten passiert.

Tagebücher, auch die Tagebücher späterer Autoren, sind und bleiben erst einmal private und authentische Tagebücher, es sei denn, sie werden bewusst oder unbewusst von Beginn an für ein Publikum geschrieben und also – wie Canetti sagt – gefälscht.

Tagebücher als fiktive literarische Gattung

Von diesen Fälschungen zu unterscheiden sind Tagebücher, die zwar unter dem Titel »Tagebuch« veröffentlicht werden, aber keine wirklichen Tagebücher sind. Die Rede ist von literarischen Erzählungen, Geschichten oder Anekdoten, die nach dem Prinzip des Tagebuchs mit einem Datum versehen wurden.

Zu dieser literarischen Gattung zählen zum Beispiel die Tagebücher von Max Frisch. Seine *Tagebücher 1946–1949* und *1966–1971* sind von vornherein mit Blick auf eine Veröffentlichung geschrieben worden. Sie bestehen aus Gedanken, Reflexionen und Fragebögen, die Frisch konsequenterweise nicht für sich selbst entwirft und beantwortet, sondern die er dem Leser vorstellt, damit dieser sie für sich selbst beantworten möge.

Nach dem Verhältnis von öffentlichem und privatem Tagebuch befragt, sagte Frisch 1972:

»Wenn ich ein öffentliches Tagebuch schreibe, kann ich kein privates daneben führen. Ich merke dann, dass ich in dem privaten Tagebuch nicht zu dem Grad von Ehrlichkeit, Wildheit oder Unverschämtheit komme, weil ich doch schon mit Öffentlichkeit rechne.«[18]

Zu den rein literarischen Tagebüchern gehören auch Bücher, die mit der Fiktion eines Tagebuchs arbeiten, indem sie etwa die Hauptfigur ein Tagebuch führen lassen, in dem dann die eigentliche Geschichte erzählt wird. Ein berühmtes Beispiel ist der Roman *Jahrestage* von Uwe Johnson, in welchem der Autor das Leben seiner Hauptfigur Gesine Cresspahl in Tagebuchform schildert.

Was aber passiert mit tagebuchschreibenden Autoren, die aufgrund ihres wachsenden Ruhms mit einiger Gewissheit davon ausgehen können, dass ihre Tagebücher dereinst veröffentlicht werden könnten? Inwieweit verändert diese Grundannahme das Tagebuchschreiben selbst, im Sinne einer subtilen Selbstzensur? Werden bestimmte Themen ausgespart? Werden gewisse Fragen nicht mehr gestellt und beantwortet? Wo doch gerade die Unbefangenheit und Unbedachtheit beim Schreiben, die mangelnde Rücksichtnahme auf öffentliche Meinung oder zukünftige Leser den Reiz authentischer Tagebücher ausmachen.

Wer ein Tagebuch nicht als literarische Gattung, sondern ganz authentisch verfasst, ist gut beraten, diverse Formen von Selbstzensur nicht zu praktizieren, sondern der Maxime zu folgen: Dir selbst gegenüber sei ehrlich, auch im Tagebuch. Heimito von Doderer brachte dies so auf den Punkt:

»Schreibe, als ob du allein im Universum wärst.«[19]

Eine andere Frage ist die nach einer späteren Auswahl aus den eigenen Tagebüchern. Welche Themen und Texte aus den spontan, privat und heimlich niedergeschriebenen Tagebüchern ist jemand bereit, Jahrzehnte nach dem Niederschreiben zu veröffentlichen? Was sollte gekürzt und weggelassen werden? Was gerade nicht? Aus welchen Gründen? Wenn eine Autorin wie Anaïs Nin mehrere zehntausend Seiten Tagebuch für sich selbst geschrieben hat, kann man ihr zugestehen, im Nachhinein auszuwählen, was sie selbst davon als essentiell betrachtet, was sie veröffentlichen möchte und was nicht. Sie schreibt zum Beispiel im Tagebuch:

»Wir diskutierten leidenschaftlich unsere Gewohnheit, zu verdichten, streng zu sieben, unsere Forderung nach dem Wesentlichen, der Essenz, dem Destillat, im Leben wie in der Literatur. Es ist keine vorsätzliche Anstrengung, die wir unternehmen, nur Treue uns selbst gegenüber, unserer Art zu denken und zu fühlen. Wir verdichteten nicht bewußt.«[20]

Daher kann es keine legitime Forderung nach bedingungsloser Vollständigkeit bei der Veröffentlichung von Tagebüchern – auch von berühmten Autoren – geben.

Wenn man Tagebücher generell nie veröffentlichte, was in gewissem Sinne konsequent wäre, wüsste niemand, dass es sie gibt. Insofern ist es für das kulturelle Gedächtnis interessant, dass es authentische Tagebücher gibt und dass sie veröffentlicht wurden. Durch sie kann man einen direkten und tiefen Einblick in das Denken und Fühlen anderer Menschen bekommen – und zwar auf eine ganz andere Art und Weise, als das in Romanen oder Erzählungen der Fall ist.

INHALTE VON TAGEBÜCHERN

Die Inhalte von Tagebüchern sind so vielfältig wie die Tagebuchschreiber selbst, und in den meisten Tagebüchern findet man, zumal wenn sie über längere Zeit und nicht nur zu einem bestimmten Anlass geschrieben wurden, ganz verschiedene Inhalte. Dennoch soll hier ein kleiner Überblick über Themenschwerpunkte in Tagebüchern versucht werden. Natürlich eröffnet sich bei jeder einzelnen Kategorie wieder die Frage nach dem »authentischen«, dem »echten« Tagebuch, dem »gefälschten« Tagebuch und nach dem Tagebuch als literarischer Gattung. Im Folgenden ist also immer, wenn nicht ausdrücklich anders vermerkt, vom »authentischen« Tagebuch die Rede.

Reisetagebücher

Als Ursprung der Reisetagetagebücher könnte man das Logbuch betrachten. In ihm werden die Orte, Reiseformen und Ereignisse einer Reise notiert, aber auch die Sitten und Gebräuche einer fernen Kultur. Je mehr diese Beobachtungen mit den Erfahrungen und Prägungen durch die eigene Kultur verglichen und bewusst reflektiert werden, umso mehr wird das Logbuch zum Tagebuch.

Was der Reisende beobachtet, wie er es beschreibt, was er sieht und erlebt, sagt viel über die eigene Konstitution, Einstellung und Erwartung aus. Insofern ist ein Reisetagebuch immer auch persönlich. Aber es muss nicht unbedingt *authentisch* oder echt in dem weiter oben ausgeführten Sinne sein. Viele Reisetagebücher waren von ihren Verfassern bereits als Texte mit literarischem Anspruch gedacht, die den Daheimgebliebenen Einblick in ferne Kulturen vermitteln sollten.

Das Reisetagebuch unterscheidet sich von einem Tagebuch, das im Alltag geschrieben wird, vor allem durch die Distanz, mit der der Reisende eine fremde Kultur betrachtet. Diesen ungewohnten Blick auf sich selbst, von dem ein Tagebuch ohnehin lebt und der ihm seinen spezifischen Wert verleiht, bekommt der Reisende durch die Fremdheitserfahrung quasi präsentiert. Im Alltag muss dieser fremde Blick auf sich selbst erst hervorgebracht werden.

Die Kreativität der anderen Perspektive kommt beispielsweise in dem Reisetagebuch von Simone de Beauvoir über die USA zum Ausdruck. Allerdings ist auch dies kein authentisches, sondern ein literarisches Tagebuch, das bereits kurz nach ihrer Rückkehr veröffentlicht wurde:

»Man fährt mich im Wagen spazieren. Zum erstenmal tauche ich ganz in der freien Natur Amerikas unter ... Man sieht gewiß von Zeit zu Zeit ein Haus, aber es gliedert sich nicht in die Landschaft ein. In Frankreich sind die Häuser aus dem gleichen Granit, der gleichen Vulkanerde, dem gleichen Lehm wie der Grund und Boden gemacht; sie sind unter dem gleichen Regen, unter der gleichen Sonne gealtert und mit ihnen hat der Mensch in der Erde Wurzel geschlagen, so tief wie ein Baum. Hier sind die Häuser aus Holz, unpersönlich wie Ausstellungspavillons und ebenso widerruflich, sie sind einer Natur nicht angepaßt, deren Einsamkeit sie zerstören, ohne sie zu beleben.«[21]

Hier wird nicht festgehalten, wann sie wo gewesen ist und wie ein spezielles Haus ausgesehen hat. Es geht sogleich um eine existentielle Dimension: wie die Menschen in zwei unterschiedlichen Kulturen mit sich, mit der Natur und mit dem Material, aus dem ihre Häuser bestehen, umgehen.

Alexander von Humboldt wiederum hat das Reisetagebuch seiner fünfjährigen großen Expedition nach Südamerika als Grundlage genommen, um, wieder zurück in Europa, ein 36-bändiges monumentales Werk zu schaffen. Das heißt, Tagebücher können auch als Materialsammlung dienen und zum Ausgangspunkt für spätere Veröffentlichungen werden. Bei V.S. Naipaul gehen seine Reisebeschreibungen in *Land der Finsternis – Fremde Heimat Indien* gleich in eine Romanform über – indem die Daten zurückgenommen und die Geschichten und Erlebnisse eher in einer verallgemeinerten Form nacherzählt werden.

Interessant ist, dass Reisetagebücher auch eine andere Art des Reisens hervorbringen. Von einer Reise nicht nur Fotos zu haben, sondern ebenfalls eine Beschreibung des Erlebten und der damit verknüpften Gedanken und Träume, der Gefühle und Beobachtungen, kann den Erinnerungen an diesen Aufenthalt eine vollkommen andere Dimension verleihen.

Ereignistagebücher

Einem Ereignistagebuch liegt das gleiche Prinzip zugrunde wie einem Reisetagebuch. In ihm beschreibt man, was um einen herum und was mit einem selbst geschieht. Auch das eigene tägliche Leben kann ja wie eine Reise betrachtet und beschrieben werden, bei der man Überraschungen erlebt und neue Beobachtungen und Erfahrungen macht.

Anders als auf Reisen gibt es im Alltag meist nicht diesen natürlichen Abstand zu allem, was einen umgibt. Aber genau diese reflektierende Distanz zu sich selbst und den äußeren Umständen kann durch das Schreiben eines Ereignistagebuches nach und nach erreicht werden. Denn die Regeln und Muster, Prägungen und scheinbaren Selbstverständlichkeiten, die einen im Alltäglichen umgeben, müssen nicht unbedingt genau so sein, wie sie nun einmal sind: Das ist das Subversive oder auch Revolutionäre am Tagebuchschreiben, dass eine quasi unbewusste Fremdbestimmung, eine Heteronomie gewandelt werden kann zu einer größeren Autonomie und Selbstzentriertheit. Auch dafür ein Beispiel: Mitten im Kriegstaumel, am 20. Oktober 1914, schreibt Hans Henny Jahnn in sein Tagebuch:

»Mein Pastor hat seinen siebzehnjährigen Jungen ins Feld geschickt, damit er sich das eiserne Kreuz hole. Gesagt hat er es anders, aber gedacht hat er es. Aber weiter hat er auch gar nichts gedacht … er hat nicht bedacht, daß sein Junge erst siebzehn Jahre und schmächtig war; er hat der Not nicht gedacht, die kommen würde, er hat nicht erwogen, ob seines Jungen Augen soviel Blut anschauen könnten, ohne auszubrennen, er hat nicht bedacht, daß sein Sohn als Tier zurückkommen könnte …«[22]

Das Tagebuchschreiben kann dem Einzelnen helfen, auf Distanz zu den ihn umgebenden Zuständen zu gehen. Zugleich kann es die Sensibilität für die Geschehnisse ringsum steigern, die Offenheit für den Zufall, für das Unerwartete, das dem Leben in Nuancen oder im Ganzen eine andere Richtung zu geben vermag. Was jemand erzählt, ist plötzlich nicht nur eine belanglose Geschichte, sondern darin verbirgt sich vielleicht eine Idee, ein Anstoß, eine neue Arbeit oder gar ein neues Leben. Mit einem Wort, man wird berührbarer, und die Welt bekommt jenseits aller Planungen und Konzepte wieder etwas von ihrer Magie und Unberechenbarkeit zurück.

Arbeitsjournale

Das Tagebuch als Arbeitsjournal handelt vom Fortgang eines Projekts; es geht um die damit zusammenhängenden Entwicklungen und Rückschläge, Einsichten und Fortschritte. Gedanken und Reflexionen, die man außerhalb des Arbeitsprozesses hat, können notiert werden, damit sie mit in das Projekt einfließen. Alltagsgespräche oder Diskussionen, Bücher und Filme über andere Themen werden so zu Impulsgebern. Der gesamte Prozess wird anschaulich, falsche Entscheidungen können revidiert, andere, zuvor ausgeschlagene Wege noch einmal aufgenommen werden.

Das berühmteste Arbeitsjournal ist wohl das von Bertolt Brecht. Er führte es in den Jahren von 1938 bis 1955, allerdings nicht als monothematisches Journal. »Bald schon strömte alles in das Journal ein, woraus Brecht Anregungen zog, von den Lektüren über die Bekanntschaften bis zu den politischen Entwicklungen der Zeit …«[23]

Manchmal lassen sich die Dimensionen eines Arbeitsjournals zwischen vielen anderen Eintragungen entdecken. Bestimmte, besonders irritierende oder beglückende Momente der Arbeit werden in das allgemeinere Tagebuch integriert. Max Beckmann schrieb kein reines Arbeitsjournal, notierte aber am 28. Januar 1909 in sein Tagebuch:

»Ich bin ganz im Druck meines neuen Bildes … Es ist merkwürdig ich würde gern für mich einiges was mich so an der Arbeit interessiert aufschreiben aber ich kann gar nicht darüber reden. Ja doch. Raum Raum möchte ich. Tiefe. Natürlichkeit. Möglichst keine Gewaltsamkeiten. Und herbe Farbe. Möglichste Lebendigkeit und doch nicht überlebendig … und wildes grausames prachtvolles Leben. Morgen geht es weiter!«[24]

Dieser Eintrag ist über seinen reinen Inhalt hinaus ein gutes Beispiel für die sich durch das Schreiben intensivierende Selbstwahrnehmung, für die schrittweise Präzisierung dessen, was jemand ausdrücken möchte und anfangs nicht in Worte fassen kann. Beim Schreiben selbst entstehen die Worte. Ein Gedanke wird so lange umkreist und fokussiert, bis er sich fassen lässt: *möglichste Lebendigkeit und doch nicht überlebendig … wildes grausames prachtvolles Leben* – ohne jedes Komma.

Hier noch der glückliche Moment eines anderen Künstlers, Paul Klee, der auf Reisen in Tunesien am 16. April 1914 schreibt:

»Ich lasse jetzt die Arbeit. Es dringt so tief und mild in mich hinein, ich fühle das und werde so sicher, ohne Fleiß. Die Farbe hat mich. Ich brauche nicht nach ihr zu haschen. Sie hat mich für immer, ich weiß das. Das ist der glücklichen Stunde Sinn: Ich und die Farbe sind eins. Ich bin Maler.«[25]

Ein gutes Beispiel dafür, dass man Reisetagebuch, Ereignistagebuch und Arbeitsjournal nicht unbedingt voneinander abgrenzen und unterscheiden kann und muss.

Traumtagebücher

Ein Traumtagebuch hat scheinbar nichts mit einem Arbeitsjournal zu tun. Aber auch die eigenen Träume und deren Interpretation können in verschiedenen Kontexten wahrgenommen werden. Wenn das Bewusstsein stark auf einen kreativen Prozess fokussiert ist, wird sich wahrscheinlich auch das Unbewusste mit dem Fortgang des Projekts beschäftigen.

Möglicherweise scheinen im Traum plötzlich Lösungen auf, die dem Alltagsbewusstsein verschlossen blieben, weil die Lösungen zu komplex oder auf den ersten Blick zu unwahrscheinlich waren. Aber auch Dinge, die jemanden bedrängen, ablenken oder blockieren, kehren direkt oder indirekt im Traum wieder und erinnern daran, sich diesen Themen zuzuwenden.

Träume und Traumtagebücher sind auch deshalb interessant, weil der Traum an sich bereits ein faszinierendes Phänomen ist. Er ist wahr und nicht wahr, klar und nicht klar – und er ist vielfältig zu deuten. Er wird geträumt, aber dennoch nicht im eigentlichen Sinne von dem Träumer hervorgebracht. Genauer betrachtet träumt es dem Einzelnen. Er ist weder wirklich aktiv noch rein passiv.

Das Erinnern an einen Traum stellt bereits eine gewisse Anstrengung dar, die Konzentration erfordert. Wer sich an seine Träume erinnern will, tut gut daran, Zettel und Stift am Bett zu haben und, mitten in der Nacht oder am frühen Morgen beim Erwachen, diese sofort aufzuschreiben. Träume sind der Königsweg zum Unbewussten. Das hat schon Sigmund Freud konstatiert, und es bleibt wahr, auch wenn Freud selbst, interessanterweise, seine frühen Tagebücher mit 28 Jahren verbrannte und danach keine Tagebücher mehr schrieb. Warum wohl?

Aber inwieweit gibt es heute, in einer Kultur des Rationalismus und der Berechenbarkeit, überhaupt noch ein Bewusstsein für diesen Teil der menschlichen Existenz? Über einen längeren Zeitraum notierte Traumprotokolle können jedenfalls eine faszinierende Eigendynamik entwickeln, da sie es dem Träumenden ermöglichen, wiederkehrende Motive, Personen, Zusammenhänge zu erkennen oder verdrängte oder vergessene Elemente des Lebens zu reintegrieren.

Träume widerstehen der sang- und klanglosen Anpassung an das Vorgegebene, sie enthalten nicht selten verstörende oder aufrüttelnde Aspekte. In jedem Fall fügen sie dem Leben eine neue, vertiefende Dimension hinzu. Träume sind – ebenso wie Tagebücher – für den berechnenden Verstand ziemlich unberechenbar und für das eigene Selbst voller Überraschungen. Sie halten die Fragen nach dem Sinn des eigenen Lebens wach.

Selbsterfahrungstagebücher

Jedes authentische Tagebuch ist auch ein Selbsterfahrungstagebuch. Das gilt für Reise- und Ereignistagebücher, für Arbeitsjournale und Traumtagebücher gleichermaßen. Der schreibende Mensch macht eine Erfahrung mit sich selbst, derweil er schreibt. Das Tagebuchschreiben steigert die Aufmerksamkeit, erhöht die Wahrnehmungsfähigkeit und damit direkt oder indirekt auch die Selbstwahrnehmung.

Beim Selbsterfahrungstagebuch richtet man den Blick allerdings bewusst stärker nach innen als nach außen. So eine Hinwendung zur eigenen Innenwelt ist ja der eigentliche Affront, der mit dem Tagebuchschreiben einhergeht, ein Affront gegen das scheinbar schon universale westliche Ideal der *Extraversion*.

Die amerikanische Autorin Susan Cain zeigt in ihrem Buch *Still*, wie es zu diesem Siegeszug der Extravertierten gekommen ist und was das mit dieser Kultur und den einzelnen Menschen macht. Ihren Studien zufolge gibt es etwa gleich viele extravertierte wie introvertierte Menschen. Die Introvertierten leben jedoch in einer extravertierten Welt unter einem enormen Anpassungszwang, der sich für die Betroffenen psychisch und mental oft verheerend auswirkt. Die Unterscheidung zwischen introvertiert und extravertiert geht schon auf C.G. Jung zurück.

»Introvertierte fühlen sich zur inneren Welt des Denkens und Fühlens hingezogen, sagte Jung, Extravertierte zur äußeren Welt der Menschen und Aktivitäten.«[26]

Das heißt nicht, dass nur introvertierte Menschen Selbsterfahrungstagebücher führen. Doch während der eine eher bei der äußeren Beschreibung eines Erlebnisses bleibt, erwähnt der andere das Ereignis nur kurz und wendet sich dann der Frage zu, was dieses für ihn bedeutet und wie es sich in seinem Leben auswirken könnte.

Einer notiert eine Entscheidung, der andere fragt genauer, warum er diese Entscheidung getroffen hat. Einer nimmt die ihn umgebenden gesellschaftlichen Verhältnisse und kulturellen Muster als gegeben hin und handelt drauflos, ein anderer fragt, ob es nicht auch ganz anders sein könnte und ob ihm dieses oder jenes überhaupt entspricht. Mancher geht über innere Impulse einfach hinweg und hält äußere Impulse letztlich für wesentlicher. Andere folgen vor allem ihren inneren Impulsen, selbst wenn diese zu einer Konfrontation mit der Außenwelt führen. Schon lange vor Freud und Jung schreibt Ralph Waldo Emerson 1834 in sein Tagebuch:

»Jede unwillkürliche Abneigung, die in deinem Innern aufsteigt, verdient Beachtung. Sie ist der Widerschein einer zentralen Wahrheit.«[27]

Diese inneren Impulse sind in einer extravertierten Welt leicht zu überhören oder zu übergehen. Ist der Verlust der Innenwelt vielleicht für einen Großteil der Burnout-Erkrankungen und der zunehmenden Zahl der Depressionen mitverantwortlich? Es gilt zu unterscheiden, ob man wirklich glücklich ist – oder ob man eigentlich glücklich sein müsste, weil man nach äußeren Kriterien alles besitzt, was zum Glücklichsein nötig ist. Hinter jedem Selbsterfahrungstagebuch steht schließlich die Frage: Lebe ich wirklich mein eigenes Leben? Kierkegaard schrieb:

»Sonderbar genug, da ist etwas, das mich oft geängstigt hat, daß das Leben, das ich lebte, nicht mein eigenes sei …«[28]

Ein Selbsterfahrungstagebuch umkreist das eigene Sein, das Denken und Fühlen, die individuellen und kollektiven Prägungen, persönliche Traumata, Hoffnungen und Wünsche. Wenn dies in authentischer Weise geschieht, ruft es sogar nach Jahrhunderten noch ein so intensives Verstehen hervor, dass daraus eine beglückende Leseerfahrung wird.

Jeder Tagebuchschreiber weiß, wie gut ihm das Schreiben eines Tagebuchs tut, dennoch geschieht es, dass man manchmal tagelang nicht dazu kommt. Als Beispiel für diesen Zwiespalt und den Versuch, sich selbst zu motivieren, möge dieser Eintrag von Samuel Pepys aus dem Jahre 1666 dienen:

»Legte heute ein Gelübde ab, mein Tagebuch nachzutragen und meine Papiere in Ordnung zu bringen, bevor ich eine Frau küssen oder Wein trinken darf, was sich sicherlich nicht vermeiden läßt, wenn ich morgen zu Mr. Boreman nach Greenwich gehe, um Mrs. Knepp singen zu hören.«[29]

Es gibt bei Tagebüchern einen geheimnisvollen Zauber, etwas, das wirklich mit der Magie des Lebens an sich zu tun hat. Je individueller und persönlicher, privater und intimer, je offener und radikaler die Selbsterfahrung im Tagebuch vorangetrieben wird, um so verallgemeinernder und universeller wird sie. Denn am Ende stehen da immer Fragen – und Versuche von Antworten –, die alle Menschen in den verschiedenen Zeiten und Kulturen bewegten: Macht es einen Unterschied, ob ich lebe oder nicht? Was ist der Sinn meines Lebens? Was ist Glück? Was Erfüllung? Wie gehe ich mit meiner Sterblichkeit und meinem Tod um? Wie gewinne ich Gelassenheit angesichts mich umgebender Schrecken, menschlichen Leids und gewaltiger Ungerechtigkeiten?

Wer einmal angefangen hat, eine größere Zahl authentischer Tagebücher zu lesen, der gewinnt obendrein den Eindruck, dass diese individuellen Tagebuchschreiber in einem geheimen Dialog miteinander stehen, über Kontinente und Jahrhunderte hinweg. Als würden sie sich kennen und sich die Fragen und Antworten – beinahe spielerisch – gegenseitig zuwerfen.

SCHREIBFORMEN VON TAGEBÜCHERN

Wer, wenn nicht – Ich?

Was hat es eigentlich mit den unterschiedlichen Personalpronomen im Tagebuch auf sich? Die Königsform der Tagebuchschreiber ist natürlich die Ich-Form. Das ist naheliegend, denn hier geht es um den Schreiber, die Schreiberin. Die eigene Perspektive ist entscheidend. Der individuelle Blick auf die Welt. Hier steht das Ich – der Einzelne –, und der befindet sich in verschiedenen Umständen, Gesellschaften, politischen Ordnungen und existentiellen Situationen.

Aber Zweifel sind erlaubt. Gibt es wirklich ein so kohärentes Ich? Der Titel *Wer bin ich – und wenn ja, wie viele?* von Richard David Precht bringt das Dilemma auf den Punkt. Selbst das eigene Ich ist kein einheitliches und eindeutiges Ganzes. Schon beim zuvor zitierten Pepys gibt es ja mindestens zwei Ichs: Das eine Ich will küssen und Wein trinken, und das andere stellt Bedingungen. Das eine will Tagebuch schreiben, das andere nicht.

Dennoch gilt es Mut zu fassen, Ich zu sagen und loszuschreiben. Was dann passiert, ist normalerweise abenteuerlich genug. Was an Gedanken und Meinungen, an Haltungen und Verletzungen beim Schreiben zutage tritt, kann den Schreibenden mindestens so überraschen wie einen Leser, der vielleicht Jahrhunderte später diese Zeilen liest.

Elias Canetti hat das Spannungsverhältnis zwischen dem schreibenden Ich und dem niedergeschriebenen Satz präzise eingefangen:

»Der Satz ist immer ein anderes, als der, der ihn schreibt. Er steht als Fremdes vor ihm, eine plötzliche feste Mauer.«[30]

Natürlich könnte man den Satz wieder ausstreichen. Aber beim nächsten Satz geschieht auf magische Weise dasselbe. Das Ich ist immer viel mehr als dieser eben geschriebene Satz. Das Ich hat ihn geschrieben, aber schon nach ein paar Sekunden empfindet es etwas anderes. Und der Satz behauptet sich: Stopp. Hier stehe ich. Das hast *Du* eben geschrieben.

Ein Tagebuch über längere Zeit in einer Du-Form (oder noch zugespitzter in einer Er- oder Sie-Form) zu schreiben hat wiederum ganz andere Implikationen und ermöglicht interessante Erfahrungen. Man nehme sich einen Absatz oder eine Seite des eigenen Tagebuchs vor, die man in der identifizierenden Ich-Form geschrieben hat, und schreibe sie nun in der distanzierenden Du-, Er- oder Sie-Form. Allein dadurch verändert sich die Perspektive auf das Geschehen und die eigenen Empfindungen.

»Dann gehst Du diese Straße entlang. Und wenn Du am Ende dieser Straße durch das Tor gehst, ist Dein bisheriges Leben zu Ende.« So könnte jemand schreiben, der gerade auf dem Weg ins Gefängnis ist oder nach einer Zwangsrekrutierung in die Kaserne einrücken muss.

Derjenige, der das schreibt, ist schon auf Distanz gegangen zu dem Ich, das sich da zwangsweise auf einem nicht erwünschten Weg befindet. Die Diskrepanz zwischen dem, was jemand als freies, selbständiges Ich tun würde, und dem, wozu dieses Ich gezwungen wird, ist so groß, dass der Schreiber bereits eine Perspektive jenseits dieses Ichs einnimmt. Das eigene Ich beschreibt sich selbst als ein Du, als ein Er, als eine Sie, aus einer Perspektive, die auf beinahe magische Weise außerhalb der eigenen Person liegt.

Es kann aber auch für Alltagssituationen spannend sein, sich selbst für eine gewisse Zeit aus dieser distanzierenden Er- oder Sie-Perspektive zu betrachten, um sich nicht zu sehr mit dem zu identifizieren, was man gerade tut, sagt oder denkt.

Wieder anders verhält es sich mit Tagebüchern, in denen das Wir die bestimmende Form ist. Auch da ist die Form bereits Programm. Nicht das Ich mit seiner individuellen Sicht auf die Welt ist entscheidend. Stattdessen wird eine Gemeinschaft vorgestellt oder unterstellt, die das gleiche Ziel verfolgt, das Gleiche wahrnimmt und empfindet. Nachzulesen ist dies beispielsweise im Tagebuch von Ernesto Che Guevara: »Wir gingen weiter … aber dann mussten wir wieder hochlaufen … Wir liefen, um ihm zu helfen … Nach fünf Minuten verloren wir jede Hoffnung …«[31]

Auch dieses Tagebuch kommt nicht ohne ein Ich aus, das hin und wieder etwas befiehlt. Aber die Formulierung: »verloren wir jede Hoffnung« zeigt, wie die Wir-Form nicht nur gemeinsame Wege beschreibt, sondern wie leicht man von den eigenen Emotionen auf die der anderen schließt.

Ein anderes Beispiel zeigt, wie das Du und das Wir gleichzeitig in einem Tagebucheintrag aufscheinen, notiert von einem Waffendienstverweigerer, der 1977 zwangsweise an einer Propagandaveranstaltung der Nationalen Volksarmee teilnahm:

»Du hörst zu. Da vorne spricht einer. Er sagt immer: ›Wir‹ – aber er sagte nie, wen er damit eigentlich meint. ›Wir‹ sind der Meinung, ›wir‹ schätzen ein, ›wir‹ denken, ›wir‹ glauben … Später erfährst Du, was es mit dem ›Wir‹ auf sich hat. Es gibt eine Anweisung für Propagandisten, das ›Wir‹ zu benutzen, um bei den Zuhörern, wenn sie nicht der gleichen Meinung sind wie der Vortragende, ein ›Gefühl der Isoliertheit‹ hervorzurufen. Dieses Gefühl würde dann den Zuhörer beeinflussen, sich möglichst schnell wieder mit der Gruppe zu identifizieren, die immer als ›Wir‹ bezeichnet wird. Auffällig ist nur, dass es durch dieses Wort ›Wir‹ dem Vortragenden selbst unmöglich wird, auch nur an irgendeiner Stelle eine innere Distanz zu dem Gesagten aufzubauen. So wird vor allem er selbst immer mehr zum Gefangenen seiner eigenen Strategie.«[32]

Das Tagebuch als Gesprächspartner

Ein Tagebuch ist für jemanden, der nie Tagebuch geschrieben hat, wahrscheinlich nicht viel mehr als beschriebenes Papier. Für die meisten Tagebuchschreiber nimmt das Tagebuch allerdings eher die Rolle eines Gesprächspartners ein. Ob bei Anne Frank oder Elias Canetti – das Tagebuch kann zu einem Freund, einer Vertrauten, einem Lehrer, einer Gefährtin werden.

Tagebuchschreiben ist ein Gespräch mit sich selbst. Aber wenn die Sätze erst einmal auf dem Papier stehen, entwickeln sie ein merkwürdiges Eigenleben. Canetti beschreibt dies so:

»Der erste Vorteil des fiktiven Ich, an das man sich wendet, ist, daß es einen wirklich anhört. Es ist immer zur Stelle, es wendet sich nicht ab … Doch man stelle sich ja nicht vor, daß dieser Hörer es einem leicht macht. Da er den Vorzug hat, einen zu verstehen, kann man ihm auch nichts vormachen. Er ist nicht nur geduldig, er ist auch bösartig. Er läßt einem nichts durchgehen, er durchschaut alles.«[33]

Das Tagebuch mahnt zur Ehrlichkeit sich selbst gegenüber. Warum schreibst Du hier etwas hin, was Du Dir nicht einmal selber glauben kannst? Wen willst Du betrügen? Wen hintergehen? Wenn Du nicht ehrlich bist, lass es einfach sein. So »spricht« das Tagebuch schon beim Schreiben. Und nach ein paar Minuten, wenn man noch einmal liest, was man gerade geschrieben hat, fällt einem etwas auf. Man hat etwas ausgelassen, etwas geschönt, das Gegenteil nicht in

Betracht gezogen, die Perspektive nicht gewechselt. Und so geht es von Zeile zu Zeile, von Tag zu Tag. Manch einem mag es zu abgründig sein, auf diese intensive Weise immer wieder dem eigenen Ich zu begegnen, das mahnt, erinnert, korrigiert und widerspricht. Aber der Gewinn ist außerordentlich.

Es gibt allerdings auch Tagebuchschreiber, die an eine bestimmte imaginierte Person schreiben, so, wie man es in Briefen tut. Der Vorteil ist, dass man keine Antwort bekommt. Der eigenen Sicht auf die Dinge wird nicht widersprochen. Man beschreibt äußere Begebenheiten und innere Gefühle und zentriert sich beim Schreiben dadurch, dass man sich einen bestimmten (fiktiven) Leser, Briefpartner, Gesprächspartner vorstellt.

Natürlich gibt es auch Briefeschreiber, die wirklich jeden Tag einen Brief (oder eine Mail) an eine reale Person schreiben. Wenn der Schreiber mit zeitlichem Abstand diese Briefe wieder liest, kann das für ihn durchaus ein Gewinn sein. Aber an die Komplexität und Vielschichtigkeit des Tagebuchschreibens reicht das meist nicht heran. Denn dem Briefpartner gegenüber kann sich das schreibende Ich kaum in dem Maße offen und abgründig zeigen, wie das in einem unzensierten und rücksichtslosen Tagebuch möglich ist.

Unwillkürliches Schreiben

So hoch der Anspruch an Wahrheit und Wahrhaftigkeit ist, den jemand an sich selbst stellt, und so hilfreich es ist, dass das Tagebuch einem als Gesprächspartner die Leviten lesen kann – der Selbstzensur kann man dennoch so leicht nicht entgehen.

Man kann doch gar nicht unvoreingenommen beobachten, benennen und beschreiben, weil in jedem noch so kleinen Moment bereits die Zensur, die Denkhemmung, die kulturelle Prägung den Verstand und das Gefühl beeinflussen und verfälschen. Jeder ist ein konstruiertes Ich, hat schon ein festes Bild von sich selbst, das er oder sie nur in Variationen schreibend umkreist und bestätigt.

Selbst Wildheit oder Unangepasstheit, Unverschämtheit oder Abgründigkeit ist einer subtilen Selbstzensur unterworfen. Denn das eigene Gehirn ist ja immer dabei. Und das ist geschult: Es verformt, infiltriert und zensiert – gemeinerweise –, schon ehe man etwas schreibt. Da gibt es nur einen Ausweg: das *unwillkürliche Schreiben*.

Hierbei geht es nicht um Inhalte, Themen und Schreibhaltungen. Man muss sich hinsetzen und losschreiben – ohne jede Unterbrechung, ohne zu denken. Ziel ist, dass der Schreibende nur Hand und Stift ist und von einer höheren vorbewussten oder überbewussten Kraft durchströmt niederschreibt, was in dem Moment vorhanden ist. Da darf man selbst die unsinnigsten und belanglosesten, verrücktesten und übertriebensten Worte oder Wortschöpfungen, halbe Sätze oder sogar Lautmalereien in chaotischer, ungeordneter Weise notieren.

Die Idee stammt ursprünglich aus der surrealistischen Bewegung, in der dieser Prozess »automatisches Schreiben« genannt wurde. Später fand er Eingang in das *kreative Schreiben*, wurde bei Schreibblockaden angewandt und von Julia Cameron als eine Technik gelehrt, um bei blockierten kreativen Prozessen wieder in Fluss zu kommen.[34]

So oder so ist es einen Versuch wert. Selbst wenn einem alles, was dann auf dem Papier steht, banal oder unsinnig vorkommt. Wenn man nicht weiß, wie anfangen: einfach losschreiben. Jeden Morgen. Drei Seiten mit der Hand. Und wenn einem nichts mehr einfällt, dennoch weiterschreiben: ... Mir fällt nichts mehr ein ... das ist eine dumme Übung ... ich kann meine Zeit besser nutzen ... und frei fühle ich mich dadurch auch nicht ... aber wann habe ich mich eigentlich zum letzten Mal wirklich frei gefühlt ... – und schon ist ein Thema da. Nach drei Seiten aufhören, Heft zuklappen und nicht mehr zurückschauen. Das ein paar Tage oder Wochen hintereinander machen.

Was bei diesem unwillkürlichen Schreiben entsteht, sind sicher sehr unterschiedliche und im Nachhinein nicht immer leicht lesbare Texte. Eine Art Kladde. Aber zwischen den Banalitäten und Widerständen tauchen – unwillkürlich – bestimmte Gedanken und Ideen in ungewohnter Deutlichkeit auf, und nach und nach schälen sich konkrete, meist zuvor verdrängte Themen heraus.

Auf diese Art zu schreiben macht es leichter, aus Ritualisierungen und festgefügten Haltungen herauszukommen. Nach einer gewissen Zeit kann man diese Texte noch einmal lesen und genauer untersuchen. Man kann einzelne, als wichtig erkannte Elemente vertiefen und eventuell in das eigentliche Tagebuch übertragen. Eine gute Übung jedenfalls, um in einen ungehemmten Schreibfluss zu kommen und die innere Mauer aus Zweifeln und Bedenken, ob, wann und wie man beginnen sollte, zu überspringen.

Denktagebücher

Zuletzt soll noch kurz auf eine Spezialform des Tagebuchs eingegangen werden. Dem Denken beim Denken zuschauen, könnte man dazu sagen. Als Denktagebuch wurden zuerst die 28 Notizhefte von Hannah Arendt bezeichnet, die sie von 1950 bis 1973 geführt hat. Immer wenn ein Heft voll war, hat sie ein neues begonnen. In unregelmäßigen Abständen ist das Datum notiert. Eine enge Verbindung zwischen dem Datum und dem »Denken über das Denken« erschien ihr nicht zwingend. Dieses Denken findet in einer anderen Sphäre statt, die nicht vom Kalender vorstrukturiert ist. Nicht die äußere Welt und ihre Abläufe stehen im Mittelpunkt der Notate, sondern die eigenen Gedanken und Reflexionen über die Beschaffenheit dieser Welt. Die Reihenfolge der Themen ist willkürlich; durch ein Register sind sie in der Gesamtausgabe gut zu finden. Hier ein Beispiel aus dem Heft 27 vom August 1970, Eintrag Nummer 79:

»Denken und Fühlen sind in der Tat einander entgegengesetzt: Um zu denken brauche ich Abstand, Ferne; das Fühlen zieht das Gefühlte in eine so intensive Nähe, dass es mit seinem Gegenstand nahezu eins wird. Die Distanz … wird im Fühlen ganz vernichtet … Das Glück der nächsten Nähe ist sprachlos.«[35]

Arendt stellte sich mit ihren Heften in die Tradition von Paul Valéry und seinen berühmt gewordenen *Cahiers* – den *Heften*. Diese umfassen mehrere zehntausend Seiten, und er führte sie über fünfzig Jahre, indem er ebenfalls Schreibhefte nacheinander füllte.

Jeden Morgen um fünf Uhr setzte er sich hin und begann sein Programm des »Selbstdenkens«, bei dem er durch reine Selbstbeobachtung und genaues und immer genaueres Nachspüren, Wahrnehmen und Durchdenken zu unerwarteten Erkenntnissen und Zusammenhängen vorstieß. Auch hier spielt das Datum nur eine untergeordnete Rolle. Die *Cahiers* sind eher ein philosophisch-psychologisch-erkenntnistheoretisches Werk – nur eben nicht systematisch, sondern ursprünglich chronologisch aufgebaut –, daher hat es Anklänge an ein Tagebuch.

Später versuchte Valéry mehrmals, die riesige Stoffmenge nach bestimmten Themenkreisen und Oberbegriffen zu strukturieren und zu systematisieren. Da er aber nicht damit rechnete, einen Verleger dafür zu finden, blieb es bei dem Vorsatz und ersten Anfängen.

»Allerdings habe ich die genaue Abfolge der einzelnen Thesen noch nicht gefunden. Zumal ganze Gebäude zu errichten sind, für die der Plan besteht, aber – Arbeit und Geduld? Wenn ich wüßte, daß eine derartige Veröffentlichung das Ziel streifen würde, das heißt Diskussionen entfachte, würde ich sie schreiben. Aber es ist unwahrscheinlich.«[36]

Seinen Schlagwortlisten folgten dann verschiedene kritische Ausgaben, die nach seinem Tod erschienen sind (wobei der Rückverweis auf die Jahreszahl, das ursprüngliche Heft und die Seitenzahl erhalten blieben).

Für den Leser dieser Art von Denktagebüchern ist es ein großes Vergnügen, einem Menschen beim Denken quasi in seinen Kopf sehen zu können und damit auch etwas über das eigene Denken zu erfahren – so wie es interessant sein kann, in einem Selbsterfahrungstagebuch die unterschiedlichen Dimensionen des Lebens und Fühlens einer Person nachzuempfinden.

In jedem Fall lässt sich erkennen, dass es bei all diesen Formen des Tagebuchschreibens um eine grundsätzliche und intensive Art der Auseinandersetzung mit dem eigenen Leben geht, wie sie anders nur schwer zu erreichen ist. Das Tagebuch kann eine Gegenkraft sein, in einer immer stärker visuell dominierten Kultur zu einer *Tiefendimension* der Wahrnehmung, des Denkens, Fühlens und Erkennens zu gelangen oder sie zu bewahren. Damit vermag es zugleich der permanenten Oberflächlichkeit, Banalisierung und der Manipulierbarkeit des Einzelnen etwas Kraftvolles und Eigenständiges entgegenzusetzen.

MATERIALITÄT VON TAGEBÜCHERN

Mit der Hand schreiben

Durch Jahrhunderte hindurch wurden Tagebücher mit der Hand auf Papier geschrieben. Im 19. Jahrhundert sind die Schreibmaschine und im 20. Jahrhundert der Computer als Möglichkeiten hinzugekommen. Der Vorteil eines Schreibheftes ist die sofortige Verfügbarkeit. Keine Batterie, kein Akku kann versagen, fehlender Strom ist kein Problem, kein technisches Gerät muss erst angeschaltet oder hochgefahren werden.

Außerdem vermittelt die Handschrift mehr von den Umständen des Schreibens selbst. Man erkennt eher, ob im Auto, in der Bahn, auf dem Schiff oder im Bett geschrieben wurde. Die Handschrift verrät selbst Jahre später etwas über den eigenen emotionalen Zustand.

Die Ausstreichungen im Moment des Schreibens und das neu hingeschriebene Wort stehen nebeneinander und lassen es auch später noch zu, den Denk- und Formulierungsprozess nachzuvollziehen. Flossen die Worte leicht und zügig aus der Feder? Hat der Schreiber immer wieder neu angesetzt? Oder stürmte er voran und musste danach etliches zwischen den Zeilen ergänzen?

Auch die Frage nach Bleistift oder Kugelschreiber beziehungsweise Tinte ist nicht ganz unerheblich. Das eine kann ausradiert werden, das andere nicht. Dafür ist es länger sichtbar und verwischt nicht so leicht. So oder so empfiehlt sich, nur jeweils die Vorderseite eines Blattes zu beschreiben und die Rückseite frei zu lassen für spätere Ergänzungen, Erläuterungen oder Präzisierungen.

Natürlich können nachher einzelne Seiten eingeklebt werden, aber sich selbst im Prozess des Schreibens »Platz zu lassen«, schafft auch einen inneren, emotionalen Raum für das Nachsinnen und darüberhinaus für das spätere Vervollständigen auf dem Papier.

Schreibhefte verbinden überdies auf eine haptische und anschauliche Weise die vielen Gedanken, Ideen und Impulse, die darin Platz finden, zu einem Ganzen. Was für ein schönes Symbol.

Etwas schwierig ist es allerdings mit der Geheimhaltung. Solche Hefte sind bekanntermaßen nicht so leicht vor den Augen anderer zu verstecken und zu verschließen. Schlösser und Siegel sind nicht sehr zuverlässig. Nicht jeder denkt sich gleich eine eigene Geheimsprache aus (wie Canetti) oder schreibt einfach in einer Sprache, die in seinem direkten Umfeld niemand versteht.

Am besten ist es, ein solches Tagebuchheft immer bei sich zu tragen, es nicht aus den Augen zu lassen und es, wenn es voll ist, an einem sicheren Ort – nicht in der Schreibtischschublade – zu verschließen. Die Tagebücher von Anaïs Nin liegen sogar in einem Banksafe.

Eine andere Möglichkeit neben dem Schreibheft ist das Schreiben auf lose Blätter, die erst nach einiger Zeit zusammengefügt, geordnet, geheftet oder gebunden werden. Der Vorteil hierbei ist, dass sich diese handgeschriebenen Blätter – vorausgesetzt, sie sind jeweils mit dem Datum versehen – problemlos unterschiedlichen Sammlungen zuordnen lassen. Also Arbeitsjournal zu Arbeitsjournal, Selbsterkenntnis zu Selbsterkenntnis, Ereignistagebuch zu Ereignistagebuch und so weiter. Andererseits können sie bei Bedarf wieder in die Chronologie des Gesamttagebuchs eingefügt werden, inklusive wichtiger Briefe, Theaterprogramme oder Buchrezensionen. Ein flexibles System – handschriftenbasiert.

Um später bestimmte Themen oder Namen leichter wiederzufinden, kann man mit Unterstreichungen, farbigen Anstreichungen oder Zwischenüberschriften arbeiten. Auch empfiehlt es sich, einzelnen Heften oder Jahrgängen später ein kleines Inhaltsverzeichnis mit den wichtigsten Themen voranzustellen.

Mit dem Computer verschriftlichen

Ist ein am Computer geschriebenes Tagebuch eigentlich noch ein Tagebuch? Hier geht es ausdrücklich nicht um Blogs, die kein Tagebuch im engeren Sinne, sondern eine Veröffentlichungsform im Internet sind. Gemeint ist das *authentische* Tagebuch, das den Selbsterkenntnis- und Selbstverständigungsprozess befördert und nicht für eine Publikation gedacht ist.

Warum sollte ein solches Tagebuch nicht am Computer geschrieben werden? Es ändert sich doch nur die Art der Verschriftlichung. Dieses Argument greift zu kurz, denn natürlich gehen viele Facetten eines handgeschriebenen Tagebuchs dabei verloren. Was auf dem Bildschirm stehenbleibt, ist ein Wort, ein Satz, ein Text, in einer fast schon gestalteten Form. Das Schriftbild, die Verbesserungen und Ausstreichungen sind nicht mehr nachvollziehbar. Diese Tatsache spricht gegen das Schreiben mit einer Tastatur.

Anderseits kann es zum Beispiel für jemanden, der ursprünglich Linkshänder war und gezwungen wurde umzulernen, der aber mit zehn Fingern am Computer schreiben kann, angenehmer sein, eine Tastatur zu benutzen. Dies balanciert die beiden Gehirnhälften besser aus, und der Schreiber empfindet die Tastatur nicht als Hindernis.

Auch ist der handschriftliche Text, wenn man eine sehr »ausgeschriebene« Handschrift hat, für den Schreiber und den Tagebuchleser (selbst wenn es dieselbe Person ist) nicht immer ohne weiteres zu entziffern. Nicht zuletzt aus diesem Grund könnte das Schreiben mit der Tastatur sinnvoll sein.

Eine ganz andere Frage ist, was Literaturwissenschaftler eines Tages mit solchen am Computer verfassten Tagebüchern anfangen werden. Und inwieweit sich perspektivisch die Unterscheidung von Authentizität und Fälschung überhaupt noch aufrechterhalten lässt.

Denn Tagebücher, die ausschließlich am Computer verfasst wurden, könnten theoretisch im Nachhinein jederzeit gefälscht, ergänzt oder umgeschrieben werden. Es sei denn, sie wurden ausgedruckt und damit »materialisiert«. Aber auch mit der Hand geschriebene Tagebücher kann man fälschen, Seiten entfernen oder schwärzen und andere Seiten einkleben.

Doch stehen hier authentische Tagebücher im Fokus, die zu fälschen nicht sinnvoll ist. Warum sollte man es tun? Wer etwas ergänzen möchte, kann das tun, sichtbar, kursiv, fett, wie auch immer, und die Ergänzungen wiederum mit einem Datum versehen. Die Tagebücher dienen schließlich der Selbstkommunikation, der Selbsterkenntnis – und nicht einer Selbststilisierung für die sogenannte Nachwelt.

Für den Tagebuchschreiber am Computer ist hingegen von unschätzbarem Wert, dass er Einträge zu bestimmten Themen leicht wiederfinden kann. Sooft er möchte, kann er seine Tagebücher nach Namen oder Stichworten durchsuchen und so von Eintrag zu Eintrag springend ganze Jahrgänge durchsehen. Das ist bei handgeschriebenen Tagebüchern ungleich schwerer. Dafür begegnen einem beim Zurückblättern und Nachlesen im Handschriftlichen öfter ganz unerwartete Einträge und Bezüge.

Tagebücher als Collagen

Jedem Tagebuchschreiber steht es frei, beispielsweise Briefe oder E-Mails, SMS oder Fotos, Zeitungsartikel oder Zeichnungen in das Tagebuch zu integrieren – also alles, was in diesem Moment im Leben wesentlich erscheint. Durch die »fremden« Texte und Abbildungen kann ein Tagebuch über den geschriebenen Text hinaus zusätzliche Dimensionen bekommen: Farbe, Abwechslung und andere Perspektiven. Doch je mehr das Ganze zu einer reinen Sammlung gerät, je weniger Erlebnisse beschrieben und eigene Deutungen vorgenommen werden, umso mehr entfernt sich eine solche Zusammenstellung von dem, was ein Tagebuch ausmacht. Es wird am Ende zu einer Collage. Die kann ihren Reiz haben, aber das Wesen des Tagebuchs ist die geistige Durchdringung und die Einordnung der verschiedenen Aspekte des Lebens – und das ist ohne das reflektierende Wort nicht zu erreichen.

Gerade die Verbalisierung dessen, was einem im Leben geschieht und was man selbst aktiv hervorbringt, führt zu einer intensiven Selbstreflexion und zu den damit verbundenen Auswirkungen eines Tagebuchs auf das eigene Leben.

Im Tagebuch geht es also nicht um eine »sinnlose Häufung vergangener Zeit«, wie Christa Wolf das prägnant formulierte, sondern um die Erkenntnis, »daß nur eine fortdauernde unbeirrte Anstrengung den kleinen Zeiteinheiten, in denen wir leben, einen Sinn gibt …«[37]

Deutung und Einordnung, Selbstreflexion und Sinngebung sind das eigentliche Epizentrum eines Tagebuchs.

II. AUSWIRKUNGEN DES TAGEBUCHSCHREIBENS

SICH SELBST BESSER KENNENLERNEN

Effekte im Moment des Schreibens

Genau genommen hat ein Tagebuch bereits Auswirkungen auf das eigene Leben, noch ehe es geschrieben wird. Vorausgesetzt, es wurde bereits ein Heft besorgt oder eine Datei angelegt. Allein das Wissen, dass das Tagebuch als gesprächsbereiter Zuhörer und Reflexionspartner zu jeder Zeit und an jedem Ort der Welt zur Verfügung steht, kann eine beruhigende und zentrierende Wirkung haben, selbst wenn man für Tage oder Wochen gar nicht schreibt.

Die größten Effekte hat das Tagebuch allerdings im Moment des Schreibens selbst. Schon der Augenblick des Hinsetzens (oder Hinlegens) hat es in sich: Jetzt konzentriere ich mich nur auf mich. Ich kümmere mich nicht um andere und anderes und ich stürme, stürze oder schleppe mich nicht weiter durch den Tag. Ich schalte mein Handy aus und bin für niemanden zu erreichen.

Ein schöner Auftakt für das Schreiben wird in einem Buch über Paris geschildert:

»Du trinkst deinen Kaffee allein in einem Straßencafé ... Du bist mit niemandem verabredet, wirst nirgendwo erwartet. Du bleibst, solange du willst ... Du bist anonym in deiner eigenen Stadt; keiner kennt deinen Namen, dein Alter, deinen Beruf. In solchen Momenten gewinnst du wieder Kontrolle über dein Leben. Du spürst deinen Puls, atmest tief durch und hörst in dich hinein ...«[1]

Wo ist es im Alltag möglich, auf diese Weise innezuhalten und sich zu besinnen? Wann wird dem eigenen Ich der ihm zustehende Raum gegeben? Von anderen? Von einem selbst?

Interessanterweise geschieht in dem Moment, in dem sich jemand vor das aufgeschlagene Buch oder die geöffnete Tagebuchdatei setzt, noch etwas sehr Wesentliches: Man wird ruhig, nimmt den eigenen Körper und damit die Vorgänge im eigenen Inneren wieder wahr. Es kann passieren, dass man eine Viertelstunde lang gar nichts notiert. Dass man an diesem Tag vielleicht überhaupt nichts schreibt.

Dennoch hat diese Viertelstunde vor dem geöffneten Tagebuch einen Effekt. Und da das Tagebuchschreiben der *vollkommene Akt der Freiheit* überhaupt ist, ist es absolut unnötig, sich zu zwingen, wenigstens ein paar Zeilen zu schreiben.

»Nichts geschrieben.«[2] – steht deshalb an so manchem Tag in so manchem Tagebuch, und das muss nicht heißen, dass der Schreibende nichts erlebt, nichts Wesentliches gedacht oder empfunden hat.

Es kann allerdings auch geschehen, dass jemand sofort losschreibt und gar nicht so schnell schreiben kann, wie die Gedanken und Emotionen im Inneren aufsteigen. Wie dem auch sei: Das eigene Ich steht im Mittelpunkt. Das ist der Effekt beim Noch-nicht-Schreiben und beim Schreiben gleichermaßen.

Das Verschriftlichen trägt zu einer Verlangsamung und Beruhigung bei. Da es nicht möglich ist, die Worte so schnell auf das Papier zu bringen, wie Gedanken, Erinnerungen und Hoffnungen in einem aufsteigen, lässt die innere Getriebenheit allmählich nach. Dabei kann man einen beinahe unerklärlichen Effekt beobachten: Da den verdrängten oder übergangenen *inneren* Aspekten des Lebens durch das Tagebuchschreiben *Raum* gegeben wird, kreisen die Gedanken und Gefühle nicht mehr mit einer so hohen Geschwindigkeit in einem selbst. Bildlich gesprochen »stellen sie sich an«, bis sie an der Reihe sind, und reden nicht alle zugleich durcheinander. Das Unbewusste wirkt mit.

In unserer Schriftkultur wird von links nach rechts geschrieben (anderswo von rechts nach links), und wenn die Zeile zu Ende ist, fängt eine neue an. Es gibt keinen Mangel an Platz – im Prinzip stehen unendlich viele Zeilen zur Verfügung –, aber es gibt eine klare Reihenfolge: immer eine nach der anderen. Sehr selbstverständlich, sehr banal – aber sehr effektiv. Es geht nämlich nicht zugleich nach oben und unten, vor und zurück, wie das bei inneren Bewegungen, Gedanken und Gefühlen häufig der Fall ist.

Dass auf dem Papier oder am Computer immer ein Wort dem anderen folgt, ist das eigentliche Geheimnis, warum Schreiben so sortierend, strukturierend und beruhigend bereits im Moment des Schreibens wirkt. Ganz davon abgesehen, dass einem beim Wiederlesen die eigenen inneren Vorgänge bereits in dieser strukturierten Form entgegentreten und von daher leichter zu beobachten und zu reflektieren sind, als wenn sie nur im eigenen Kopf kreisen.

Im Moment des Losschreibens ist allerdings dieser Gegensatz, auf der einen Seite das *unstrukturierte Innere* und auf der anderen Seite die *Struktur*, die mit dem Verschriftlichen einhergeht, genau der Punkt, an dem man stockt: Wo und wie fängt man bei diesem Chaos im Kopf überhaupt an? Die Antwort ist einfach: *Mit dem ersten Satz.* Denn dem folgt der zweite mit einer gewissen Folgerichtigkeit und dem wieder der nächste und immer so fort.

Erst nach ein paar Absätzen oder Seiten ist es sinnvoll, zurückzuschauen und vielleicht das eine oder andere Wort zu streichen, zu ersetzen oder zu ergänzen. Eine Zwischenzeile einzufügen, auf der leeren Rückseite noch ein paar erklärende Sätze dazuzuschreiben. Man kann etwas zurücknehmen oder zuspitzen, relativieren oder unterstreichen.

Nachdem man ein Thema oder eine Erfahrung aus einem bestimmten Blickwinkel dargestellt hat, kann man einen Perspektivwechsel ausprobieren, also das Ganze zum Beispiel noch einmal aus dem imaginierten Abstand von etwa zehn Jahren beschreiben. Oder aus der Sicht eines anderen Beteiligten.

Langsam kommt man im Prozess des Verschriftlichens wieder bei sich selbst an. Die Sorge, etwas zu versäumen oder zu verpassen, verfliegt. Der zwanghafte Zugriff scheinbar allmächtiger elektronischer Medien mit ihren Verführungen und Ablenkungen – vor allem von sich selbst – lässt zumindest für eine gewisse Zeit nach.

Man wird gelassener, gewinnt Abstand zum eigenen Alltag und zu bedrängenden Themen. Und eine weitere geheimnisvolle Dialektik stellt sich ein: Da man beim Schreiben ganz und gar bei sich selbst ankommt und dabei nicht auf halbem Wege gestoppt wird, kann man – nach einer gewissen Zeit und einem ungehemmten Selbstausdruck – auch Abstand zu sich selbst finden und sich selbst ein bisschen leichter von außen betrachten.

Klarheit über sich selbst

Nicht alle hier vorgestellten Effekte des Schreibens und der Selbsterkenntnis werden an einem Tag, in einer Woche oder einem Monat auftreten. Einige unweigerlich, weil sie direkt mit dem Prozess des Verschriftlichens verbunden sind, andere nur dann, wenn man etwas Bestimmtes sucht oder erforscht – und manche vielleicht nie. Es gibt kein perfektes Tagebuch. Es ist und bleibt immer fragmentarisch und zufällig, unvollständig und sprunghaft. Das liegt in der Natur der Sache.

Um sich beim Schreiben besser kennenzulernen, kann es zwar interessant sein, im Tagebuch zu notieren, wo man sich aufhält, wem man begegnet oder was man als Nächstes vorhat, aber um zu einer größeren Selbsterkenntnis zu gelangen, ist es unabdingbar, immer wieder aufs Neue die Bewegung des Nach-innen-Gehens zu vollziehen. Am Tempel des Apollon in Delphi war in der Antike ein Spruch zu lesen, der über jedem authentischen Tagebuch stehen könnte: »Erkenne dich selbst.« Denn die *Selbstwahrnehmung* ist und bleibt die Basis und der Ausgangspunkt aller wirklichen *Welterkenntnis*.

»Es ist noch nie jemand unglücklich geworden, weil er sich nicht um das, was in der Seele eines anderen vorgeht, gekümmert hat; aber diejenigen, die nicht mit Aufmerksamkeit den Bewegungen ihrer eigenen Seele folgen, geraten notwendig ins Unglück.«[3]

Diese Beobachtung von Marc Aurel gilt bis heute und glücklicherweise hegen viele Menschen noch immer den Wunsch, diesen Weg nach innen zu finden. Sie fragen sich, mal laut, mal leise: »Was ist da gerade wieder los in mir? Warum habe ich keine Lust? Warum bin ich wütend? Warum verzweifelt? Warum geht es mir heute so gut, obwohl doch alles scheinbar ist wie immer?«

Andererseits kann man beobachten, dass viele Angst haben, wirklich in sich hineinzuhören und sich mit dem zu befassen, was da an eigentlichen Wünschen und Bedürfnissen vorhanden ist. Vor allem verschiebt sich die Aufmerksamkeit immer weiter hin zum Äußeren. Ganz neu ist das Problem der Balance zwischen der Außenwelt und der Innenwelt nicht. James Boswell stellte bereits 1776 in seinem Tagebuch fest:

»Ich bin mit meinem Tagebuch sträflich im Rückstand. Ich dürfte eigentlich nicht mehr erleben, als ich hier festhalten kann, genau wie man nicht mehr Korn säen sollte, als man in seiner Scheune unterbringen kann. Es bedeutet eine Verschwendung des Guten, wenn man es nicht aufbewahren kann.«[4]

Aus dieser Perspektive betrachtet, erleben wohl die meisten Menschen heute viel zu viel in viel zu kurzer Zeit. Aufgrund der fortwährenden Beschleunigung und der immensen Erlebnisdichte wird es für den Einzelnen immer schwieriger, Zeiten des Innehaltens und der Einkehr zu finden.

Wenn aber die strukturierte Selbstwahrnehmung und Selbstreflexion – für die das Tagebuch den idealen Weg darstellt – immer weniger stattfinden, besteht die Gefahr, für sich und andere zu einer Art »Black Box« zu werden. Gewohnheitsmäßig oder mechanisch zu reagieren oder zu interagieren, ohne zu wissen, warum man so ist, wie man ist: »Ich weiß auch nicht, warum ich so ausgerastet bin. Warum ich plötzlich weinen musste. Warum, warum, warum …«

Der Sog der beinahe unendlichen äußeren Anforderungen und Verführungen verursacht einerseits das oft beklagte Gehetztsein – und ist andererseits ein ersehntes Hilfsmittel, um sich immer öfter von sich selbst abzulenken.

»›So sucht jeder die Flucht vor sich selbst.‹ Aber was hilft das, wenn die Flucht mißlingt?«[5]

Mit diesen Worten zitierte schon Seneca spöttisch die Schriften des Lukrez.

Mancher hat vielleicht gar kein Bedürfnis, sich seiner Innenwelt zuzuwenden, und begnügt sich damit, rein äußerlich zu funktionieren. Andere wissen gar nicht, wie man systematisch mit sich selbst in Kontakt sein und bleiben kann. Und wieder andere haben Angst davor, dass sie nur Dunkelheit, Verwirrung oder Chaos vorfinden, wenn sie nach innen schauen.

Da kommt wieder das Tagebuch ins Spiel. Die Linien im Heft oder die Zeilen auf dem Display können als Straßen oder Landkarten für die eigene Innenwelt fungieren. Sie geben durch ihre unaufdringliche und einfache Struktur Halt und Orientierung. Sie helfen, sich zu sortieren und die Angst vor dem eigenen Inneren und dem, was da verborgen sein könnte, zu mildern.

Den Gedanken, der auf dem Papier steht – ob angenehm oder unangenehm –, kann man hinterfragen. Er ist bereits nicht mehr nur innen, sondern auch außen. Man ist ihm nicht mehr vollkommen ausgeliefert. Auch ein Gefühl verliert seinen Schrecken, wenn es bei seiner Entstehung, beim Aufwallen und Abklingen beobachtet werden kann.

»Das in sich ruhende, ausgeglichene Selbst ist das eigentlich freie Subjekt, denn es ist am ehesten in der Lage, sich der Macht Anderer oder anonymer Verhältnisse nicht auszuliefern, sondern ›über sich selbst die größte Macht zu haben‹ und sich selbst zu Eigen zu sein …«[6] – so beschreibt Seneca die »Seelenruhe«.

Genau diese Seelenruhe ist ja als langfristiger und wesentlicher Effekt des Tagebuchschreibens wünschenswert. Da Selbstbesinnung,

Innehalten und Zweckfreiheit nicht gerade an Schulen und Universitäten gelehrt werden, scheint es sinnvoll, schreibend eigene Wege zu suchen und zu finden.

Kopf und Herz

Nun ist das eigene Selbst, dem man auf dem Weg zu seinem Inneren begegnet, keineswegs in sich geschlossen und widerspruchsfrei. Jeder kennt die Erfahrung, nicht nur *eines* zu mögen, sondern mehrere Dinge zugleich. Oder entgegengesetzte Dinge im gleichen Moment. »Zwei Seelen wohnen, ach! in meiner Brust«.[7]

Es sind, bei genauerer Betrachtung, nicht nur zwei, sondern noch ein paar mehr. Am besten wäre es, wenn diese unterschiedlichen Aspekte des Selbst nicht gegeneinander, sondern *mit- und füreinander* agieren würden.

Aber der Verstand sagt »ja« – und das Herz, der Körper, der Bauch (mindestens eines davon) sagt »nein«. Was nun? Förderlich kann es in diesem Fall sein, im Tagebuch die »Kontrahenten« in einen konstruktiven Dialog miteinander zu bringen (statt wie üblich einen Fließtext zu schreiben):

Der Kopf sagt …

Das Herz sagt …

Der Kopf antwortet …

Das Herz meint wiederum … und immer so weiter.

Beim Nachlesen und Nachdenken ist leichter zu erkennen, wer von beiden an welcher Stelle gemogelt hat. Sind die Argumente stichhaltig? Wer hat vielleicht falsche Schlüsse gezogen oder unerlaubte Analogien hergestellt?

Bei Alma Mahler-Werfel geht es mit 21 Jahren noch ziemlich wild und wunderbar durcheinander:

»Ich bin in einer solchen Raserei, dass ich aufhören musste zu componieren. – Ich glaube, ich werde verrückt. Ich weiß nicht, was mit mir vorgeht. – Ich hasse, ich liebe … Ich möchte sterben … Wenn ich nur jemanden hätte zum umarmen – zum küssen – zum tod küssen – nur *einmal* lieben – nur *einmal* genießen und dann sterben. Ich kann nicht so dahin vegetieren. Ich muss leben. Ich muss // das // haben. Ich *wills* haben.«[8]

Wie hier kann das Aufschreiben zum einen erleichtern und zum anderen beim Sortieren helfen. Wünsche werden deutlich und auch, was ihnen entgegensteht. Um das Innere zu strukturieren, reicht aber die Zweiteilung von Kopf und Herz nicht immer aus. Manchmal kann es hilfreich sein, eher auf eine Dreiteilung zurückzugreifen. Dieser Gedanke basiert auf der Unterscheidung von einem »Eltern-Ich«, einem »Kindheits-Ich« und einem »Erwachsenen-Ich«. Alle drei Teilaspekte führen häufig und unbewusst Gespräche miteinander, die man gewissermaßen belauschen und im Tagebuch festhalten kann. Das »Kindheits-Ich«, das für spontane Impulse und den Hedonismus steht, sagt zum Beispiel: »Ich will Kuchen essen und eine Party feiern.« Das »Eltern-Ich«, das für Disziplin und das Realitätsprinzip steht, entgegnet: »Die Arbeit hat Vorrang vor dem, was man gern tun möchte.« Wenn das eine Weile so hin und her gegangen ist, mischt sich (hoffentlich) das ausbalancierte und weise »Erwachsenen-Ich« ein, das die Interessen der beiden anderen Ich-Anteile im Inneren versöhnt: »Ich schlage vor, bis dann und dann wird noch gearbeitet, und danach belohnen wir uns.« Ein zielführendes Modell, mit dem so mancher innere Konflikt gemildert oder destruktive Machtkampf beigelegt werden kann. Sonst wird am Ende weder gearbeitet noch gefeiert. Weder komponiert noch geküsst. Das soll ja vorkommen.

Statt unscharf und verschwommen zu bleiben, können innere Konflikte durch die Verschriftlichung differenzierter bedacht und auf gewaltfreie Weise gelöst werden. Ganz nebenbei kann die *gewaltfreie Kommunikation*[9] trainiert werden, was sich später in der Kommunikation mit anderen Menschen positiv auswirken kann.

In veröffentlichten Tagebüchern ist die Verständigung der drei Ich-Anteile bisher selten, und wenn, dann eher indirekt präsent, wie zum Beispiel in einem Tagebucheintrag von Arthur Schnitzler aus dem Jahr 1882:

»… oder (man) geht ins Café – plaudert über Dinge, die man will und nicht hat, wobei man sich ärgert, oder über Dinge, die man nicht will und doch hat, was einen auch ärgert, oder über Dinge, die man will und hat – die einem folglich eine Stunde später gleichgültig sind … Um Himmelswillen! Flammen! Glanz! Entzücken.«[10]

Das Eigene und das Fremde

Normalerweise geht man davon aus, dass alles, was aus dem eigenen Denken und Fühlen, also aus dem sogenannten *Inneren*, unmittelbar aufsteigt – das ganz *Eigene* ist. Umgekehrt wäre dann alles, was von außen kommt, was man hört, liest oder wahrnimmt, das Fremde. Das Fremde kann über einen bewussten Aneignungsprozess zum

Eigenen gemacht werden oder, wenn es abgelehnt wird, eben das Fremde bleiben.

Die Frage ist aber, ob das eigene Innere wirklich immer das *Eigene* ist. Durch Manipulation, Druck oder Geschwindigkeit wird nicht selten Fremdes in das Innere »eingeschleust«. Man hört zum Beispiel eine Information, findet sie fragwürdig und nimmt sich vor, sie später zu überprüfen oder noch einmal genauer darüber nachzudenken. Dazu findet sich aber keine Zeit. Nach einer Weile erinnert sich das Gedächtnis zwar an die Information, aber nicht daran, dass diese noch gar nicht überprüft oder durchdacht wurde. Dennoch wird sie von jetzt an so behandelt, als sei sie ein bewusst integrierter Teil von einem selbst geworden. Da jeden Tag eine riesige Menge an Informationen auf den Einzelnen eintrommelt, kann da einiges unbemerkt in das Innere »hineingeschmuggelt« werden. Hier kommt dem Tagebuch eine hilfreiche Filterfunktion zu. Es kann einen darin unterstützen, darüber zu reflektieren, welchen Informationen aus welchen Medien man sich überhaupt aussetzt, welche nach Überprüfung zum Selbst hinzugefügt und später handlungswirksam werden sollten und welche gerade nicht.

Bereits dieses Prüfen und Durchdenken setzt eine gewisse Aufmerksamkeit, eine Reizreduzierung und eine bewusste Gestaltung voraus. Noch herausfordernder ist die Unterscheidung von innen und außen, wenn es um Kindheitsmuster geht: Manchmal kann man beobachten, dass jemand im Erwachsenenalter plötzlich wie sein eigener Vater redet, oder eine Frau wie ihre eigene Mutter handelt – obwohl er oder sie diese Äußerungen oder Handlungen immer abgelehnt hat. Was ist passiert? Da scheint etwas, das vorher *außen* war, plötzlich *innen* zu sein. Es handelt sich um eine *Inklusion* oder einen sogenannten Einschluss von etwas Fremdem im Eigenen. Diese Einschlüsse stammen vorwiegend aus der Kindheit, denn für ein Kind ist es schwer oder unmöglich, bestimmten Suggestionen der Eltern oder anderer Bezugspersonen nicht zu erliegen und sie nicht – ungeprüft – zu verinnerlichen.

Worin besteht das Problem? Das ist Stoff fürs Tagebuch. Denn leider handelt es sich bei den Einschlüssen oft um abwertende oder einschränkende Suggestionen, die verinnerlicht wurden. »Du bist eine Belastung … Du bist unbegabt … Mit dir will niemand etwas zu tun haben … Du störst immer …« Solche und ähnliche Suggestionen können über Jahrzehnte weiter existieren, für etwas Ureigenes gehalten und sogar tapfer verteidigt werden. Dabei ist es ursprünglich nur eine äußere Zuschreibung gewesen.

Da lässt sich im Nachhinein mit Hilfe eines Tagebuchs einiges zurechtrücken. Die Aufgabe besteht darin, diese scheinbar *eigenen* und von *innen* kommenden abwertenden Sätze als das zu erkennen, was sie sind: *äußere* und *fremde* Sätze, die zu einem früheren Zeitpunkt integriert wurden.

Katherine Mansfield gibt in ihrem Tagebuch ein Beispiel:

»Was für ein miserables kleines Tagebuch! Aber ich bin entschlossen, es auch in diesem Jahr zu führen.«[11]

Wer spricht da? Wer schreibt? Hört man hier nicht geradezu die kritische Mutter, den kritischen Vater durch die Schreiberin hindurch sprechen? Und dann dieses Aufbäumen: »Aber ich bin entschlossen …«

Da diese unerwünschten Einschlüsse ein Eigenleben führen und sich im Alltag einer Überprüfung und Reflexion gerne entziehen, ist es wichtig, diese Einschlüsse überhaupt erst einmal zu »erwischen« und »festzuhalten«, indem man sie verschriftlicht.

In einem zweiten Schritt gilt es, diese negativen Glaubenssätze und Überzeugungen, die scheinbar von innen kommen, zu befragen. Das geschieht in der gleichen Weise wie mit Sätzen, Zuschreibungen oder Informationen von außen. Wer behauptet das? Stimmt es wirklich? Gibt es Beweise dafür? Könnte auch das Gegenteil wahr sein? Gibt es Ausnahmen? Wer kann das bestätigen oder widerlegen?

Diese »inneren« Sätze und Gedanken sind häufig nicht so leicht aufzuspüren, aber man bekommt sie zu hören, wenn man in seinem Alltag ein negatives Erlebnis hatte. Hilfreich ist es, zuerst dieses Erlebnis zu notieren – und direkt danach die inneren Behauptungen oder Überzeugungen, die sich im gleichen Moment aufdrängen. Dann kann man beginnen, sich in einem inneren Dialog die oben aufgezählten Fragen zu stellen. Und ganz am Ende steht die Frage, wem das Festhalten an diesen inneren negativen Überzeugungen eigentlich nutzt. Wer auf diese Weise Inneres wie Äußeres aufmerksam wahrnimmt, kommt seinem wirklichen authentischen Selbst Schritt für Schritt immer näher.

SCHREIBEN UND GENAUER DENKEN

Dem eigenen Denken nachspüren

»Denken heißt zu sich sprechen.«[13] In diesem weiten, von Paul Valéry formulierten Sinn denkt jeder Mensch und jeder Tagebuchschreibende ganz selbstverständlich. Aber regelmäßig die Seiten eines Tagebuchs zu füllen führt nicht automatisch zu mehr Einsicht oder Erkenntnis. Das Geschriebene im Moment der Verschriftlichung und nach der Niederschrift zu durchdenken und zu reflektieren gehört ebenfalls dazu.

Dem eigenen Denken nach und nach auf die Spur zu kommen kann sehr interessant und hilfreich sein. Mit der Intention der Surrealisten könnte man fragen: Was nützt es, die »eigenen« Gedanken aufzuschreiben, wenn es immer dieselben vorstrukturierten, von der betreffenden Kultur suggerierten oder von Medien lancierten und unbemerkt verinnerlichten Gedanken sind? Erneut können hier das *unwillkürliche Schreiben* und das *Traumtagebuch* helfen.

Was zuvor als Frage des Eigenen und des Fremden beschrieben wurde, gilt ebenso für das Denken. Als eines der wichtigsten Werkzeuge, mit dem sich das Ich die Welt aneignet, sollte dieses Denken selbst hin und wieder überprüft werden – zumal das Denken die Wahrnehmung der Welt vorstrukturiert und obendrein die eigenen Emotionen beeinflusst.

Zu den Unterscheidungen bezüglich des Denkens gehört, dass man *an* oder *über* etwas denken kann. Hannah Arendt hat in ihrem Denktagebuch etwas Interessantes zu den Zeitdimensionen des Denkens *an* und des Denkens *über* angemerkt.

»Ich denke immer an etwas, das nicht präsent ist und denke immer über etwas, das präsent und daher disponibel ist.«[14]

Wenn man diese Unterscheidung weiterdenkt, liegt das *Abwesende* beim An-etwas-Denken entweder in der Vergangenheit, in der Zukunft oder in der Ferne. Das Denken an die Vergangenheit ähnelt dann dem *Erinnern*. Beim Denken an die Zukunft oder an das, was in der Ferne liegt, ähnelt das Denken hingegen der *Sehnsucht* oder der *Furcht*.

Und man kann über das Denken selbst nachdenken. Dieses Denken bezieht sich auch auf die Gegenwart, aber dem nachzuspüren ist nicht so leicht, da das Denken im Prozess des Denkens selbst nicht ohne weiteres beobachtet werden kann.

Das Resultat des Denkens wiederum sind Gedanken, die in Worte gefasst anderen oder sich selbst gegenüber ausgesprochen werden können. Aber sie sind, wenn sie nicht verschriftlicht werden, gleich wieder weg.

Wenn Worte und Gedanken jedoch einmal auf dem Papier stehen, können sie quasi von »außen« angesehen und »erwischt« werden. Man kann über diese Gedanken selbst nachdenken: Was habe ich da genau gedacht? Warum habe ich das so und nicht anders gedacht? Warum habe ich schon wieder so gedacht, obwohl ich doch weiß, dass …? Sind das wirklich meine Gedanken? Oder Gedanken anderer, die ich noch nie überprüft habe?

Ist diese Beobachtungsebene einmal eröffnet, kann man sich auch die Frage stellen, warum man über bestimmte Dinge gar nicht nachdenkt. Gibt es *Denkverbote*? Stammen diese von anderen Personen? Oder hat man sie sich selbst auferlegt?

Eine ebenso interessante Frage ist, warum man bestimmte Gedanken nicht zu Ende denkt, sondern einfach abbricht: »Da denke ich jetzt mal nicht drüber nach …« Im Tagebuch lässt sich dann erkennen, dass man nicht nur *jetzt* nicht darüber nachgedacht hat, sondern auch später nicht.

Über die vorgegebenen oder selbstauferlegten Grenzen beim Denken und deren Funktion formulierte Paul Valéry in seinen *Heften*:

»Das Denken rührt in jedem Augenblick an Grenzen, die es nicht [ohne weiteres] sieht, sei es, daß es sich verlangsamt, je näher es an die Grenze herankommt, und von selbst aufhört, bevor es aufgehalten wird. Selten geht es bis zum letzten erlaubten [?] Punkt.«[15]

Die Grenzen des eigenen Denkens und Überdenkens sind im Alltag kaum zu bemerken, können aber im Tagebuch deutlich werden, einfach dadurch, dass die einmal fixierten Gedanken nachzulesen sind und nicht einfach verschwinden und vergessen werden. Der »letzte erlaubte Punkt« ist ebenfalls ein bemerkenswertes Detail. Wer legt die Grenze eigentlich fest? Und was passiert, wenn man sie überschreitet?

Interessanterweise sind echte und authentische Tagebücher (in dem weiter vorn definierten Sinne) permanente Grenzübertretungen in alle nur denkbaren Richtungen. Sie überschreiten die Grenzen des normalen, des anständigen, des vorgegebenen, des schicklichen

Denkens. Sie widersprechen Fürsten und Diktatoren, sie klagen Freiheitsversprechen ein und halten sich gerade nicht an Denkverbote. Insofern schärft das Schreiben das Denken. Hier ein paar Beispiele:

»Schadet das System dem Verstand, so ist es verkehrt; schadet es dem Charakter, so ist es schlecht; schadet es dem Gewissen, so ist es verbrecherisch«,[16] schrieb Henri-Frédéric Amiel in sein Tagebuch.

Victor Hugo notierte 1848:

»Das Volk wird durch das Elend in die Revolution geführt und von den Revolutionen ins Elend zurückgeführt.«[17]

Eine Beobachtung, die sicher auch für andere Revolutionen gilt.

In anderen Tagebüchern wird Sexualität thematisiert, etwa Homosexualität in Zeiten und Weltgegenden, in denen sie als Verbrechen gilt. Paul Klee stellt die monogame Norm in Frage und schreibt:

»Die erotische Energie in mir als polygam erkannt«[18] – um ein weiteres Beispiel des Denkens über Grenzen hinaus zu nennen.

Das Tagebuch ist ein unbeschränkter Freiheitsraum und lädt jeden Schreibenden ein, über eigene und fremde Grenzen des Denkens hinwegzugehen und weiter – also zu Ende – zu denken, allen vorgegebenen und verinnerlichten Denkverboten zum Trotz. Obendrein können die eigenen Gedanken bei einer späteren Lektüre präzisiert, ergänzt, fortgeführt oder umformuliert werden.

Wilhelm Schmid schrieb über die berühmten *Essais* von Michel de Montaigne, was für Tagebücher ganz allgemein gelten könnte:

»Es handelt sich … um den *Versuch, auf andere Gedanken zu kommen*, anders denken zu lernen, als man schon gedacht hat, vielleicht auch anders zu leben, als man bisher gelebt hat, glückliche Seitensprünge des Denkens und der Existenz.«[19]

Natürlich dient das eigene Denken auch dazu, Ordnung und Struktur in das eigene Leben zu bringen; oder verschiedene Fragmente des Lebens zu einer sich verbindenden Geschichte zusammenzufassen; oder Dinge miteinander in Verbindung zu bringen, die auf den ersten Blick nichts miteinander zu tun haben. Aber im Tagebuch kann auf einer zweiten Ebene auch das Denken selbst *durchdacht* werden, um auf diese Weise Ordnung in das eigene Denken zu bringen.

Denken und Manipulation

Bestimmte Gedanken, die unablässig von außen kommen, sind, gerade weil sie so omnipräsent sind, nicht leicht als *hinterfragbare* Gedanken oder Konzepte zu erkennen. So wie es für einen Fisch schwer wäre, über das Wasser zu reflektieren. Es ist zu selbstverständlich. Menschen können jedoch die sie umgebende Welt transzendieren. Sie haben die Möglichkeit, Gedanken, Vorstellungen und Ansichten aus ihrem Umfeld mit solchen aus anderen Zeiten oder Kulturen zu vergleichen und daraus Schlussfolgerungen zu ziehen.

Auch der Widerstand der Hauptfigur in George Orwells Roman *1984* beginnt mit dem Schreiben eines Tagebuchs und der Erinnerung an eine Zeit, in der noch andere Gedanken gedacht werden konnten als die vom Ministerium für Wahrheit zugelassenen. »… eine Zeit, als es noch eine Privatsphäre, Liebe und Freundschaft gab …«[20] Und trotz des ihn umgebenden Totalitarismus bemerkt der Protagonist in seinem Tagebuch:

»Nicht indem man sich Gehör verschaffte, sondern indem man bei gesundem Verstand blieb, bewahrte man das Erbe der Menschheit.«[21]

Der Tagebuchschreibende will nicht *nur* Teil von etwas sein: von einer Gemeinschaft, einem Staat, einer Ideologie, sondern er möchte vor allem ein einzelnes und unverwechselbares Ich und auf diese Weise zugleich Teil der Menschheit sein.

Damit das gelingen kann, müssen die *Selbstbeobachtung* und die *Weltbeobachtung* Hand in Hand gehen, wie das schon bei den antiken Philosophen Sokrates und Platon, Aristoteles und Epikur, Seneca und Marc Aurel der Fall war und später von Petrarca und anderen in Mittelalter und Renaissance aufgenommen und in der europäischen Tagebuchkultur weitergeführt wurde.

Tagebuchschreiben trägt daher immer ein Element des Widerstands in sich. In Diktaturen ist das offenkundig, weil sich da zwar die öffentliche Äußerung verbieten lässt, aber nicht das eigene Denken, das dann in Tagebüchern seinen Ausdruck finden kann.

Aber auch eine Kultur der Ablenkung und der Veräußerlichung kann nach Formen des Widerstands rufen. Wenn die Elemente der Selbstwahrnehmung und der Selbstreflexion immer weiter zurücktreten, und wenn von der Schule bis zur Universität jedes Denken, jedes Leben immer stärker einer ökonomischen Verwertbarkeit untergeordnet werden soll, gilt es auch hier andere Wege zu finden, um zum Selbstdenken und Nachdenken zu kommen. Und sei es nur, um dadurch ein glücklicheres Leben zu leben.

Schon Seneca mahnt in seiner Schrift *Vom glücklichen Leben* zum Selbstdenken: »Immer verläßt man sich nur auf andere, und Irrtümer, von Hand zu Hand weitergereicht, halten uns erst zu Narren und stürzen uns zuletzt in den Abgrund.«[22]

Denken heißt ja keineswegs schon *Selbstdenken*. Zu diesem gehört, die eigenen Gedanken (am besten schriftlich) zu reflektieren, im Sinne des »Erkenne dich selbst«. Auch gehört dazu, die oben beschriebenen Einschlüsse zu erkennen und Grenzen des Denkens bewusst zu überschreiten. Es gilt, die einen umgebenden Gedanken und Meinungen, Vorstellungen und Manipulationen als jeweiligen Zeitgeist zu erkennen.

Dabei ist es wichtig, sich auf andere Bezugssysteme zu besinnen, die wiederum aus fremden Kulturen oder anderen – zum Beispiel vorkapitalistischen – Zeiten stammen können. Nur so kann man permanente Denkhemmungen überwinden, statt immer mehr des Gleichen zu denken und zu tun.

Die Selbstreflexion, die mit dem Tagebuchschreiben einhergeht, hat daher – ganz nebenbei – eine effektive Filterfunktion gegenüber Einflüssen, die von außen auf einen einströmen, weil man nicht gewillt ist, sich in diktatorischen Zusammenhängen Denkverboten unterzuordnen oder sich in Zeiten der Massenkommunikation und der sozialen Medien berieseln oder manipulieren zu lassen.

Denn Manipulation geschieht ja heute nicht mehr – wie in dem Roman *1984* befürchtet – durch das Auslöschen bestimmter Gedanken, angeordnet von einem Ministerium für Wahrheit. Die permanente Überflutung mit unendlich vielen Informationen erfüllt genau den gleichen Zweck. Sie erzeugt den Zwang, auf diese Informationen mit Zustimmung oder Ablehnung zu reagieren. Der Haupteffekt ist wiederum der, dass man daran gehindert wird, überhaupt noch *eigene* Gedanken zu entwickeln, da man ständig mit den Mitteilungen anderer beschäftigt ist.

Aber auch gegenüber den Gedanken, die scheinbar von innen kommen, ist Vorsicht geboten. Da wäre wieder, wie bereits beschrieben, zwischen dem Eigenen und dem Fremden zu unterscheiden: Welche Gedanken, die jemand denkt und die in seinem Inneren aufsteigen, sind wirklich die eigenen? Könnte es sich um Einschlüsse handeln? Um eingeschleuste, aufoktroyierte oder suggerierte Gedanken?

Eine andere gute Methode, dem eigenen Denken auf die Spur zu kommen, ist, genau das Gegenteil von dem zu denken, was man normalerweise denkt. Und dann zu beobachten, ob diese Gedanken nicht ebenfalls einen Wahrheitsgehalt haben. Das ist eine effektive Art und Weise, unsichtbare Grenzen zu überschreiten und eingefahrene Gedankenbahnen zu verlassen.

Das eigene Denken verändert sich

Wer über längere Zeit Tagebuch führt, bemerkt, wie sich das eigene Denken nach und nach verändert. Durch Lektüre und andere Anregungen, aber vor allem durch die Praxis des Schreibens selbst vertieft sich das *Selbstdenken*. Man dreht nicht immer weiter seine Kreise auf der gleichen Ebene. Bildlich gesprochen rennt man nicht mehr durch das Labyrinth des eigenen Lebens, sondern bekommt ab und zu – und dann immer öfter – einen Blick von oben auf die Struktur dieses Labyrinths.

Es fällt dann zunehmend leichter, einem einmal gefassten Gedanken zu folgen, ihn weiter und zu Ende zu denken. Die Angst, über familiäre, politische und kulturelle Grenzen hinauszugehen, schwindet. Lord Byron formulierte im Januar 1814 beispielsweise:

»Was mich betrifft, habe ich durch den Segen der Gleichgültigkeit meine politischen Ansichten zu dem tiefsten Abscheu vor allen bestehenden Regierungen vereinfacht; … Tatsache ist, Reichtum ist Macht, und Armut heißt Sklaverei auf der ganzen Erde, und die eine Form der Einrichtung ist weder besser noch schlechter für ein *Volk* als die andere.«[23]

Diese Beobachtung wurde zwar in einem bestimmten historischen Moment formuliert, ist aber mühelos auf andere Zeiten und Zustände übertragbar.

Das eigene Denken kann sich auch dadurch ändern, dass der Drang nachlässt, sich ständig mit irgendetwas identifizieren zu müssen, weil man sich anderenfalls einsam fühlen würde. Immer öfter gelingt es, eine *schöpferische Distanz* den Dingen und Geschehnissen und schließlich sich selbst gegenüber zu erreichen. Dadurch gewinnt man im besten Fall eine unerwartete Souveränität und nicht zuletzt eine gewisse Weisheit. Bestimmten Erfahrungen muss man nicht ausweichen, sondern kann ihnen unbefangen entgegengehen und sie hernach beschreiben und durchdenken.

Das eigene Denken wird emotionaler und lebendiger, weil es zunehmend die vorgegebenen Bahnen verlässt. Dann kommt es einem zunehmend merkwürdig vor, in einer Kultur zu leben, in der man ständig mit dem Außen beschäftigt ist, von sich selbst abgelenkt wird und die Basis der eigenen Existenz, die *eigene innere Welt* kaum mehr wahrnimmt.

Schließlich nimmt die Präzision des eigenen Denkens durch das Tagebuch zu. Die dauernde Übung, Gedanken hemmungslos auszudrücken und zu verschriftlichen, erleichtert es, sich später anderen gegenüber offener zu artikulieren. Und man erkennt: Denken bedeutet nicht urteilen. Denken heißt erkennen, verstehen und einordnen. Dann gelingt es mühelos, ungewohnte Zusammenhänge herzustellen oder Widersprüche in der Argumentation anderer aufzudecken. Man vertritt nicht nur »seine« Meinung, sondern erkennt nach und nach, wie diese Meinung überhaupt zustande kommt und ob die »eigene« Meinung nicht vielleicht eine – durch Manipulation verinnerlichte – fremde Meinung sein könnte.

Durch das Denken über vorgegebene Grenzen hinaus entwickelt sich ein Gefühl von Freiheit. Und es fällt leichter, hinter bestimmten Meinungen die Interessen und Machtkonstellationen zu erkennen, die oft hinter diesen »freien« Meinungen stehen, die aus Machtkalkül gegen jede Logik und gegen sachliche Argumente aufrechterhalten werden.

EMOTIONEN BESSER VERSTEHEN

Emotionen und Gefühle wahrnehmen

Denken und Fühlen lassen sich weder im Leben noch im Tagebuch so genau trennen, wie es die Reihenfolge eines Buches verlangt. Sie gehen ineinander über und beeinflussen sich gegenseitig. Wer sich ein ehrgeiziges Ziel setzt, wird auf Rückschläge emotionaler reagieren, als wenn er dieses Ziel gar nicht verfolgen würde. Wenn etwas als wesentlich empfunden wird, registriert das Bewusstsein alle damit im Zusammenhang stehenden Fakten genauer, als wenn es um etwas Unbedeutendes geht.

Was in dem Kapitel »Das Eigene und das Fremde« beschrieben wurde, gilt natürlich gleichermaßen für die Emotionen. Welche Emotionen sollen durch Bilder, Töne oder Worte – sei es aus kommerziellen oder politischen Gründen – bei mir ausgelöst werden? Will ich das zulassen? Kann ich mich dem entziehen? Wenn ja, wie? Welche Emotionen gehen durch mich hindurch und gehören nicht zu mir? Mit welchen Emotionen, die ich wahrnehme, identifiziere ich mich? Mit welchen nicht?

Stanislaus Joyce notierte über seinen berühmten Bruder und Schriftsteller James Joyce:

»Ich glaube, ich kann es verantworten, wenn ich sage, daß ich Jim nicht mag.«[24]

Emotionen können wie hier durch das Denken verändert werden. Emotionen wiederum beeinflussen das Denken. Die Wahrnehmung der eigenen Emotionen kann ebenfalls durch verschiedene unterbewusste »Filter« und Voreinstellungen vorstrukturiert werden. Mancher sammelt zum Beispiel immer nur die negativen Eindrücke eines Tages in seinem Tagebuch. In diesem Zusammenhang machte der italienische Psychiater Giovanni Fava bei depressiven Menschen eine interessante Entdeckung und verallgemeinerte dann:

»Es genügt nicht glücklich zu sein, man muss sein Glück bemerken.«[25]

Selbst Tagebuchschreibende könnten überlistet werden, wenn sie sich am Ende des Tages oder am nächsten Morgen hinsetzen und losschreiben. Denn schließlich können sie nur notieren, woran sie sich noch erinnern. Aber ist das, woran man sich erinnert, wirklich wahr? Experimente haben gezeigt: Wer meint, unglücklich zu sein, neigt dazu, sein Glück am Ende des Tages kleiner einzuschätzen, als es wirklich ist.

Daher kam Giovanni Fava auf die folgende Idee:

»Die Patienten sollten Tagebücher des Glücks anlegen ... Und weil die Augenblicke der Freude schwarz auf weiß festgehalten sind, hat das Gehirn keine Chance, sie später wegzudiskutieren.«[26]

Da sich Emotionen den Tag über schnell und häufig ändern können, kann es auch dem routinierten Tagebuchschreiber passieren, dass er sich selbst täuscht. Vorsicht ist geboten.

Eine unumstrittene Funktion des Tagebuchschreibens besteht jedenfalls darin, wahrgenommene und bewusst registrierte Emotionen in Worte zu fassen, voneinander abzugrenzen und einzuordnen. Dabei sollen *Emotionen* und *Gefühlsbezeichnungen* unterschieden werden. Als Emotion oder Affekt wird hier eine spontane körperliche Reaktion verstanden – zum Beispiel mit der Faust auf den Tisch schlagen, Erröten, Zittern, einen Druck- oder Anspannungszustand spüren oder ähnliche Phänomene im vorsprachlichen Bereich. Diese emotionalen Regungen gilt es als solche wahrzunehmen und in Worte zu fassen. Liebe, Hass, Glück, Freude, Wut und so weiter sind dagegen keine Emotionen im eigentlichen Sinne mehr, sondern bereits *Gefühlsbezeichnungen.*

Mit der Faust auf den Tisch zu schlagen ist Ausdruck einer Emotion, zum Beispiel eines inneren Spannungszustandes. Die Gefühlsbezeichnungen, die mit dieser Emotion verbunden sind, können sehr unterschiedlich ausfallen. Sie kann als Wut bezeichnet werden. Oder als Verzweiflung. Oder als Ohnmacht. Oder als Hilflosigkeit. Diese verschiedenen Gefühlsbezeichnungen können für ein und dieselbe emotionale Reaktion stehen. Das Gleiche gilt für das Erröten. Bedeutet diese emotionale Reaktion Scham? Oder eher Verliebtheit? Überraschung? Oder eher Unsicherheit? Peinlichkeit oder Ohnmacht?

Möglicherweise wählt die betroffene Person eine Versprachlichung und damit Deutung, die von derjenigen weiterer Beteiligter vollkommen abweicht. Das heißt, die Emotionen als körperliche Vorgänge sind vieldeutig und interpretierbar, die daraus folgenden Gefühlsbezeichnungen nicht nur situativ, sondern vor allem *gesellschaftlich, politisch* und *kulturell* beeinflusst.

Wenn zum Beispiel ein Mann im Auto sitzt, einen dringenden Termin hat und in einen Stau gerät, nimmt er einen Druck, eine Verspannung oder Ähnliches in seinem Körper wahr. Wenn er diese Emotion nun versprachlicht, wird er zu sich selbst oder zu seinem Geschäftspartner am Telefon wahrscheinlich nicht sagen: »Ich fühle mich hilflos.« (Obwohl er es offensichtlich ist.) Er wird seine inneren Spannungszustände eher als »Wut« oder »Ärger« interpretieren und verbalisieren. Wut oder Ärger sind für Männer in diesen Situationen »erlaubte« Gefühlsbezeichnungen, Hilflosigkeit dagegen nicht.

Die Versprachlichung einer Emotion wiederum hat eine Auswirkung auf die Emotion selbst. Wenn der Stau sich nicht auflöst, kann man weiter wütend sein (und zum Beispiel das innere Spannungsgefühl aktiv forcieren) oder – wenn man die Freiheit hat, auch hilflos sein zu dürfen – sich entspannt zurücklehnen und sich sagen: abwarten und die Pause genießen.

Auf Tagebücher übertragen ist es interessant zu beobachten, ob da wirklich Emotionen oder eher Gefühlsbezeichnungen notiert wurden. Die Versprachlichung von Emotionen würde sich zum Beispiel so lesen: »Ich zitterte am ganzen Körper, wurde rot und blass, konnte kein Wort herausbringen und bin schnell hinausgelaufen.« Auch das ist bereits eine Verbalisierung emotionaler Zustände und setzt eine bestimmte Selbstwahrnehmung voraus. Die Emotionen werden hier jedoch nicht beurteilt, und sie wurden noch nicht in Gefühlsbezeichnungen übersetzt.

Oft geht die vermeintliche Beschreibung von Emotionen jedoch ganz selbstverständlich mit bestimmten Gefühlsbezeichnungen einher. Zum Beispiel: Ich zitterte vor *Wut*, wurde rot vor *Hilflosigkeit* und fühlte mich vor allen *bloßgestellt*. Hier sind Emotionen (zittern, rotwerden) und deutende Gefühlsbezeichnungen (Wut, Hilflosigkeit, Bloßstellung) bereits miteinander vermischt. Es ist gut, wenn man dies erkennt, um die Freiheit zurückzugewinnen, bestimmte Emotionen auch ganz anders zu deuten und zuzuordnen, als man das bisher automatisch getan hat.

Bei dem folgenden Eintrag von Alma Mahler-Werfel stehen Gefühle und Emotionen nahe beieinander:

»Was habe ich nur gestern Abend wieder gehabt? Es ist ganz gut, dass ich geschrieben habe. Da sehe ich wenigstens, in was für Zustände man hineingerathen kann vor lauter Wildheit und Leidenschaft. Und ernst war es mir – blutiger Ernst. Und heute lache ich, obwohl der Schmedes, der verflickste Kerl, mir das Blut ordentlich durcheinander gepeitscht.«[27]

Hier kann man sehen, wie das Schreiben die Selbstbeobachtung stärkt und wie dadurch am nächsten Tag eine erneute Selbstinterpretation stattfindet. Das wäre nicht möglich, wenn sie über die abendlichen Emotionen einfach hinweggegangen wäre.

Dabei sind *Wildheit* und *Leidenschaft* genau genommen bereits Gefühlsbezeichnungen für etwas, was in ihrem Körper emotional vorgegangen ist. Man kann es sich lebhaft vorstellen, aber beschrieben wurde es nicht. Das *Lachen* am nächsten Tag wiederum ist eine reine Emotion, die noch nicht gedeutet wurde – das heißt, eine Relativierung der Gefühle des Abends ist es schon. Aber auch das Ende der Wildheit und der Leidenschaft? Oder nur eine Abkühlung?

Wer mit Hilfe eines Tagebuchs seinen eigentlichen Emotionen auf die Spur kommen möchte, könnte zunächst versuchen, diese selbst genauer wahrzunehmen und zu beschreiben und nicht nur die – oft gelernten und ungeprüft verinnerlichten – Gefühlsbezeichnungen zu notieren. Im nächsten Schritt wäre dann zu überlegen, welche Gefühlsbezeichnungen angebracht sind.

Ein anderes Beispiel für die ungenaue Zuordnung von Gefühlsbezeichnungen sei hier noch erwähnt: Nach einer Trennung sagen Menschen oft über sich, sie seien *wütend*. Und erst nach und nach stellt sich heraus, dass sie eigentlich *traurig* sind. Auf Wut oder Trauer gilt es aber höchst unterschiedlich zu reagieren. Wut ruft nach Beschwichtigung, Trauer nach Trost. Insofern ist es nicht banal, ob und wie eine bestimmte Emotion als Gefühl versprachlicht wird.

Entwirren und sortieren

Tagebücher können bezüglich überbordender Emotionen einen Reinigungseffekt haben, im Sinne eines: »Das musste mal gesagt werden.« Je offener, klarer und heftiger die Emotionen (und Gefühlsbezeichnungen) ausfallen, umso ratsamer ist es, sie nicht an einem anderen Menschen auszulassen. Andererseits gilt es, diese Emotionen nicht zu unterdrücken.

Das Tagebuch ist daher eine *unverzichtbare und unübertroffen elegante Art, Emotionen und Gefühle zugleich auszusprechen und sie dennoch zu verheimlichen*. Es kommt dem Zerschlagen des gordischen Knotens gleich – auf der einen Seite Emotionen nicht zu verleugnen, wie heftig und abgründig sie auch sein mögen, und sie auf der anderen Seite nicht in einer Weise zu äußern, dass sie ein gedeihliches soziales Zusammenleben verhindern.

Im Gegensatz zu der weit verbreiteten Auffassung, dass allen alles sogleich mitgeteilt werden sollte, wie das in den sogenannten sozialen Medien üblich zu sein scheint, könnte man sagen, dass das Verheimlichen bestimmter Emotionen (und Gedanken) anderen gegenüber die zwingende Voraussetzung dafür ist, dass ein eigenständiges, individuelles Selbst entstehen und bewahrt werden kann.

Allen alles mitzuteilen und damit preiszugeben erlaubt man sich nur, solange die »eigenen« Emotionen (und Gedanken) einen vorbestimmten Rahmen nicht überschreiten, wenn es also um oberflächliche, angepasste oder zufällig gerade sozial »erlaubte« Gefühlsbezeichnungen geht.

Homosexuelle Neigungen zu äußern, wo Homosexualität gesellschaftlich und/oder juristisch als Verbrechen oder Straftat angesehen wird, wäre selbstzerstörerisch. Sie vor sich selbst zu verleugnen eine Selbstverstümmelung. Sie im Tagebuch auszusprechen und, da dieses geheim ist, zugleich zu verschweigen ist eine geradezu salomonische Lösung.

Veröffentlichte authentische Tagebücher üben gerade deshalb eine so starke Erkenntniskraft und Faszination aus – was die menschliche Existenz angeht –, weil sie über politisch, religiös oder sozial »verordnete« Denkmuster einer bestimmten Zeit rigoros hinausgegangen sind. Damit eröffnen sie für den heutigen Leser und Tagebuchschreiber ebenfalls ein Feld, freier in sich hinein zu spüren und zu erkennen, welche Emotionen gegenwärtig erlaubt oder eher nicht erlaubt sind.

Die Heftigkeit und Einseitigkeit bestimmter emotionaler Einträge kann für den späteren Leser nachvollziehbar oder auch befremdlich sein. Aber sie sind eben ohne Rücksicht auf Verluste geschrieben worden (anders als die kalkulierten, weil schon im Hinblick auf eine Veröffentlichung verfassten Tagebücher).

Der bereits genannte Reinigungseffekt besteht ja genau darin, alles, was an körperlichen Vorgängen, an Beschwerden und Schmerzen, an Gefühlen von Wut oder Angst, Freude oder Glück, Schwermut oder Überschwang aufsteigt, unzensiert und spontan niederzuschreiben. Allein das Benennen und Verschriftlichen von Emotionen und Gefühlen ist ein kreativer Akt und kann einen enormen Erkenntnisgewinn mit sich bringen.

Dabei darf jedoch ein anderer entscheidender Aspekt des Tagebuchschreibens nicht übersehen werden. Tagebuchschreiber bemerken beim Wiederlesen der eigenen Tagebücher nicht selten, dass dort schmerzvolle oder destruktive Texte stehen, während sie – nach der Niederschrift – die Tage eigentlich recht heiter und gelassen verbracht haben.

Ein interessanter Effekt und zugleich wichtiger Grund, ein Tagebuch nicht mit seinem Schreiber zu verwechseln und authentische Tagebücher nicht wie literarische Texte zu behandeln, da sie nicht das Ziel hatten, Mitteilungen an andere zu adressieren, sondern der Selbsterkenntnis dienten. *Der Tagebuchschreibende ist immer unendlich viel mehr als sein Tagebuch.* Und ein echtes Tagebuch ist notgedrungen einseitig.

»Ihr Tagebuch, notierte die Künstlerin Käthe Kollwitz Silvester 1925, halte nur die eine Seite ihres Lebens fest, nämlich die, ›in der es hadert und heddert‹; wenn ihr Leben im Gleichgewicht gewesen sei, habe sie es nicht geführt«, so Rainer Wieland.[28]

Es können aber auch andere Gründe vorliegen, warum ein authentisches Tagebuch nur einen bestimmten Aspekt des eigenen Lebens widerspiegelt. Daher kann ein Tagebuchschreibender sehr wohl sagen, er oder sie erkenne sich im eigenen Tagebuch nicht wieder. Jedenfalls nicht als ganze Person, nicht in der Vielschichtigkeit und Komplexität, die das Leben ausmacht. Für den, der sich immer nur in belastenden Situationen »frei«geschrieben hat und die danach und daraus folgenden Veränderungsprozesse nicht notiert hat, ist das ganz natürlich.

In diesen Fällen hat das Schreiben vor allem die Funktion der Erleichterung, die, im Vergleich zu einem Gespräch mit einem Freund oder einem Therapeuten, tiefer gehen und nachhaltiger wirken kann. Denn es gibt im Tagebuch keine subtile Einflussnahme von außen und keine Schamgrenzen der anderen Person gegenüber. So offen ein lebendiger Zuhörer auch sein mag, gibt es dennoch unbewusste Reaktionen, eine Körpersprache, vermutete Voreinstellungen des anderen, die allesamt den Sprechakt bereits untergründig und hintergründig beeinflussen.

Der Vorteil einer persönlichen Gesprächssituation ist allerdings, dass das Gegenüber hilfreiche oder erkenntnisfördernde Fragen stellen kann, die ein geübter Tagebuchschreiber sich selbst stellen muss – oder die ihm sein Tagebuch ohnehin stellt. Sich selbst Fragen zu stellen ist also nicht nur der Beginn eigenständigen Denkens, sondern auch der emotionalen und existentiellen Selbstwahrnehmung.

Max Beckmann schreibt:

»Möchte nur wissen, warum das Malen so anstrengend ist. – Das bisschen Farbe verschmieren – Du mein Gott, – ›Laboratorium‹ fertig gemacht. 4 oder 5 Stunden gemalt. – Schönes Ausruhen, das.«[29]

Ist es nur anstrengend oder kann man beim Malen auch ausruhen? Beides möglich, beides denkbar. Dies zu beobachten lohnt in jedem Fall.

Emotionen sind vage, vergänglich, können manchmal durch den Verstand gesteuert werden und manchmal nicht. Auch das ist eine interessante Unterscheidung: Sind sie nun beeinflussbar oder nicht? Und wenn nicht, warum nicht? Und wenn beeinflussbar, dann wie?

Das Durcheinander von diffusen Hoffnungen und Ängsten, Vorurteilen und Befürchtungen, Wahrnehmungen und Interpretationen lässt sich in verschriftlichter Form befragen und prüfen, sortieren und relativieren. Ambivalente Gefühle können in ihrer Gleichzeitigkeit, in ihrem Sowohl-als-auch, erfasst werden und müssen nicht in ein Entweder-Oder-Schema gepresst werden.

Komm, so könnte man hier mit Marc Aurel sagen:

»... komm, solange du es noch kannst, dir selber zur Hilfe, wenn du dich selbst einigermaßen liebhast.«[30]

Nicht zuletzt wird durch das Verschriftlichen deutlich, wie vergänglich Emotionen sind. Sie kommen und gehen. Sie sind kein sicherer Grund, auf den man bauen könnte – wie es umgekehrt nicht ratsam ist, die eigenen Emotionen zu ignorieren. Auf das richtige Verhältnis kommt es an.

Das bedeutet, eine Emotion einerseits zu empfinden und zu beobachten – im Sinne von: eine Emotion *haben*, sie wahrnehmen, zur Kenntnis nehmen, sie betrachten, beschreiben und reflektieren. Der andere Zustand wäre: eine Emotion zu *sein*. Das heißt, sich als gesamte Person, als Ich, in seinem ganzen Sein dieser Emotion zumindest für gewisse Zeit zu »unterwerfen«.

Auch in diesem Zusammenhang ist das Beispiel Alma Mahler-Werfels interessant. Am Abend noch in »Zuständen«, also vollkommen überwältigt und den eigenen Emotionen ausgeliefert (notiert als Gefühle von Wildheit und Leidenschaft), am nächsten Tag sehr wohl erkennend, dass sie diese Gefühle *hatte*, sie aber nicht ein Teil dieser Gefühle *ist*. Gerade wenn man durch das eigene Tagebuch eines Besseren belehrt wird und erkennt, dass man selbst unendlich viel mehr als eine ganz bestimmte Emotion ist, kann man leichter mit überbordenden Affekten umgehen.

Dann könnte *emotional sein* nämlich bedeuten, die eigenen Affekte sensibel und empathisch wahrzunehmen und dabei dennoch in der eigenen Mitte zu bleiben, in dem Wissen, dass selbst die heftigsten Ausschläge nicht von Dauer und schon gar kein unverrückbarer Teil der eigenen Identität sind.

Umgekehrt jedoch ist es genauso möglich, sich Glücksgefühlen für eine gewisse Zeit mit Leichtigkeit vollkommen zu überlassen, wie das André Gide in diesem Tagebucheintrag auf poetische Art beschreibt:

»Die kürzeste Nacht des Jahres. – Diese letzten vier Tage waren schöner, als man sagen kann: schöner, als ich es ertragen konnte. Eine Art Aufruf zum Glück ... In einer solchen Nacht möchte man die Blumen küssen, die Rinde der Bäume streicheln; irgendeinen jungen glühenden Körper umarmen oder bis zur Morgendämmerung auf der Suche nach ihm umherstreifen.«[31]

Die eigenen Emotionen beeinflussen

Ebenso wie das Tagebuchschreiben das *Selbstdenken* hervorbringen oder stärken kann, beeinflusst das Schreiben die Emotionen und Gefühle auf vielfältige Weise. Genauer zu beobachten und feinere Unterscheidungen für Dinge oder Zustände zu treffen, die sonst als selbstverständlich hingenommen werden, führt ganz von selbst zu positiven Veränderungen im eigenen Gefühlsleben.

Interessant ist hier ebenfalls eine kulturelle Dimension. Offensichtlich sucht man beispielsweise das Glück heute meistens im Außen und nicht so sehr im Inneren. Garanten für ein mögliches Glück sollen dann sein: *bestimmte Gegenstände*, die man unbedingt besitzen solle, *bestimmte Orte*, an die man unbedingt gereist sein müsse, *bestimmte Sendungen oder Sportwettkämpfe*, die man anschauen müsse, *bestimmte Musik*, die man gehört haben solle, und diese Liste ließe sich beinahe unendlich fortführen.

Das kleine, unscheinbare, geheimgehaltene Tagebuch dagegen kann in Erinnerung rufen, wie groß der eigene Anteil an den Glücksempfindungen ist. Dass man im Inneren viel öfter das finden kann, was man im Äußeren mit großem Aufwand (und nicht selten vergeblich) sucht. Entscheidender ist die eigene *Perspektive* auf das, was einem begegnet, und genau diese Perspektive lässt sich beeinflussen. Das kann spontan »geschehen« oder bewusst herbeigeführt werden. Ein Perspektivwechsel verändert sowohl die Emotionen wie auch die Gefühlsbezeichnungen, die mit einer bestimmten Wahrnehmung fast zwangsläufig einhergehen. Katherine Mansfield hier mit einem überraschenden Perspektivwechsel:

»Ich danke dem Himmel, daß ich zur Zeit … in niemanden verliebt bin, außer in *mich selbst.*«[32]

Wer meint, ohne einen anderen Menschen nicht glücklich sein zu können, kann versuchsweise die Haltung von Katherine Mansfield einnehmen. Das verändert nicht nur die Perspektive auf das Alleinsein, sondern stärkt obendrein eine bestimmte Art der Selbstliebe und Selbstakzeptanz, die wiederum Voraussetzung dafür ist, von anderen geliebt zu werden beziehungsweise sich geliebt zu fühlen.

Eine andere Möglichkeit, die eigenen Emotionen zu beeinflussen, ist das Spiel mit der Zeit. Durch Wahrnehmung und die *ausführliche Beschreibung* positiver Gefühle und Erfahrungen verändert sich das Verhältnis von Glück und Unglück im eigenen Leben. Gibt man freudigen Emotionen und Gefühlen mehr Raum, um diesen nachzuspüren und sich an sie zu erinnern, werden sie quasi vervielfacht.

Ging es zunächst darum, dass man sich schwierige oder niederdrückende Emotionen und Gefühle im Tagebuch von der Seele schreiben kann, wird hier das Gegenteil als Möglichkeit ins Spiel gebracht: gerade die positiven Erfahrungen einseitig hervorzuheben und zu betonen.

Paula Modersohn-Becker notiert:

»Karl Schröder hat ein Buch, darin schreibt er alle Unglücksfälle auf. Ja, so sind die meisten Menschen. Die Unglücksfälle schreiben sie sich ins Gedächtnis und memorieren sie fleißig, aber das Glück, das viele Glück, beachten sie nicht. Es ist für sie nur ein Übergangsstadium zu neuem Unglück … Arme, arme Welt. Mir geht's besser.«[33]

Dann gibt es schließlich noch so etwas wie die *Wächterfunktion* des Tagebuchs, die hilft, sich nicht von »falschen« Emotionen und Gefühlen überrumpeln zu lassen. Ein einfaches Beispiel sei hier angeführt: Jemand verbringt einen langen schönen Abend auf einer Party, wird aber von jemandem, der ihm wichtig ist, bei der Verabschiedung übergangen. Die inneren Verspannungen werden auf dem Heimweg als Ärger oder Kränkung interpretiert und verderben im

Nachhinein (in der Erinnerung) den ganzen Abend. Das bedeutet, ein paar glückliche Stunden verschwinden hinter einem Moment des Unwohlseins. Ganz abgesehen davon, dass die Reaktion des anderen vielfältige Gründe haben kann, verdeutlicht die genaue Beschreibung des Abends dem Schreiber selbst, wie das Verhältnis von Glück und Ärger an diesem Abend eigentlich gewesen ist.

So setzt der Schreiber der lästigen, spontanen Eigenschaft des Gehirns, sich die negativen Erlebnisse sehr stark einzuprägen, die positiven dagegen als selbstverständlich anzusehen und zu vergessen, etwas entgegen.

Das heißt, die eigenen Wahrnehmungen lassen sich in Momenten der Ruhe und der Besinnung mit Hilfe des Tagebuchs ganz bewusst – wie Scheinwerfer – auf bestimmte Bereiche des Lebens lenken. Einmal, wie in diesem Fall, um die Proportionen wieder zurechtzurücken, ein andermal, um die positiven Elemente eines Tages zugunsten der negativen Elemente besonders hervorzuheben.

Bezüglich des Phänomens, mit dem Tagebuch die eigenen Emotionen zu beeinflussen, schreibt Franz Kafka über den Schmerz:

»Mir immer unbegreiflich, daß es jedem fast, der schreiben kann, möglich ist, im Schmerz den Schmerz zu objektivieren ... und es ist gar nicht Lüge und stillt den Schmerz nicht, ist einfach gnadenweiser Überschuß der Kräfte in einem Augenblick, in dem der Schmerz doch sichtbar alle meine Kräfte ... verbraucht hat. Was für ein Überschuß ist es also?«[34]

In diesen Zeilen spiegelt sich eine Erfahrung, die fast alle Tagebuchschreiber vereint. Das Verschriftlichen des eigenen Zustands, und sei er noch so schmerzhaft oder aussichtslos, verwandelt den Schreibenden von einem Opfer dieses Zustands in einen Handelnden. Damit wird mit einer beinahe schlafwandlerischen Sicherheit eine unsichtbare existentielle Linie überschritten, die einem ansonsten als nicht überschreitbar erscheint.

Selbst beim Äußersten, in der emotionalen Auseinandersetzung mit dem eigenen Tod, kann das Tagebuch eine hilfreiche Instanz sein. Als William S. Burroughs, im Alter allein und abgeschieden mit seinen Katzen lebend, von einem deprimierenden Arztbesuch zurückkommt, schreibt er, vier Tage vor seinem Tod:

»Wie sollte man als Unsterblicher den Schmerz ertragen, wenn nach und nach die ganzen Weggefährten wegsterben? Im Vergleich zu Katzen ist man ja relativ unsterblich.«[35]

Hier ist es ein Spiel mit den zeitlichen Perspektiven, um das Überwältigende des Moments umzudeuten und damit erträglicher zu machen. Denn die Frage ist ja tatsächlich: Woran wird die eigene Lebensspanne gemessen? Womit wird sie verglichen?

Tagebuch und Erotik

Tagebücher erlauben es, eine Diskrepanz aufrechtzuerhalten zwischen dem eigenen Leben, den Bedürfnissen, Wünschen und Hoffnungen und dem, was in einer bestimmten Gesellschaft ermöglicht oder unterdrückt wird. Da neben der politischen und ökonomischen auch die sexuelle Unterdrückung in der Geschichte Europas eine bedeutende Rolle spielt, ist auch hier das Tagebuch der Ort, an dem erotische und sexuelle Gefühle und Wünsche, Ängste und Lüste ihren Platz fanden und noch immer finden.

Eine geniale Zusammenfassung des Spannungsverhältnisses zwischen der christlichen Kultur des Abendlandes und der Sexualität ist Etty Hillesum 1941 in einem einzigen Satz gelungen:

»Es ist schwierig, mit Gott und mit dem Unterleib in gleicher Weise zurechtzukommen.«[36]

Man könnte ja sogar fragen, ob es ohne Erotik überhaupt Tagebücher gäbe. Denn für viele Menschen ist der Moment der erwachenden Sexualität mit all ihren diffusen Kräften und emotionalen Auswirkungen der Beginn des Tagebuchschreibens.

Alle bisherigen Ausführungen über das Denken, die Emotionen, über Kopf und Herz und das Eigene und das Fremde kommen hier zusammen. Obendrein zeigt der Körper überraschende Reaktionen, die man ihm gar nicht zugetraut hätte. Das verlangt nach Orientierung, Deutung und Einordnung.

Da die sinnlichen Genüsse der Erotik und der Sexualität erstaunliche Energien und Kräfte freisetzen können, wird die Suche nach einem passenden Gegenüber zu einer ewigen Quelle der Sehnsucht und des Verlangens:

»Eine kleine sexuelle Regung heute. Nichts Besonderes. Ich denke mir, dass von allen sinnlichen Freuden Sex die einzige ist, die partiell auf Erwiderung beruht. Darin liegt seine Macht. Man stelle sich vor, eine Apfelsine sagt: ›Schatz, ich habe mich so danach gesehnt von dir verspeist zu werden …‹«.[37]

Was Christopher Isherwood hier lakonisch konstatiert, kann sich im Tagebuch zu Qualen verdichten. Warum geschieht nie das, was man erwartet und erhofft? Warum müssen Liebe und Erotik oft mit Schmerzen einhergehen? Welche gesellschaftlichen, politischen und religiösen, räumlichen und finanziellen, persönlichen und kommunikativen Grenzen schränken die lustvolle Begegnung mit dem anderen ein oder verhindern sie sogar? Warum gerade bei einem selbst?

Und wer den Menschen gefunden hat, den er suchte, muss längst nicht glücklich werden, wie Benjamin Constant hier bekennt:

»Szenen über Szenen und Qualen über Qualen. Seit drei Tagen ist Germaine wütend und verfolgt mich derart mit Schmähungen, Tränen und Vorwürfen, daß in mir Gleichgültigkeit und Wut und Wut und Gleichgültigkeit einander abwechseln.«[38]

Und nicht nur das. In Sachen Erotik kann man sich auf nichts verlassen. Alles ist jederzeit anders. Den einen, Max Beckmann, verwundert sein überbordendes Begehren:

»Nur eins ist noch nicht erloschen in mir. Meine Sinnlichkeit, sie zuckt immer wieder auf. Ich glaube man könnte sie wie einen Aal in Stücke hauen, sie würde in jedem Stücke mit verdoppelter Stärke weiterleben.«[39]

Der andere, Keith Haring, vermisst seine frühere Freude an der Verführung:

»Die Fähigkeit der Verführung und die Freude an der Kunst der Verführung habe ich vollständig verloren – und damit die Quelle von vielem, was mich dazu inspirierte, zu arbeiten und zu leben.«[40]

Und erst die Sehnsucht in all ihren Facetten, Lust und Last zugleich, die sich manchmal zu einem ziemlich unerträglichen Zustand verdichten kann:

»Ein paar Tage lang war ich zu nichts anderem fähig, als an ihn zu denken, obwohl man das eigentlich nicht als denken bezeichnen kann, ich war ihm eher körperlich verfallen.«[41]

Den anderen entdecken und sich selbst dabei erkennen, geht an keinem Punkt des Lebens so ununterscheidbar ineinander über wie in der Erotik. Die Spielarten sind so vielfältig wie die Menschen. Man erlebt immer neue, immer andere Variationen des gleichen uralten Themas. Paul Valéry formuliert es so:

»… können doch Körper und Körper sich bisweilen verständigen und einander antworten und sich gegenseitig himmlisch erahnen …«[42]

Und dann ist da noch der seit Jahrhunderten vorherrschende, meist mehr äußere, manchmal mehr verinnerlichte Zwang zur Monogamie, dieser ewige Kampf zwischen Pflichtgefühl und Lust. Und erst die verschiedenen Definitionen von Treue, Untreue und Mehrfachtreue, von sexueller, emotionaler und sozialer Treue und die Suche nach einem Weg, der für einen selbst und für andere zumutbar ist. Etty Hillesum notiert:

»Manchmal finde ich es sogar etwas kindisch, nur einen einzigen Menschen zu lieben. Ich könnte auch niemals nur einem einzigen Mann treu sein. Nicht der anderen Männer wegen, sondern weil ich selbst aus so vielen Menschen bestehe.«[43]

Und wenig später schreibt sie:

»Ich bin ihm innerlich treu. Und auch Han bin ich treu. Ich bin allen treu.«[44]

Ob man dem nun zustimmt oder nicht: Es liegt nahe, im Zusammenhang mit der eigenen Erotik das Verhältnis von Körper und Emotion, von Trieb und Sublimierung, von Wahl und Entscheidung, von Macht und Unterwerfung, von Freiheit und Anpassung im Tagebuch zu untersuchen. So kann man nach und nach zu immer neuen Einsichten kommen.

Nicht zuletzt ist da das ewige Thema der Eifersucht, das Männer und Frauen gleichermaßen betrifft und dem völlig zu entgehen nur wenigen vergönnt ist. Eifersucht kann manchen – hier Arthur Schnitzler – sogar noch im unwahrscheinlichsten Fall verfolgen:

»Schlechte Stimmung. Da handelt es sich nur um ein Weib, das man nie geliebt, in der letzten Zeit gehasst hat, die man um jeden Preis loswerden wollte, die man stets, wie die ganze Welt, für eine Canaille hielt, und hat noch außerdem das so seltene Glück, vollkommene Klarheit zu haben – und doch hat man eine Regung der Eifersucht, wenn sie einen betrügt.«[45]

So oder so kann eine der bemerkenswertesten Auswirkungen des Tagebuchschreibens auch heute noch darin bestehen, die individuelle Erotik jenseits von Schablonen, Schnulzen und Pornographie weiter zu entwickeln. Das Tagebuch ermöglicht einem, ohne falsche Scham und ohne Zurückhaltung zu erkennen, was die eigenen erotischen Wünsche und Phantasien sind – und mit wem sie sich verwirklichen lassen. Zunächst im Kopf und später womöglich in der Realität. Man kann beginnen, mit den Grenzen zu spielen, die durch Erziehung und Religion, Gewöhnung oder Medien vorgegeben scheinen. Tagebuchschreiben hilft, die Aufmerksamkeit auf die beflügelnde Kraft des Eros zu lenken und diese zu bewahren.

KÖRPER, WAHRNEHMUNG UND INDIVIDUALITÄT

Der Körper im Tagebuch

Was ist in veröffentlichten Tagebüchern eigentlich über den menschlichen Körper zu lesen? Können denn die Körperwahrnehmung und das Körperempfinden auch durch das Tagebuchschreiben beeinflusst werden?

Der menschliche Körper ist ein Beispiel dafür, wie etwas im Leben allgegenwärtig und doch – beinahe – vergessen sein kann. Natürlich kommt er in Tagebüchern irgendwie vor – das lässt sich ja zum Glück nicht vermeiden –, aber eben vor allem *indirekt*, als ein Körper-in-Funktion: beim Gehen oder Stehen, beim Sehen oder Hören, beim Arbeiten oder Spielen und nicht zuletzt beim Sex.

Selten wird der Körper als das erkannt, was er ist: die Basis des eigenen Seins und des Seins anderer Menschen. Als absolute Voraussetzung dafür, dass überhaupt gelebt und gedacht, gefühlt und geliebt werden kann.

Weitsichtig abermals Paul Valéry:

»So ist das Auge beim normalen Sehen nicht fühlbar und die gesehenen Dinge sprechen nicht vom Auge.«[46]

Der Körper bleibt merkwürdig oft versteckt, verdeckt oder ausgespart und wird sogar manchmal zu einem Gegenstand der Beschimpfung bis hin zur brüsken Ablehnung. Susan Sontag etwa erinnert sich im Tagebuch an ihre Kindheit:

»Mein Wutanfall ... weil ich nicht zum jungen Mädchen heranwachsen wollte. ›Ich werde mir meine Brüste abhacken.‹«[47]

In den meisten Tagebüchern taucht der eigene Körper erst spät und dann als schmerzender, nicht mehr funktionierender, lädierter oder quälender Körper auf. Dann bekommt er plötzlich und schlaglichtartig die größte Aufmerksamkeit. Aber selbst in der Beschreibung des Schmerzes wird er häufig wie ein befremdlicher, kaputter Gegenstand und nicht wie ein untrennbarer Teil der eigenen Existenz betrachtet.

Auch im Alltag wird ja der Körper, zumindest solange er tadellos funktioniert, eher vergessen als mit einer besonderen – nicht nur *äußerlichen*, sondern auch *inneren* – Aufmerksamkeit bedacht. Dieses »Vergessen« hat eine lange Tradition in den Gegenüberstellungen von *Geist* und *Körper* oder von *Seele* und *Körper*, die über viele Jahrhunderte die europäisch-christliche Kultur geprägt haben. Der Körper wurde in diesen Zusammenhängen nicht selten als schmutzig, als eine Plage, als ein Gefängnis für die Seele beschrieben – krankheitsanfällig sowieso und sterblich obendrein. Der Geist und die Seele dagegen sollten unsterblich sein.

Diese jahrhundertelange Ablehnung und Unterdrückung des menschlichen Körpers in der christlichen Tradition wirkt bis heute nach. Auch der größte Teil der abendländischen Philosophie kam bisher ganz gut ohne den Körper aus. Dabei könnte man mit Paul Valéry sehr wohl sagen:

»Jedes philosophische System, in dem der Körper des Menschen nicht eine grundlegende Rolle spielt, ist dumm und unbrauchbar.«[48]

Daher sind die Erkenntnisse über die *soma-psychische Einheit* nach zweitausend Jahren Christentum in Europa erst wieder neu zu entdecken. Auch in vielen Tagebüchern wird der Körper noch immer eher wie eine unabhängig von der Psyche funktionierende Maschine betrachtet. Aber was täte die »unsterbliche« Psyche ohne den Körper, kann man mit Paul Valéry fragen:

»Was träte für eine Seele ohne Augen an die Stelle der Tränen, und woher nähme sie ein Seufzen …«[49]

Allein die Formulierung, einen Körper zu *haben*, stellt eine beinahe nicht zu überwindende Denkhemmung dar, den Körper als das wahrzunehmen, was er wirklich ist: das eigene Sein. Man *hat* nicht einen Körper, sondern man *ist* der eigene Körper. Wie selbstverständlich die Gegenüberstellung von Ich oder Selbst auf der einen und dem Körper auf der anderen Seite im Denken funktioniert, wird bei Julien Green deutlich, wenn er schreibt:

»Angesichts meines Körpers verspüre ich manchmal etwas wie Ungeduld. Könnte er mich verstehen, würde ich zu ihm sagen: ›Was geht es mich an, ob es dir gut geht? Dein Glück ist ein ständig wiedererwachendes Problem, das immer schwerer zu lösen ist. Kein Tag vergeht, an dem du dich nicht beschwerst … Man muß dich zerstreuen, dich dahin und dorthin bringen, um deine Ruhe, um dein Wohlergehen besorgt sein. Ich wehre mich gegen deine Launen, aber feige gehorche ich deinen Tyranneneinfällen … Wenn ich zu lange arbeite, rächst du dich durch Migränen, die mich zwingen, dir zu gestatten, dich hinzulegen, nachdem ich die Vorhänge zugezogen und aus dem hellichten Tag Nacht gemacht habe und so fort …«[50]

Mit dem Körper als Ganzem und mit einzelnen Organen oder Symptomen könnte man allerdings ebenso einen Dialog führen, wie zuvor im Kapitel »Kopf und Herz« beschrieben. Der Tagebuchschreiber vermag den Symptomen eine Stimme zu geben. Ob das der Kopfschmerz, der Rückenschmerz oder das Magendrücken ist. Wann, in welchen Zusammenhängen melden sie sich? Worauf weisen sie hin? Wie wäre eine gestörte Balance wiederherzustellen? Wenn möglich, bevor sich das Symptom chronifiziert und man dem Körper mit Messern oder der Chemie zu Leibe rücken muss.

Statt eines abstrakten und leicht irreführenden philosophischen Satzes, der da lautete: »Ich denke, also bin ich«, müsste es richtiger heißen: *Ich bin mein Körper und also denke und fühle ich, nehme ich wahr und bin lebendig.*

Und als belebter und bewohnter Körper sollte dieser auch seinen Platz im Tagebuch erobern, und das nicht erst, wenn er sich durch Krankheit in Erinnerung bringt.

Das Tagebuch ist der Ort, um dem Zusammenhang von Körper und Emotion, von Körper und Denken nachzuspüren – verbunden mit der Beobachtung, wie sich dieser Körper permanent verändert.

Die Rückbesinnung auf den Körper im Tagebuch ist eine Art von Widerstand gegen die latente Körperfeindlichkeit der christlich geprägten Kultur. Die Körperfeindlichkeit hat ja heute ihren Grund auch darin, dass der individuelle Körper in verstörender Weise auf die Begrenztheit der eigenen Existenz hinweist. Diese Begrenztheit mahnt und erinnert daran, dem hektischen Leerlauf vieler Scheinbewegungen und Scheinentwicklungen etwas entgegenzusetzen. *Permanente Beschleunigung lebt von der Körperfeindlichkeit und kann ohne diese gar nicht aufrechterhalten werden.* Die selbstverständliche und sensible Wahrnehmung des eigenen Körpers ist also bereits eine Form der Rebellion gegen die weiter zunehmende Entfremdung.

Und natürlich geht mit der Körperfeindlichkeit auch immer die Verdammung einer unbefangenen Erotik Hand in Hand. Denn in der Zärtlichkeit, in Erotik und Sexualität wird nicht nur der Körper des anderen Menschen auf eine intensive Art und Weise, in Rhythmus und Gestus wahrgenommen, sondern auch der eigene Körper in einer beglückenden Ganzheitlichkeit. Und gerade das wird ja durch Zeitdruck und Stress verhindert.

Erst wenn der Köper am Ende des Lebens wirklich zu einer Bedrückung geworden ist, zu einer Last und einer Quelle andauernden Schmerzes, wird er von den gleichen körperfeindlichen Ideologen gegen das Ich und das Selbst gewandt. Dann soll der Körper so lange es irgend geht vor sich hinsiechen, soll jeder Tag des Schmerzes und der Verzweiflung »ausgekostet« werden, weil diese ja zum Leben dazugehören.

Die Rückbesinnung auf den eigenen Körper und die Verfügung über denselben muss also immer wieder erkämpft werden. Sie wurde und wird in Tagebüchern formuliert und vorgedacht. Sándor Márai etwa schrieb:

»Ich habe keine Selbstmordpläne, aber wenn es so weitergeht mit dem Altern, dem Verfall und der Hilflosigkeit, möchte man doch wissen, daß man jeden Augenblick diesem demütigenden Niedergang ein Ende setzen kann und nicht befürchten muß, auf eine der institutionellen Müllkippen zu geraten, ins Krankenhaus oder Altersheim.«[51]

Die genaue Wahrnehmung des eigenen Körpers und die Reflexion über die eigene Existenz wird den Tagebuchschreiber immer zu den Fragen nach dem Gelingen und nach dem Ende des Lebens bringen. Noch einmal Marc Aurel:

»Auch das Sterben ist ja eine von den Aufgaben unseres Lebens. Genug also, wenn du auch sie glücklich lösest, sobald sie dir vorgelegt wird.«[52]

Veränderung der eigenen Wahrnehmung

Wer als Tagebuchschreibender durch den Tag geht, hat bewusst oder unbewusst bereits eine Reihe von Fragen im Kopf, die schon winzige Vorentscheidungen sein können für das, was später den Weg ins Tagebuch findet oder eben nicht.

Sollte man sich dies oder jenes merken, um es später aufzuschreiben? Sollte man dazu etwas notieren, um es nicht zu vergessen? Oder es lieber gleich vergessen, statt ihm auch noch Raum im Tagebuch zu geben? Was ist wichtig? Was ist zwar schön, aber flüchtig, und sollte es bleiben? Was sollte mehr Raum im Tagebuch bekommen? Wie geht es dem eigenen Körper?

Das sind nur ein paar beispielhafte Fragen, die die Selbstwahrnehmung und die Aufmerksamkeit im Alltag verändern, allein dadurch, dass jemand weiß, dass er – oder sie – sich am Abend oder am nächsten Morgen hinsetzen und wieder Tagebuch schreiben wird.

Durch die häufig gemachte Erfahrung, wie vieles man am Abend, am nächsten Tag oder nach ein paar Tagen wieder vergessen hat oder wie ungenau die Erinnerung im Nachhinein ist, steigert sich die Intensität der Wahrnehmung selbst. Gleichzeitig steigt die Aversion gegen Berieselung, Ablenkung und Reizüberflutung, diese beinahe schon zu einer Selbstverständlichkeit gewordene »Innenwelt-Verschmutzung«.[53]

Das Suchen und Finden präziser Worte beim Schreiben des Tagebuchs wiederum verbessert die Ausdrucksfähigkeit. Nach und nach gelangt man zu einer größeren Bewusstheit im Alltag. Der Kontakt zum eigenen Inneren kann in Stresssituationen leichter aufrechterhalten werden, weil dieser Kontakt beim Tagebuchschreiben immer wieder trainiert wird. Die Erfahrung, dass Aufmerksamkeit, Ruhe und das Eins-nach-dem-anderen-Tun zu neuen Einsichten führten, gibt eine befreiende Gelassenheit zurück.

Aber auch die Perspektive auf die eigene Existenz kann sich nach und nach verändern. Durch das Schreiben wird deutlich, welch enormen Einfluss jeder auf die Art und Weise hat, wie er oder sie durch den Alltag geht. Der Körper, die Gedanken und Gefühle sind nicht mehr wie ferngesteuert. Ferngesteuert? Ein Beispiel: »Dann muss man sich doch ärgern!« Aber muss man wirklich? Auf eine unerwartete oder unangenehme Situation kann man mit Ärger reagieren, oder man kann eine andere Perspektive einnehmen und mit Ironie, Humor oder Gelassenheit antworten, wie man das im Tagebuch schon häufig ausprobiert hat.

Tagebuchschreibenden wird manchmal unterstellt, sie seien zu sehr mit sich selbst beschäftigt und würden daher ihre Aufmerksamkeit von der sie umgebenden Situation abziehen. Es gibt zwar keine Statistiken darüber, aber erfahrungsgemäß ist das Gegenteil der Fall. Wer regelmäßig innerlich »aufgeräumt« hat, kann sich zwar einerseits besser abgrenzen, sich aber andererseits viel besser auf die Außenwelt konzentrieren. Er oder sie hat bei Begegnungen, in Stresssituationen und bei Diskussionen nicht mit »Störungen« aus dem eigenen Inneren zu kämpfen. Denn diese Impulse von verdrängtem Stress oder Angst, ungelösten Problemen oder widersprüchlichen Interessen melden sich mit Vorliebe in Momenten der Anspannung und können dann in der Tat störend sein.

Wirkliche Individualität

Der unverwechselbare Fingerabdruck ist Ausdruck und Symbol für die eigene Identität. Aber bedeutet eine Identität zu haben schon, in wirklicher *Individualität* im Sinne der Einzigartigkeit zu leben? Oder muss diese nicht erst erarbeitet und errungen werden?

Gottfried Keller schrieb:

»Ein Mann ohne Tagebuch … ist, was ein Weib ohne Spiegel … Er verliert seine Haltung, seine Festigkeit, seinen Charakter, und wenn er seine geistige Selbständigkeit dahin gibt, so wird er ein Tropf.«[54]

Heute könnte man eher sagen: ein *Mensch* ohne Tagebuch ist vergleichbar einem Leben ohne Spiegel. Wobei die Metapher mit dem Spiegel das Wesen des Tagebuchs nicht wirklich trifft. Es geht ja gerade nicht um eine (eher äußerliche) Selbstbespiegelung, sondern um die Bewahrung oder die Wiedergewinnung eines *Innenraumes*. Damit ist keine narzisstische Selbstbespiegelung gemeint, sondern eine Individualisierung der eigenen Existenz, wie das in den vorangegangenen Kapiteln beschrieben wurde. Nicht ein ständiges: »Ich bin nun mal so, wie ich bin«, sondern eher ein: »Werde, der du bist.«

Die durch das Tagebuchschreiben beförderte Individualisierung dient nicht der Abkapselung oder der Ignoranz gegenüber der Außenwelt, sondern steigert im Gegenteil die Reflexionsfähigkeit, die Einfühlsamkeit und die Empathie. Denn wie kann jemand andere verstehen, wenn er sich selbst nicht versteht? Sich in andere einfühlen, wenn er sich selbst nicht fühlen kann?

Wer die eigenen Widersprüche annehmen kann, kann auch die Widersprüchlichkeit anderer verstehen und einordnen. Das steigert Verständnis und Konfliktfähigkeit gleichermaßen. Der gewaltfreie Umgang mit sich selbst – wie im Kapitel »Kopf und Herz« dargestellt – führt allmählich zu der Erkenntnis, dass Aushandlungsprozesse nicht nur im Inneren, sondern auch mit anderen erfolgversprechender sind als verbaler oder psychischer Druck.

Individualisierung ist nicht Egozentrik, sondern steht für die Aufforderung: »Ändere dich selbst, dann ändert sich die Welt.« Die ständige *Bewertung* äußerer Vorgänge, bei gleichbleibendem eigenen Verhalten, ändert nichts an den Umständen. Wenn man sich hingegen selbst weiterentwickelt, verändert man mit der Zeit auch sein Umfeld. Wirkliche Individualisierung ist hier im Sinne von Friedrich Hebbel gemeint, der in seinem Tagebuch notierte:

»Mit jedem Menschen verschwindet (er sei auch, wer er sei) ein Geheimnis aus der Welt, das vermöge seiner besonderen Konstruktion nur *Er* entdecken konnte und das nach ihm niemand wieder entdecken wird.«[55]

Das klingt heute, in Zeiten des forcierten Massengeschmacks, des Massenkonsums und des Massentourismus, die jeweils unter dem Label der Individualität daherkommen, schon beinahe wieder utopisch.

Wirkliche Individualität kann der Manipulation widerstehen. Aber ohne eine vertiefte Wahrnehmung und Gestaltung des eigenen Innenraums bleibt jede Individualität eine Illusion. Nicht umsonst setzt Herrschaft und Unterdrückung immer auf die Beschränkung oder – wenn möglich – die Auslöschung dieser menschlichen Innenwelt. *Weil Selbständigkeit und Selbstdenken, neue Gedanken und jeder Widerstand in diesem Innenraum des Menschen beginnen.*

Zu einer wirklichen Individualität gehört auch ein bestimmter Umgang mit Informationen. Informationen sind noch kein Wissen. Sie können beliebig produziert werden – inzwischen sogar schon von Robotern. Sie sind zum größten Teil überflüssig und werden auch sofort wieder vergessen, wie viele Studien zeigen. Zu wirklichem Wissen werden Informationen erst, wenn sie angeeignet, durchdacht und handlungswirksam werden. Diese Unterscheidung von Information und Wissen wird im Tagebuch schnell deutlich: Das eine ist entbehrlich und das andere wesentlich.

Und dann gelingt ganz nebenbei auch die Abgrenzung von technischem Wissen und existentiellem Wissen. Niemand wird technisches Wissen, das von Generation zu Generation zunimmt und schnell veraltet, in sein Tagebuch einfügen. Es genügt zu wissen, wo man es im Bedarfsfall finden kann. Es existiert auch außerhalb von Menschen, in Büchern und Datenbanken.

Existentielles Wissen dagegen lebt und wirkt erst dann, wenn man sich erinnert, etwas durchdenkt, integriert und lebt. Zu diesem Wissen gehören zum Beispiel Antworten auf die Fragen: Was ist ein glückliches und erfülltes Leben? Was gibt dem Leben Sinn? Was ist Lebenskunst? Wie wird sie erlangt und verteidigt?

Etty Hillesum drückt das in ihrem Tagebuch so aus:

»… nur Wissen, das zur Weisheit führt, macht einen Menschen wie mich glücklich, nicht das Wissen, das Macht bedeutet.«[56]

Existentielles Wissen veraltet im Gegensatz zu technischem Wissen nicht. Es kann zweitausend Jahre alt und heute dennoch gültig sein. Es geht dabei eher um Gehalt, Tragfähigkeit und Tiefendimension, nicht um den neuesten Stand.

Ralph Waldo Emerson schreibt dazu im Tagebuch:

»Schafft euch eure eigene Bibel. Wählt und sammelt alle Worte und Gedanken, die euch beim Lesen ein Fanfarenklang gewesen sind, aus Shakespeare, Seneka, Moses, Johannes und Paulus.«[57]

Beim Tagebuchschreiben wird durch die Auseinandersetzung mit diesen Themen sogar neues existentielles Wissen hervorgebracht, das wiederum das Leben des Schreibenden selbst beeinflusst. Das betrifft sein Denken und Fühlen, seine Erotik und seinen Körper, mit einem Wort, seine gesamte Existenz. Eine Verpflichtung gibt es freilich nicht, da einen individuellen Beitrag zu leisten. Aber der Gewinn für das eigene Leben kann beträchtlich sein.

Das Ausmaß der sozialen Kontrolle

Skepsis und Zweifel sind grundlegende Prinzipien des Tagebuchschreibens. Sie beziehen sich wiederum sowohl auf die äußere Welt als auch auf das Innere des Menschen. Der Schreibende behält die Deutungshoheit und verlässt sich nicht darauf, den Deutungen anderer zu folgen, und schon gar nicht, *sich* von anderen deuten und einordnen zu lassen. Die Differenz zwischen dem Selbst und der Welt wird nicht unterdrückt, kaschiert oder verleugnet.

In Zeiten und Gegenden, in denen es keine Diktatur und keine Diktatoren mehr gibt, ist es etwas diffiziler, Anpassung und Unterdrückung zu erkennen, da diese eher als Trends oder Moden, als sogenannte Sachzwänge oder technologische Folgewirkungen, als nicht hinterfragbare Selbstverständlichkeiten oder diffuser sozialer Druck daherkommen.

Einerseits wurde in den vorangegangenen Kapiteln beschrieben, wie hoch der Anteil der Selbstverantwortung in der Wahrnehmung und Gestaltung des eigenen Lebens und damit auch des Glücks und der Erfüllung ist. Andererseits wird durch Selbstreflexion so ganz nebenbei deutlich, in welcher Art und Weise bestimmte *Mythen* den gesellschaftlichen Diskurs bestimmen. Zum Beispiel die Vorstellung des Zusammenhangs von Wirtschaftswachstum und Glück, wie man sie bei Stefan Klein nachlesen kann:

»Sieht man es als Aufgabe einer Regierung an, das Lebensglück ihrer Bürger zu steigern, wie es die Philosophen der Aufklärung verlangten, so sind die westlichen Politiker der vergangenen Jahrzehnte allesamt gescheitert ... Soll die Arbeit der Menschen und Maschinen Glück erzeugen, so ist unser Wirtschaftssystem mit seiner enormen Wertschöpfung auf geradezu groteske Weise ineffizient.«[58]

Es ist also nicht ratsam, das individuelle Glücksempfinden von gesellschaftlichen Mythen abhängig zu machen, und die Skepsis kann einen davor schützen, solchen Mythen unbemerkt aufzusitzen. Skepsis und Zweifel helfen dabei, genauer zu beobachten, ob das eigene Leben wirklich selbstbestimmt oder eher fremdbestimmt verläuft, wobei einem obendrein noch die Illusion einer Selbstbestimmung mitgeliefert wird. Oder anders ausgedrückt, hier von Mihaly Csikszentmihalyi in seinem Buch *Flow*:

»Reichtum, Status und Macht sind in unserer Gesellschaft zu allzu mächtigen *Symbolen* für Glück geworden ... Doch Symbole können täuschen: Sie haben die Neigung, uns von der Realität abzulenken, die sie angeblich abbilden. Und die Realität ist, daß die Lebensqualität nicht direkt davon abhängt, wie andere über uns denken oder was wir besitzen, sondern eher davon, wie wir uns selbst fühlen und wie wir darüber denken, was mit uns geschieht.«[59]

Tagebuchschreiber aller Zeiten haben auf verschiedene Weise die Dimensionen des Menschseins ausgeleuchtet und dazu beigetragen, das existentielle Wissen zu vermehren. Das betrifft neben der Skepsis gegenüber wirkmächtigen Symbolen auch das Verhältnis des Einzelnen zur Welt.

»Je größer die Welt im Vergleich zum einzelnen Menschen wird, desto kleiner der Mensch«, schreibt Giacomo Leopardi schon im Jahre 1821 in sein Tagebuch.

Und die Welt ist, im Sinne dessen, was man alles von ihr erfahren kann, in den letzten zweihundert Jahren noch einmal entscheidend größer geworden. Dennoch ist nicht selbstverständlich, welche Schlussfolgerungen daraus gezogen werden.

Sich unbewusst möglichst viel von dieser äußeren Welt einverleiben? Oder auch mit Hilfe des Tagebuchs erkennen, dass der Innenraum der menschlichen Existenz sich in den letzten zweihundert Jahren ebenfalls enorm ausgedehnt hat? Das würde bedeuten, Erkundungsreisen nicht nur in die Außenwelt, sondern auch in die Innenwelt zu unternehmen.

Soziale Kontrolle kann natürlich auch über die verschiedenen Medien erreicht werden, vor allem durch Ablenkung und Manipulation. Ein sehr rigoroses Beispiel für die Abgrenzung gegenüber den aufgeregt daherkommenden Wichtigkeiten des Alltags notiert Thomas Mann in seinem Tagebuch:

»Der Himmel klar. Frühstück auf der Terrasse. Die Zeitung voll des entsetzlichsten Stumpfsinns.«[60]

So oder so gilt es jeweils das richtige Maß von Teilhabe und Abgrenzung zu finden.

Eine ganz andere Art indirekter und unbemerkter sozialer Kontrolle, der zu entziehen sich lohnen könnte, beschreibt Mihaly Csikszentmihalyi, wenn er zu den Ergebnissen sozialer Studien über Sport und Sex in der Gesellschaft feststellt: »Statt es persönlich zu tun, sind die meisten Menschen zufrieden, darüber zu hören oder ein paar Experten dabei zuzusehen.«[61]

Diese Beobachtung kann man auf verschiedene andere Bereiche des Lebens übertragen. Nicht zuletzt auf das Tagebuchschreiben selbst: Auch da ließe sich sagen, besser man schreibt selber eines, als Experten dabei zuzuschauen.

III. SELBSTBEWUSSTSEIN, SELBSTERKENNTNIS, SELBST-WIRKSAMKEIT

SELBSTBEWUSSTSEIN STATT ZERSTREUUNG UND ABLENKUNG

Wie das Selbst zu einer Realität wurde

Dass es Tagebücher gibt und der Schreibende selbst zu einem eigenständigen Thema geworden ist, gilt heute als selbstverständlich. Es existiert ein Individuum, ein Ich, ein Subjekt, das sich seiner selbst bewusst ist. Beim Schreiben kann dieses Selbst sich selbst beobachten. Der Weg dahin war aber alles andere als selbstverständlich. Blicken wir bis in die Antike zurück: Nach dem Untergang des Römischen Reiches mit seiner von den Griechen stammenden philosophischen Hochkultur musste das Individuum – und vor allem das Selbst – in der Renaissance erst einmal wiederentdeckt werden.

Dabei spielte der Rückbezug auf Schriften von Seneca und Marc Aurel eine große Rolle. Diese hatten schon im Zeitalter des Hellenismus vor rund 2000 Jahren die *Weltbetrachtung* und die *Selbstbetrachtung* miteinander verbunden und stehen daher einem modernen Individualismus sehr nahe. Sie sind und bleiben berühmte Vorbilder für Tagebuchschreibende. Zum Beispiel Seneca:

»Warum sollte ich nicht auch manches an mir haben, das weiter verstärkt, gemildert oder noch mehr hervorgehoben werden müsste?«[1]

Interessant ist, wie selbstverständlich hier bereits die Selbstbeobachtung und Selbstreflexion als ein bestimmter Lebensstil für sinnvoll und nötig erachtet wurde. Dass Seneca von einem *Selbst* ausging, das von der Polis, den anderen, der Masse abgegrenzt ist und das sich überdies bewusst entwickeln und verändern kann.

Natürlich hatten die Menschen im Mittelalter ebenfalls ein gewisses Ich-Bewusstsein. Aber wenn der Einzelne nur ein Teil kosmischer Vorgänge war? – Teil einer Kirche, eines Königtums, eines Klosters, eines Heeres. Dann war der Blick dementsprechend nach außen, auf die Welt, und nicht selbstverständlich zugleich nach innen, auf sich selbst, gerichtet. Das Selbst war zwar vorhanden, aber sich seiner selbst nicht bewusst.

Geschichtsberichte, Notizen aus dem Klosterleben, Logbücher über den Verlauf von Reisen sind aus dem Mittelalter überliefert. Was jedoch der einzelne Mensch darüber und vor allem über sich selbst dachte, stand nicht im Fokus. Der Einzelne war keine wirklich *eigenständige Realität*, die ohne Bezug auf soziale Zusammenhänge für sich selbst existierte, so wie das bei Seneca oder Marc Aurel bereits der Fall gewesen war.

Im Mittelalter entstand allerdings auch eine Beichtliteratur, in der einzelne Menschen Bekenntnis über sich und ihren Glauben ablegten. Das sind zwar noch keine subjektiven Tagebücher, aber diese Art von Literatur könnte gewissermaßen als Vorläufer angesehen werden: »… weil sie für spätere echte, subjektive Reflexionstagebücher von entscheidender Bedeutung wurde. Sie lehrte Zweck und Technik und Sinn der Selbstbeobachtung … Hier fanden … die Diaristen der Renaissance die Anregung, die einfachen Tages-Memoranden oder Register zu Tageschroniken nunmehr mit Betrachtungen über sich selbst, über das eigene Seelenleben und über das Gedeihen oder Versagen des eigenen Körpers zu füllen.«[2]

Parallel zu dieser Art der Individualisierung entstand ein gewisser eigener – man könnte sagen zunehmend *subjektiver* – Blick auf die Realität. Die Diskrepanz zwischen offiziellen, kirchlichen oder staatlichen Verlautbarungen und dem eigenen individuellen Eindruck wurde wahrgenommen und ausgedrückt, wenn man selbst Zeuge bestimmter Vorgänge war.

Der nächste Schritt der Individualisierung zeigt sich bei Petrarca, wie Gustav René Hocke ausführt: »Er stellt sein Leben nicht nur dar, indem er sich selbst beobachtet, er wird sich auch des progressiven zeitlichen Ablaufs seines Lebens bewußt, das er als ein ganz persönliches auffasst.«[3]

Hier wird nicht nur das Verständnis eines klar von anderen abgegrenzten Selbst, nicht nur eine subjektive Perspektive deutlich, sondern darüber hinaus das Wissen um ein eigenes *individuelles Schicksal*, das so oder anders verlaufen kann. Das schließt die eigene Entwicklung und den Wandel des Selbst ein.

Daran knüpfen später Montaigne und Rousseau an. Noch einmal Hocke: »Bei Montaigne wird die *Skepsis* zu einem heuristischen Prinzip menschenkundlicher Essayistik. [Nichts für gegeben hinzunehmen, alles zu hinterfragen und zu durchdenken.] Für Rousseau wird die eigene Person unter dem durchdringenden Zauber der Selbstbeobachtung ... eine Realität [!] wie die Natur, wie die Kirche, wie der Staat.«[4]

Diese Sätze unterstreichen, dass das einfache *Vorhandensein* und das *Funktionieren* eines Menschen in dieser Welt noch nicht bedeutet, sich des eigenen Selbst bewusst zu sein und es als eine *eigenständige, veränderbare und gestaltbare Realität* zu erkennen und zugleich *hervorzubringen*.

Es genügt eben nicht, sich selbst nur als Teil einer Kultur, eines Volkes oder eines Netzwerks zu verstehen. Im fortgesetzten unreflektierten Agieren kann das Selbst zu einem Anhängsel bestimmter Gruppen oder Prozesse werden und sich weitestgehend verlieren. Der Einzelne kann so sehr in seinen Rollen aufgehen, die er im familiären oder gesellschaftlichen, wirtschaftlichen oder politischen Leben spielt, dass er sich nach dem Wegfall dieser Rollen seines eigenen Selbst vollkommen beraubt sieht. Viele Menschen nehmen dies oft erst viel zu spät, dann aber intensiv als innere Leere oder Sinnlosigkeit wahr, etwa nach dem Eintreten in den Ruhestand oder nach dem Zerbrechen einer Familie. Etty Hillesum fasst es in einem Satz zusammen:

»Es ist ein langsamer und schmerzlicher Prozeß, zur wirklichen, inneren Selbständigkeit geboren zu werden.«[5]

Das Selbst im Sog von Zerstreuung und Ablenkung

Es bedarf eines Selbst, damit sich ein *Selbstbewusstsein* entwickeln kann. Und es bedarf eines gewissen Selbstbewusstseins, damit sich ein eigenständiges Selbst entwickeln kann.

Die in der Renaissance neu entdeckte, später vertiefte und weiterentwickelte Vorstellung von einem *authentischen Selbst*, einer Individualität des Einzelnen, ist weder für heute noch für alle Zeiten gesichert. Sie kann, ähnlich wie nach dem Untergang des Römischen Reiches, ganz oder teilweise verlorengehen. Sie muss sogar von Generation zu Generation aktiv neu erobert und gestaltet werden.

Wenn sich das Selbst nur über bestimmte Rollen definiert oder definieren lässt, kommt es der eigenen Auflösung gefährlich nahe.

Denn die Identifikation mit diesem oder jenem konstituiert gerade kein *eigenständiges Selbst*. Hier wäre daran zu erinnern, dass das eigene Ich ein fremdbestimmtes und ferngesteuertes Selbst sein kann – durchaus zusammen mit dem illusorischen Bewusstsein, souverän oder frei zu sein.

Das autonome Selbst ist natürlich vor allem in und durch Diktaturen gefährdet, die die Unterdrückung des Individuellen gleichzeitig geschickt mit einer Idee, einer Lehre oder Bewegung verbinden, die dann das zurückgedrängte, verfolgte oder unterdrückte Selbst ersetzen sollen.

Das Selbst kann allerdings auch, beinahe unmerklich, durch permanente Zerstreuung und Ablenkung verlorengehen. So ermöglicht zum Beispiel das Fernsehen in jeder freien Stunde eine verlässliche Ablenkung von sich selbst. Die sogenannten neuen Medien und sozialen Netzwerke bewirken das Gleiche noch intensiver und zuverlässiger, indem sogar kleinste Zeiteinheiten, die im Alltag der Selbstbeobachtung, Selbstwahrnehmung und Selbstbewusstheit dienten, zur effektiven Ablenkung und Zerstreuung genutzt werden können.

Auch hier übt das Tagebuch, wenn es einmal etabliert ist, eine Wächterfunktion aus. Es macht gewissermaßen immun gegen Ablenkung und Zerstreuung. Denn, wie Wilhelm Schmid formuliert: »Interaktivität ist eine Option, Interpassivität eine andere. Die Wahrung einer Reserve, die Aufrechterhaltung einer skeptischen Distanz ist nötig, um einem Totalitätsanspruch der Technologien zu entgehen und sich andere Möglichkeiten der Lebensgestaltung offen zu halten.«[6]

Auch die permanente Vergrößerung des Außenraumes und die Weltwahrnehmung mit Hilfe der elektronischen Medien können dazu führen, dass der Innenraum des einzelnen Menschen und die damit verbundene Selbstwahrnehmung als Voraussetzung von Selbstbewusstsein immer mehr verschwindet.

Wie unendlich klein und unbedeutend ist doch so ein individuelles Selbst mit seinem Innenraum – verglichen mit der Unendlichkeit der Welt. Zumal die Möglichkeiten der Weltaneignung zugleich mit dem latenten Zwang einhergehen, diese auch wahrzunehmen – oder andernfalls etwas zu versäumen. Als eine permanente »Versäumnisangst«[7] kann sie den Einzelnen selbst in Mußestunden von sich selbst wegtreiben.

Aber ohne ein wirkliches Selbst bleibt am Ende alles, was ein Individuum im Äußeren erlebt, nicht viel mehr als Schall und Rauch. Oder anders gesagt: Dabei gewesen zu sein heißt noch nicht, etwas wirklich erlebt zu haben. Dazu Heimito von Doderer in seinem Tagebuch:

»Wenig Eindruck machen mir die Reisen. Es ist wirklich fast nur jenes piefkische ›Dajewesen‹.«[8]

Je folgenloser die Weltbegegnung für das individuelle Selbst ist, desto beliebiger wird sie. Es ist fast wie nie gewesen. Dabei gilt: Ohne *Selbsterfahrung* keine *Welterfahrung*. Ganz abgesehen davon, dass die immer größere Anzahl äußerer Eindrücke den Wert jedes einzelnen Eindrucks schmälert.

Ein Gegenmodell zu dieser immer stärkeren Zerstreuung und Ablenkung von der eigenen Innenwelt bietet das Konzept der Achtsamkeit, bekannt geworden als Mindfulness-Based Stress Reduction – MBSR.[9] Hierbei setzt man auf die Achtsamkeitslehren des Buddhismus, auf Meditation, körperliche Entspannung sowie einen individuellen Perspektivwechsel in Bezug auf Stress und Krankheit. Doch leider wird die jahrhundertealte europäische Tradition des Tagebuchschreibens dort mit keinem Wort erwähnt.

Dabei stellt das Tagebuchschreiben eines der besten und selbstverständlichsten Mittel der Stressreduktion überhaupt dar. Es schränkt die Aufnahme von immer mehr Bildern, Reizen und Informationen ein und lenkt die Konzentration auf die eigene Person, den eigenen Körper und das eigene Denken und Fühlen, also das eigene Dasein. Während sich MBSR damit begnügt, Stress zu minimieren, *ohne* die Innenwelt des Einzelnen und die Selbstzentrierung zu stärken, kann das Tagebuch beides zugleich leisten.

Die Lebendigkeit in der Selbstbegegnung mit dem eigenen Inneren ist Voraussetzung für eine wirkliche Lebendigkeit in der Welt. Ansonsten wird das Leben nach und nach immer routinierter und mechanischer. Den Unterschied von *Lebendigkeit* und *Vorhandensein* spiegelt nicht zuletzt ein geflügeltes Wort: »Dass man noch nicht umgebracht wurde, heißt nicht, dass man wirklich lebt.«

Lebendigkeit bedeutet, etwas am Leben zu erhalten, zu pflegen und zu entwickeln. Das gilt für das eigene Selbst, den Innenraum und dann auch für die Begegnung mit der Welt. Thich Nhat Hanh schreibt:

»Wir leben und leben doch nicht. Wir leben wie Tote. So hat es der französische Schriftsteller Albert Camus beschrieben. Wir scheinen lebendig, aber sind es nicht wirklich. Wir tragen unseren Leichnam auf den eigenen Schultern ... Achtsamkeit ist die Praxis, durch die wir unsere Freiheit zu sein wiedererlangen.«[10]

Diese Achtsamkeit betrifft alles, was man tut oder lässt und womit man sich beschäftigt. Dazu gehört auch, welche Nahrung man zu sich nimmt, welchen Bildern und Nachrichten man sich aussetzt und wie man diese in seinem Inneren verarbeitet. Sie schafft Freiheit im Gegensatz zu Geworfenheit und Fremdbestimmung.

Einigen Menschen ist es gelungen, diese innere Freiheit selbst unter den bedrückendsten äußeren Zuständen aufrechtzuerhalten. Ein Beispiel ist die schon öfter zitierte Etty Hillesum, die trotz Verfolgung und drohender Internierung in Amsterdam im Jahr 1941 schreibt:

»Oft wird man durch die schockierenden Ereignisse in seiner Umgebung so abgelenkt, daß man später nur mühsam den Weg zu sich selbst zurückfindet. Und doch ist das nötig. Man darf sich nicht aus einer Art Schuldgefühl in den Dingen um sich herum verlieren. Das Geschehen muß in dir Klarheit erlangen, du darfst nicht in den Dingen untergehen.«[11]

Tagebuchschreiben, Selbstbewusstsein und Selbstwert

Ein Mindestmaß an Selbstbewusstsein ist nötig, um überhaupt Tagebuch zu schreiben. Aber dieses Tagebuch kann umgekehrt zu einem größeren Selbstbewusstsein verhelfen. Mit Selbstbewusstsein ist hier zweierlei gemeint. Zum einen die *Selbstreflexion*, die dazu führt, sich des eigenen Selbst bewusst zu sein, gestaltend darauf einzuwirken und sich die Fragen zu beantworten: Wer bin ich eigentlich? Wie bin ich geworden, wie ich bin? Wie kann ich mich weiterentwickeln?

Zum anderen geht es um das Selbstbewusstsein im Sinne von *Selbstwert*. Denn wer sich selbst nicht wertschätzt, wird von anderen nicht wertgeschätzt. Und umgekehrt.

Wer in frühen Jahren nicht wertgeschätzt wurde, hat es oft schwerer, ein positives Selbstwertgefühl aufzubauen. Aber das ist dennoch möglich: unter der Voraussetzung einer ernsthaften Selbstreflexion, die wiederum in der Lage ist, die Quellen mangelnden Selbstwertgefühls aufzudecken. Es ist ein sich an den eigenen Haaren aus dem Sumpf Ziehen. Physisch ist das nicht möglich, aber psychisch schon.

Auch hier noch einmal Auszüge aus dem Tagebuch von Etty Hillesum, das aus gutem Grund häufiger als andere Tagebücher zitiert wird. Diese 26-jährige Frau hat in den zwei Jahren, in denen sie Tagebuch geschrieben hat, eine atemberaubende Entwicklung durchgemacht. Diese wurde zwar durch ihren väterlichen Freund S. und die existentiellen Umstände ihres Lebens im besetzten Amsterdam des Zweiten Weltkriegs befördert, ist aber vor allem das nachvollziehbare Ergebnis ihres selbstreflektierenden Tagebuchschreibens. In ihren auch sprachlich brillanten Aufzeichnungen lassen sich fast alle Phänomene, die mit dem Tagebuchschreiben einhergehen, in beinahe idealtypischer Weise aufzeigen. So beginnt sie ihr Einträge mit einem:

»Also dann los! Dies ist ein peinlicher und kaum zu überwindender Augenblick für mich: mein gehemmtes Inneres auf einem unschuldigen Blatt linierten Papiers preiszugeben.«[12] Und nach ein paar Wochen formuliert sie bereits auf kluge und subtile Weise über sich:

»Und hier bin ich auf etwas Wesentliches gestoßen. Wenn ich eine Blume schön fand, so hätte ich sie am liebsten an mich gedrückt oder aufgegessen. Wenn das schöne Stück Natur größer war, war es schwieriger, aber das Gefühl war dasselbe. Ich war zu sinnlich, ich möchte fast sagen, zu sehr aufs ›Habenwollen‹ eingestellt. Nach dem, was ich schön fand, hatte ich ein zu großes körperliches Verlangen, ich wollte es besitzen.«[13]

Und nach wenigen Monaten erkennt sie bereits:

»Diese Angst im Leben zu kurz zu kommen, und wegen dieser Angst kommt man dann erst recht überall zu kurz. Kommt man an das Wesentliche nicht heran.«[14]

Nicht jeder macht in so kurzer Zeit so rasante Fortschritte beim Tagebuchschreiben. Aber wer schreibend ein bestimmtes Selbstwertgefühl entwickelt, lässt sich durch Rückschläge nicht so leicht aus dem Konzept bringen, zumal er diese Rückschläge wiederum reflektieren, daraus lernen und Schlussfolgerungen ziehen kann.

Natürlich gibt es in jeder Lebenssituation eine Dynamik von Selbstbild und Fremdbild, und es wird kritisch, wenn diese beiden Bilder zu weit auseinanderliegen. Aber wirkliche Selbstreflexion zieht Elemente aus der Umwelt mit in Betracht: Rückmeldungen von anderen, gelungene oder misslungene Kommunikation, den Erfolg von Projekten oder das Erreichen von Zielen. Auch kann ein stabiler und gleichbleibender *Selbstwert* die Sicht von anderen auf die eigene Person positiv beeinflussen.

Von entscheidender Wichtigkeit ist, der Wahrnehmung des Selbst regelmäßig und systematisch Raum zu geben, das Selbst als wesentliche *Realität* im Sinne Rousseaus zu begreifen – und nicht nur dann, wenn man Zahnschmerzen hat.

Wenn jemand das Selbst nicht für wesentlich erachtet und ihm keine Zeit widmet – wer sollte es dann tun? Niemand anderes hat ein substantielles Interesse daran. Im Gegenteil: Je unbewusster, reflexartiger, unkonzentrierter, selbstvergessener jemand durch die Gegend stolpert, umso besser ist das für jene, die dies dann für ihre Zwecke ausnutzen können.

Das gilt übrigens gleichermaßen in Demokratie und Diktatur. Demokratische Verhältnisse sind noch keine Garantie für individuelles Selbstbewusstsein, und Diktatur muss nicht unbedingt heißen, dass die in ihr lebenden Menschen nicht selbstbewusst sind, denn sonst könnten sie nicht eines schönen Tages eine Revolution beginnen.

Warum aber kann sich Selbstbewusstsein im Sinne von Selbstwert entwickeln, nur weil man etwas auf das Papier schreibt oder in den Computer tippt? Wie das funktioniert, zeigt das Beispiel Prüfungsangst. Es genügt natürlich nicht, einfach nur hinzuschreiben: »Ich habe Prüfungsangst«, da sich diese Angst in der Regel aus verschiedenen einzelnen Ängsten zusammensetzt. Also gilt es, nicht zu versuchen, vor diesen zu fliehen (wohin auch?), sondern sie – so gut es geht – anzuhören, anzusehen und aufzuschreiben.

Wovor habe ich eigentlich Angst?

– Dass die Zeit nicht reicht. (Wie kann ich mehr Zeit zum Lernen in meinen Alltag integrieren?)

– Dass ich nicht effektiv bin und vieles wieder vergesse. (Wie kann ich meinen Lernfortschritt messen? Wie lernen andere? Wann lerne ich am besten?)

– Dass der Prüfer etwas gegen mich hat. (Was spricht dafür, was dagegen? Wer sitzt noch in der Prüfungskommission?)

– Dass ich in der Prüfung zu aufgeregt bin. (Was tue ich sonst, wenn ich aufgeregt bin, um mich zu beruhigen? Worauf könnte ich mich konzentrieren? Welche negativen Überzeugungen habe ich über mich, und wie kann ich die ändern?)

Durch diese präzise Wahrnehmung, intensivere Beobachtung und Auseinandersetzung steigt das Selbstbewusstsein viel eher, als wenn man auf dem Pulverfass diffuser Ängste sitzenbleibt. Durch die schrittweise Entwicklung von Lösungsmöglichkeiten steigt bereits das Selbstwertgefühl. Man weiß sich zu helfen und wird sich in der Prüfung zu helfen wissen.

Im Nachhinein kann man den Prüfungsverlauf und das Gefühl nach der Prüfung beobachten. Wenn die Prüfung nicht bestanden wurde, werden die Ängste normalerweise noch größer, und sie bleiben weiterhin *diffus*. Bei bestandener Prüfung verblasst die Erinnerung an die vorherigen Ängste meist schnell und sie verschwinden – bis zum nächsten Mal.

Wenn aber die Ängste *vor* der Prüfung notiert wurden, können sie später noch einmal genauer analysiert werden. Was war berechtigt? Was übertrieben? Welche Lösungen waren hilfreich und sinnvoll? Welche eher nicht?

Dadurch ergibt sich im Laufe der Zeit eine stärkere Problemlösungskompetenz – im Fall von Rückschlägen genauso wie bei Erfolgen. Dies mag als Beispiel dafür dienen, wie in einem Tagebuch nicht nur *Informationen* vom Kopf auf das Papier gebracht werden – »ich habe Angst vor der Prüfung« –, sondern Erfahrungen gemacht, Handlungsmöglichkeiten entwickelt und Erkenntnisse gewonnen werden.

Auf diese Weise offenbart einem das Tagebuch nach und nach, wie wenig man von sich weiß. Susan Sontag formulierte treffend:

»Ich schreibe, um herauszufinden, was ich denke.«[15]

Dieser Titel für ihre Tagebücher von 1964 bis 1980 ist Programm.

Selbst*wert* hat nicht zuletzt etwas mit *wertvoll* zu tun. Was einem wertvoll ist, das versucht man vor Schaden zu bewahren, mit Sorgfalt zu behandeln, und dem widmet man auch gerne einen Teil seiner Zeit.

Trotz Lebensgefahr dem Tagebuch treu bleiben

Tagebücher haben für einen Tagebuchschreibenden einen unschätzbaren Wert. Sie sind Teil der eigenen Existenz, geben Orientierung, Halt und Selbstbewusstsein. Hier noch einmal Etty Hillesum:

»Ich muß darauf achten, daß ich mit diesem Heft in Kontakt bleibe, d.h. mit mir selbst, sonst ergeht es mir übel, ich bin jeden Augenblick in Gefahr, mich ganz zu verlieren und zu verirren, so kommt es mir jetzt jedenfalls vor …«[16]

Deshalb werden Tagebücher selbst unter extremen Bedingungen und gegen strengste Verbote weitergeführt. Sei es beim Militär, in Straflagern, Gefängnissen, in der Emigration oder in anderen, existentiell gefährdenden Situationen, wie sie zum Beispiel Victor Klemperer 1942 erlebte und im Tagebuch notierte:

»Gestern Mittag gegen halb zwei – ich hatte die Kartoffeln auf dem Feuer – wieder Gestapo, das vierte Mal in vierzehn Tagen … Alles durchstöbert, Kätchen musste den Teppich aufrollen, erhielt Fußtritte dabei, jammerte, wurde bedroht … In ihren Zimmern entstand das gleiche Chaos wie beim ersten Überfall … Ich war auf einen Stuhl in der Diele gezwungen worden, musste alles mitansehen und -hören und zitterte immer um mein Tagebuch.«[17]

Nicht nur dass der Verlust des Tagebuchs wie eine enorme Verletzung des eigenen Selbst empfunden werden kann. Wochen, Monate oder Jahre des selbstreflektierten Lebens könnten verlorengehen. Das Tagebuch kann obendrein als Belastungsmaterial gegen den Schreiber verwendet werden. Der Fremde, der es in Händen hält, hat die Macht, in den innersten Kern einer Persönlichkeit einzudringen. Im konkreten Fall könnten Klemperers Ängste in Verhören und Folter ausgenutzt, seine Gedanken und Einstellungen als Beweise für Wehrkraftzersetzung oder Widerstand benutzt werden.

Aber auch in Demokratien wurden Tagebücher vor Gericht als Beweismittel herangezogen, zum Beispiel für ein verbotenes intimes Verhältnis. In Deutschland untersagte das Bundesverfassungsgericht diese Praxis 1964, zumindest im Nachhinein, in einem wegweisenden Urteil. Tagebücher gehören demnach nicht nur in die Privatsphäre eines Menschen, sondern sogar zu seinem Persönlichkeitskern, zumindest solange der Betreffende seine Tagebücher niemandem direkt oder indirekt zugänglich macht.[18]

Aber warum lassen sich Tagebuchschreiber trotz aller Risiken sogar in einem repressiven Umfeld nicht vom Schreiben abbringen? Die Antwort ist einfach: Der Wert, den das Tagebuchschreiben für das eigene Leben hat, ist für die Schreibenden so hoch, dass sie das Risiko eingehen. Lieber bis zu dem Tag, an dem es, trotz aller Vorsichtsmaßnahmen, gefunden werden könnte, mit einem Tagebuch leben als das ganze Leben ohne.

Glücklicherweise erkennen die Verfolger den Sinn und Wert von Tagebüchern oftmals nicht. So geschah es offensichtlich bei den verschiedenen Hausdurchsuchungen in der Wohnung Victor Klemperers im Jahr 1942. Aber auch Thomas Mann hatte Glück im Unglück. Als er 1933 von einer Vortragsreise in die Schweiz nicht mehr nach Deutschland zurückkehrte, war er höchst besorgt, seine in Deutschland zurückgelassenen Tagebücher könnten den Nazis in die Hände fallen und gegen ihn verwendet werden. Am 7. April notierte er:

»Mit Haussuchung zu rechnen. Neue Beunruhigung wegen meiner alten Tagebücher. Bedürfnis sie in Sicherheit zu bringen.«[19]

Und ein paar Wochen später, am 30. April:

»Meine Befürchtungen gelten jetzt in erster Linie u. fast ausschließlich diesem Anschlage gegen die Geheimnisse meines Lebens. Sie sind schwer und tief. Furchtbares, ja Tötliches kann geschehen.«[20]

Obwohl den Nationalsozialisten die Tagebücher beim heimlichen Versenden in die Schweiz in die Hände fielen, hielten sie diese für Romanentwürfe und ließen sie unbehelligt passieren.

Gelegentlich werden Tagebücher so gut versteckt, dass man sie erst viele Jahrzehnte oder gar Jahrhunderte später entdeckt, wie das bei den Tagebüchern von Samuel Pepys der Fall war.

Viele Tagebuchschreibende haben jedenfalls in eindrucksvoller Weise immer wieder bewiesen, dass der zarte Faden der Menschlichkeit nicht abreißt, die Flamme der Humanität nicht erlischt, selbst unter den bedrückendsten Umständen.

Bereits Seneca konstatierte mit Hinweis auf die griechischen Stadtstaaten und das Todesurteil gegen Sokrates, das damals bereits vierhundert Jahre zurücklag: Wenn man auf angenehme politische und soziale Verhältnisse warten wollte, um dann endlich ein erfülltes und selbstbestimmtes Leben zu beginnen, könne man lange warten. Es gelte unter jeder Herrschaftsform, in jedem Staatswesen, in jeder Lage, sein eigenes Leben zu gestalten. Seitdem sind noch einmal zweitausend Jahre vergangen.

SELBSTERKENNTNIS DURCH DAS WIEDERLESEN

Die eigenen Tagebücher lebendig halten

Nun füllen sich die Seiten, die Zeit schreitet voran. Und die Frage ist, was tun mit den Tagebüchern, damit sie nicht nur im Regal stehen oder im Computer weiter und weiter wachsen.

Eine unausgesprochene Voraussetzung, sich mit seinen eigenen Tagebüchern wieder zu beschäftigen, ist die Aufrichtigkeit und Ehrlichkeit sich selbst gegenüber. Wer hat schon Lust, offensichtliche Lügen, Verstellungen oder beabsichtigte Selbsttäuschungen noch einmal zu lesen?

Henri-Frédéric Amiel schlägt in seinem Tagebuch vor: »… am Sonntag Rückblick auf die Woche, am ersten Sonntag des Monats Rückblick auf den vergangenen Monat, und am Ende des Jahres Rückblick auf das Jahr.«[21]

Genau dieser Rhythmus ist vielen Tagebuchschreibern bekannt. Er überfordert nicht und kann doch, ganz nebenbei, einen *Gesamtzusammenhang* des fortschreitenden Lebens herstellen.

Vergessene Vorsätze und fallengelassene Themen bringen sich beim Wiederlesen in Erinnerung. Entweder haben sie sich von selbst erledigt, oder man hat eine zweite oder dritte Chance, am Ende des Monats oder am Ende des Jahres. Der eigene Anteil an dem, was im Leben geschieht, wird unaufdringlich sichtbar. Die Einmaligkeit und Unwiederholbarkeit von Situationen und Begegnungen wird erfahrbar und das kann zu mehr Präsenz und Achtsamkeit im Alltag führen.

Allerdings hat mancher Tagebuchschreibende bisweilen Angst, seine eigenen Aufzeichnungen wieder zur Hand zu nehmen. Hier kann ein klarer Rhythmus helfen, diese unsichtbare Schwelle mit Leichtigkeit zu übertreten.

Woraus aber könnte diese Schwelle überhaupt bestehen? Zum Beispiel aus Besserwisserei. Natürlich ist man später oft klüger. Aber frühere Eintragungen abzuwerten (oder noch subtiler, Angst davor zu haben, dass man frühere Eintragungen beim Wiederlesen abwerten könnte) ist eine Selbstsabotage und keine besonders kreative Haltung den eigenen Aufzeichnungen gegenüber.

Ein nachsichtiger und liebevoller Blick auf die eigenen Eintragungen ist angebracht. Denn immerhin, wer in der Lage ist, Einseitigkeiten oder Ungeschicklichkeiten, Fehler oder Fehleinschätzungen zu bemerken, hat sich inzwischen weiterentwickelt und ist deswegen überhaupt in der Lage, sie zu erkennen – und im besten Fall Schlussfolgerungen daraus zu ziehen.

Alma Mahler-Werfel: »Ich wollte eigentlich nicht schreiben, denn man schreibt leicht zu viel und – nach Jahren – wenn man so viel anders denkt, wundert, ärgert man sich, kann sich nicht mehr verstehen. Und doch – ich muss.«[22]

Besser also die Veränderungen genießen, statt sich selbst im Nachhinein zu verurteilen für den oder die, die man gewesen ist. Wenn einem der eigene Stil nicht mehr gefällt, so ist dies eine gute Anregung, die eigenen Einträge von nun an sorgfältiger oder facettenreicher zu formulieren. Scham, weil man damals bestimmte Dinge nicht gesehen, geahnt, erkannt hat? Das kann ein Anlass sein, Mitgefühl mit sich selbst zu haben und sich gleichzeitig zu fragen, was man vielleicht in der Gegenwart nicht sieht oder erkennt. In den eigenen Tagebüchern zu lesen kann auch ein geeigneter Weg sein, wieder zu sich selbst zurückzufinden, wenn man sich gerade nicht in der Lage fühlt, weiter Tagebuch zu schreiben.

Beim Wiederlesen kann man die eigenen Texte auf eine doppelte Weise durchsehen: zum einen um den Wert zu erkennen, den sie für die damalige Situation hatten. Und zum anderen hinsichtlich des Wertes, den die damaligen Texte für den gegenwärtigen Moment haben können.

Interessant ist es, sich ihnen unter bestimmten Fragestellungen erneut zu nähern. Auch nach Namen, nach Anfängen von Beziehungen, nach bestimmten Gedanken oder lange zurückliegenden Reisen kann gezielt gesucht werden. Es ist möglich, (natürlich wiederum datierte und sichtbar gemachte) eigene Kommentare dazuzuschreiben, Stellen anzustreichen und hervorzuheben. Und nicht zuletzt kann man sich wesentliche Gedanken oder Einsichten – die man vielleicht gerade im Begriff war zu vergessen – als eine Art Essenz aus den eigenen Tagebüchern herausschreiben.

Selten sind Tagebücher gleichbleibend und durchgehend interessant. Aber sie bergen Schätze für den, der sie zu heben versteht. Hier kann man der eigenen Existenz in ungeschminkter und unzensierter Weise begegnen. Nochmals Amiel:

»Eben habe ich dies Heft wieder durchgelesen, und mein Vormittag ist mir über diesem Selbstgespräch wie im Fluge vergangen. Übrigens habe ich diese Seiten etwas eintönig gefunden: die selbe Stimmung kehrt drei- oder viermal wieder. Das ist nun nicht zu ändern; diese Seiten sind eben nicht zum Lesen bestimmt, ich habe sie geschrieben, zu meiner Beruhigung und als Stütze der Erinnerung. Es sind Marksteine meiner Vergangenheit, und manchmal finden sich anstelle eines Marksteines Grabkreuze, steinerne Pyramiden, Zweige, die sich neu begrünt haben, Kieselsteine, Denkmünzen; all das hilft mir, meinen Weg in den elysischen Gefilden meiner Seele wiederzufinden.« [23]

Eine sehr poetische Beschreibung für die verschiedenen Dimensionen, die man beim Wiederlesen der eigenen Tagebücher entdecken kann.

Alltag und Essenz des Seins

Eine Funktion des Tagebuchschreibens ist, sich selbst zu ermuntern, vor lauter Sorgen um das Überleben nicht das Leben zu vergessen. Seine kostbare Zeit nicht mit der Sicherung und Absicherung und der Absicherung der Absicherung der eigenen Existenz zu vergeuden. Kürzer als Sylvia Plath kann man es kaum formulieren:

»Die gigantische Aufgabe, nur zu leben, befriedigt mich nicht.«[24]

Darin ist mehreres enthalten. In einer würdevollen Art und Weise zu überleben ist keine leichte Aufgabe – in Zeiten von Mangel und Not sowieso, aber auch in Zeiten einer immer weiter forcierten und permanenten Atmosphäre des Konkurrenzkampfes. Dennoch kann das Überleben an sich nicht bereits das Ziel sein.

Ein Tagebuch kann helfen, »notwendige von zusätzlicher Unterdrückung«[25] genauer zu unterscheiden und die Rolle der Ökonomie im eigenen Leben wieder auf das zu beschränken, was sie eigentlich sein sollte: eine Dienerin, eine Unterstützung, aber kein Selbstzweck. Schon Hebbel schreibt:

»… wie sie mich drückt, diese hohle, flache Existenz, wie es mich drückt, für eine Last, der ich erliege, auch noch, damit sie mir bleibt, arbeiten zu müssen!«[26]

Wer in den eigenen Tagebüchern liest, dem wird auf einmal klar, was im Alltag zu verwischen droht: Was ist oberflächlich und vergeht, auch wenn es mit großem Getöse im eigenen Leben auftaucht? Was dagegen war, ist und bleibt wichtig für ein gelungenes Leben?

Und der Lesende entscheidet an jedem Punkt noch einmal neu, was das Flüchtige und was das Bleibende ist. Denn in der Rückschau ist vieles leichter zu erkennen und auseinanderzuhalten als im Moment des Erlebens selbst.

Mit der Zeit kann sich der Fokus verschieben, mit dem man auf den Lauf des eigenen Lebens schaut. Mit Abstand erkennt man zuweilen leichter auch das Wesen und die Schönheit in scheinbar ganz banalen Vorgängen. Dem Flüchtigen kann, wie einem zarten Kuss auf einer belebten Straße, eine ungeahnte Dauer verliehen – Erdrückendes dagegen mit einem Handstreich zurückgehalten werden. Die Lebenskunst wird zum Ariadnefaden im Labyrinth des eigenen Lebens. Cesare Pavese kleidet dies in die Worte:

»Es ist, kurz gesagt, eine Art, den Saft herauszuholen aus den allerkleinsten Dingen, die gewöhnlich vernachlässigt werden.«[27]

Das Wiederlesen hilft, den Blick für diese kleinen Dinge zu bewahren, und verhindert, dass man unversehens zu einem Gespenst seiner selbst wird, wie Anaïs Nin das bei ihrem Ehemann bemerkte:

»Auf seinem Gesicht war häufiger ein sorgenvoller Ausdruck als ein Lächeln der Entspannung. Ich sah, wie er immer mehr wie die anderen Männer wurde, die Männer, deren ganzes Denken und Fühlen dem Geschäft gilt. Das Gespenst von dem, was er dabei war zu werden, erschreckte mich.«[28]

Mit Hilfe eines Tagebuchs erkennt man leichter, ob etwas mit Glück und Gelassenheit getan wird oder ob die Arbeit bewusst oder unbewusst immer nur Voraussetzung für das Leben ist, das dann (neben der Arbeit) kaum noch vorkommt. Erfüllende Arbeit kann auch wunderbar sein, wie Wilhelm Reich mit Sinn für Sprachwitz notiert:

»Bis heute. Ich fühle mich nur bei meiner Arbeit wohl – und in der Umarmung lieber Frauen glücklich.«[29]

Wiederkehrende Themen

Was in einem Roman langweilt, kann für das Tagebuch von größter Bedeutung sein: *Wiederholungen*. Das Interessante ist, dass bestimmte Wiederholungen einem im Leben durchaus bewusst sind, andere dagegen nicht.

Es genügt ja leider oft, dass sich eine Situation durch eine neue Arbeit, einen Wohnortwechsel oder einen anderen Partner verändert hat – und schon können sich Wiederholungen wunderbar tarnen, da sich einfach die Umstände geändert haben. Doch die eigenen Herangehensweisen und Beurteilungen von Situationen, die eigenen Wahrnehmungsraster und Rituale sind die gleichen geblieben. Die Kulissen sind neu, die Substanz aber bleibt, und: Man wiederholt. Wäre da nicht das Tagebuch, bliebe es einem glatt verborgen. Von veränderten *äußeren Umständen* erwartet man heute viel, von der *eigenen Veränderung* hingegen oft sehr wenig. Auch ein unbewusst übernommenes kulturelles Muster. Gut, es aufzudecken.

Manchmal kehren im Tagebuch Themen wieder, obwohl sie im Leben verdrängt werden. Sie schmuggeln sich quasi selbst hinein. »Da war übrigens noch … nebenbei will ich noch kurz erwähnen …« Und dann folgt das, was merkwürdigerweise immer nur nebenbei erwähnt wird. Da es aber immer wieder auftaucht, ist es wohl doch wesentlich und sollte vielleicht zukünftig einen anderen Stellenwert im Leben bekommen …

Einige Themen kommen im Tagebuch gar nicht vor – sie werden beredt verschwiegen. Beim Wiederlesen fällt auf, dass etwa über einen bestimmten Menschen überhaupt nichts notiert wurde. Vielleicht, weil er auf eine gewisse Art allgegenwärtig ist?

Als wiederkehrendes Thema können auch bestimmte eigene Verhaltensmuster in den Tagebüchern erkannt werden. Wenn zum Beispiel die Liebe immer mit einem großen intensiven Gefühl beginnt und dann mit einer Desillusionierung und Enttäuschung endet. Das hat wahrscheinlich mehr mit der eigenen Wahrnehmung zu tun und nicht so sehr mit den entsprechenden Partnern. Oder es kommt nach viel Aufwand und kleinen Anfangserfolgen immer wieder zu einem Scheitern, kurz vor dem Durchbruch – und das in immer anderen Zusammenhängen. Was steckt dahinter für ein Muster? Vielleicht erledigt man zwar alles, aber immer im allerletzten Moment und mit einer enormen Kraftanstrengung. Hat das vielleicht etwas mit dem Selbstwertgefühl zu tun? Diese und viele andere Themen können offensichtlich lange vorhanden sein und einem doch verborgen bleiben.

Auch das Glück macht man oft, ohne es zu bemerken, von vielen Gründen und Bedingungen abhängig – ehe man sich erlaubt, wirklich glücklich zu sein. Daran erinnert Julien Green, der notiert:

»Großes Glücksgefühl und wunderbares Vertrauen auf das Leben, doch ohne ersichtlichen Grund. Trotzdem meine ich, daß dies wert ist, verzeichnet zu werden.«[30]

Auch die Dynamik von Veränderungen lässt sich erkennen. Jetzt reicht es – so nicht mehr weiter, steht da immer und immer wieder zu lesen. Aber warum hat man eigentlich so lange gewartet? Weil sich bestimmte Dinge so langsam wandeln, dass man es nicht erkannt hat? Oder weil man lange gar nicht hingesehen hat?

Mit einem Wort: Das Wiederlesen der eigenen Tagebücher kann eine Schule des Lebens sein und zugleich das eigene Schreiben weiter beflügeln.

Erkenntnisfunktionen des Tagebuchs

Auch in anderer Hinsicht kann das Tagebuch Erkenntnisse hervorbringen, die man anderswo lange suchen muss. Manchmal wundert man sich zum Beispiel beim Wiederlesen, warum man in der Vergangenheit unbewusst oder intuitiv etwas Bestimmtes getan oder entschieden hat. Im Nachhinein wird deutlich, dass es genau richtig war, obwohl zum Zeitpunkt des Eintrags viele Informationen gar nicht verfügbar waren und man nicht ahnen konnte, wie sich die Dinge entwickeln würden.

Oder eine andere Art der Erkenntnis: Man notiert den Traum, auf einem Schiff unterwegs zu sein, und ein anderes Schiff verschwindet im Nebel. Zuerst kann man den Traum nicht deuten, aber Monate später geht eine Beziehung zu Ende und man erkennt plötzlich, dass man unbewusst bereits etwas geahnt hat, das man nicht wahrhaben wollte. Das Unbewusste selbst hatte im Traum schon etwas signalisiert, und erst viel später wird deutlich, worauf sich der Traum bezogen hat. Solche Zusammenhänge kann man allenthalben entdecken, mit ein bisschen Übung entschlüsseln und für die Gegenwart nutzbar machen.

Auch den Zusammenhang von *Kontinuität* und *Veränderung* im Leben und wie man damit umgeht kann man durch ein Tagebuch genauer erkennen. Franz Kafka spricht von den *Wandlungen* und spielt hier gleichzeitig mit den Begriffen des Tagebuchführenden und des Tagebuchführers. Wer führt da eigentlich wen? Der Schreibende das Tagebuch oder das Tagebuch den Schreibenden?

»Ein Vorteil des Tagebuchführens besteht darin, daß man sich mit beruhigender Klarheit der Wandlungen bewußt wird, denen man unaufhörlich unterliegt, die man auch im allgemeinen natürlich glaubt, ahnt und zugesteht, die man aber unbewußt immer dann leugnet, wenn es darauf ankommt, sich aus einem solchen Zugeständnis Hoffnung oder Ruhe zu holen.«[31]

Hoffnung und Ruhe könnte man aus der Gewissheit des Wandels gewinnen – statt sich an eine vermeintlich *unabänderbare Identität* zu klammern.

Eine andere Erfahrung zeigt, dass man beim Wiederlesen manchmal denkt: Hätte ich doch damals ... Wenn ich heute noch mal in der Situation stünde ... Wäre ich doch nur so klug gewesen ... Das sind destruktive, aber dennoch oft hartnäckig wiederkehrende Gedanken, die sich nicht leicht verscheuchen lassen, obwohl der Verstand weiß, dass im Leben nichts rückgängig gemacht werden kann, dass sich nicht nachholen lässt, was einst versäumt wurde. Doch kann das Tagebuch dabei helfen, frühere Erfahrungen für die Gegenwart und Zukunft fruchtbar zu machen und daraus Schlussfolgerungen zu ziehen, wie hier bei André Gide:

»Pessimisten als persönliche Feinde betrachten. Und gerade sie, die Lebensverdüsterer, klammern sich am meisten ans Leben ... Dagegen kämpfen, von der Traurigkeit angesteckt zu werden.«[32]

In seinen Tagebüchern kann man auch gut erkennen, welchen Einflüssen man sich einst ausgesetzt hat, und dann genauer beobachten, welchen man sich heute aussetzen will.

Es verrät einem zudem, ob man sich an seine Vorsätze gehalten hat. Versprechen, die man anderen gegeben hat, hält man viel häufiger ein als Vorsätze, die man nur für sich, in seinem Kopf gefasst hat. Niemand bemerkt, wenn sie nicht umgesetzt werden, aber das Tagebuch erinnert daran. Eine gute Gelegenheit, sich ernster zu nehmen und nicht nachlässig sich selbst gegenüber zu sein.

Bei aller Konzentration auf die eigenen Entwicklungsprozesse gilt es dennoch, sich selbst hin und wieder zu relativieren. Etty Hillesum:

»Und morgen wird wieder gearbeitet, in der Wissenschaft, im Haushalt und an mir selbst, nichts darf vernachlässigt werden, aber man darf sich auch nicht für allzu wichtig halten ...«[33]

Das Tagebuch hält noch eine weitere Erkenntnisfunktion bereit. Denn bestimmte schwierige Situationen des Lebens können darin noch einmal – ganz entspannt – aus der Ferne betrachtet werden. Nachdem man die Situation offensichtlich überlebt hat und das Drama abgeklungen ist, lassen sich die einzelnen Etappen und die Art, wie sich die Beteiligten damals verhalten haben, weniger parteiisch ansehen. Man kann interessante Schlussfolgerungen für das eigene Konfliktverhalten daraus ziehen. Wie habe ich damals reagiert? Habe ich Kompromissangebote übersehen? Öl ins Feuer gegossen?

Nicht verkehrt, daraus Konsequenzen für die Zukunft zu ziehen, auch wenn sich *genau* die gleiche Situation nicht wiederholen wird.

Sich die Szenen des eigenen Lebens noch einmal vorzulegen kann durchaus relevant sein, weil man normalerweise aus schwierigen Situationen bestimmte Schlussfolgerungen zieht, die wiederum das eigene Handeln in Gegenwart und Zukunft quasi vorstrukturieren. Auch da kann es aufschlussreich sein, genau diese damals – vielleicht noch unter Schock – formulierten Schlussfolgerungen aus einer zeitlichen Entfernung noch einmal zu untersuchen und vielleicht zu relativieren.

Im Tagebuch werden die verschiedenen Schichtungen des eigenen Lebens sichtbar, Entscheidungen überprüfbar, Illusionen deutlich, wie hier bei Paula Modersohn-Becker:

»Es ist meine Erfahrung, daß die Ehe nicht glücklicher macht. Sie nimmt die Illusion, die vorher das ganze Wesen trug, daß es eine Schwesterseele gäbe. Man fühlt in der Ehe doppelt das Unverstandensein, weil das ganze frühere Leben darauf hinausging, ein Wesen zu finden, das versteht.«[34]

SELBSTWIRKSAMKEIT UND AKTIVE LEBENSGESTALTUNG

Das eigene Leben nicht abschreiben, sondern hervorbringen

Das eigene Leben wird beim Tagebuchschreiben nicht einfach abgeschrieben und damit verdoppelt, sondern mit hervorgebracht: in seinem Verlauf, in seiner Tiefe und seinen Ausrichtungen. Die unausgesprochene Devise lautet: So wie jemand geworden ist, durch Familie, Erziehung und kulturelle Prägung, durch die Gesellschaft und die Begegnungen mit anderen Menschen – so kann, so muss er oder sie nicht bleiben. In schwierigsten Lebensumständen formuliert Etty Hillesum:

»Vieles von dem, was du tust, ist ja doch bloß Nachahmung oder eingebildete Pflicht oder eine falsche Vorstellung darüber, wie ein Mensch sein sollte. Die einzige Gewißheit, wie du leben sollst und was du tun mußt, kann nur aus dem Brunnen aufsteigen, der aus deiner eigenen Tiefe quillt.«[35]

Wenn man beginnt, sich selbst auf eine andere Weise hervorzubringen, tut man nicht nur etwas für sich, sondern auch für die Mitmenschen und die nächsten Generationen. So werden eigene Erfahrungen und Leiden nicht mehr selbstverständlich und zu großen Teilen unbewusst an andere weitergegeben. Auch der Schmerz, den viele in ihrer Kindheit erlitten haben, muss nicht zwangsläufig auf die eigenen Kinder oder andere Menschen abgeladen werden. Es ist möglich, die Spirale der Gewalt zu unterbrechen und den Schmerz zu lindern. Das passiert nicht von allein und nicht ausschließlich durch veränderte Rahmenbedingungen.

Die innere Heilung hat mit *Selbstheilung* zu tun, und diese basiert auf Rückbesinnung und Selbstreflexion ebenso wie auf Selbstliebe und Selbstrespekt. Das wäre ein Teil der eigenen bewussten Menschwerdung, die dann vom Wiederholungszwang befreit. Noch einmal Paula Modersohn-Becker:

»Ich arbeite an mir. Ich arbeite mich um, halb wissentlich, halb unbewußt. Ich werde anders, ob besser? Jedenfalls aber fortgeschrittener, zielbewußter, selbständiger. Ich habe jetzt eine gute Zeit, fühle eine feine junge Kraft in mir, die mich jauchzen und jubeln macht.«[36]

Sprache beschreibt in Tagebüchern – und nicht nur dort – die Realität und schafft zugleich immerfort neue Realitäten. Verblüffend sind in diesem Zusammenhang auch das Lebenstempo und die Vorahnungen über die Länge des eigenen Lebens, die Menschen in ihren Tagebüchern notieren. So schreibt Julien Green mit 32 Jahren:

»In einer Welt, in der alles zu schnell geht, habe ich beschlossen, langsam zu leben. Ich möchte meine Aufgabe so erfüllen, als ob mir ein langes Leben beschieden wäre.«[37]

Er wurde 97 Jahre alt. Auf der anderen Seite steht das Leben von Keith Haring, »… der nach dem Motto lebte: so viel wie möglich so schnell wie möglich machen.«[38] Er wurde 31 Jahre alt.

Welches Geheimnis steckt dahinter? Hat die Selbstbestimmung über das eigene Tempo im Leben einen Einfluss auf die Länge desselben? Gibt es eine Ahnung darüber, wie lange man lebt, und beeinflusst diese das Lebenstempo?

Paula Modersohn-Becker ahnte, dass sie nicht alt werden würde, aber sie zog daraus eine ganz andere Schlussfolgerung als die, das Lebenstempo zu erhöhen. Sie schrieb mit 24 Jahren:

»Ich weiß, ich werde nicht sehr lange leben. Aber ist das denn traurig? Ist ein Fest schöner, weil es länger ist? Und mein Leben ist ein Fest, ein kurzes intensives Fest.«[39]

Das Leben als ein Fest zu betrachten und aus dieser Haltung heraus die Gegenwart intensiv, wach und glücklich zu gestalten, das ist eine heitere und lohnende Devise, egal wie lange das Leben noch dauert.

Auch Susan Sontag hält, wie viele andere, das Phänomen des *Sich-selbst-bewusst-Gestaltens* mit Hilfe des eigenen Tagebuchs fest:

»Im Tagebuch äußere ich mich nicht nur freimütiger, als ich es einem Menschen gegenüber je tun könnte, sondern ich erschaffe mich selbst.«[40]

Das ist eine entschlossene Art, für sein eigenes Leben und für dessen *Erleben* Verantwortung zu übernehmen, statt sich bei anderen, dem Schicksal oder der Welt zu beschweren.

Zum eigenen Hervorbringen gehört aber auch das Gegenteil, das bewusste Weglassen der Dinge, die es nicht wert sind, ins Tagebuch aufgenommen zu werden. Auch das ist eine nicht zu unterschätzende Handlung, die, *bewusst ausgeführt*, die eigene Gestalt klarer und deutlicher hervortreten lässt. Ähnlich wie bei einem Bildhauer, der eine Figur aus dem Stein herausholt, indem er das jeweils Überflüssige nach und nach wegnimmt.

Beobachtung und Verhaltensänderung

Bei all den schon erwähnten Auswirkungen des Tagebuchschreibens stellt sich die Frage, ob diese zwangsläufig auftreten. Nicht immer, nicht bei jedem, nicht überall. In jedem Tagebuch können immer nur wenige Themen zu einer bestimmten Zeit fokussiert werden und später wieder andere.

Das bezieht sich auch auf *Verhaltensänderungen*, die jemand bei sich selbst erreichen möchte, oder auf den Umgang mit *Fehlern*.

Wenn man zum Beispiel einen Fehler gemacht hat und darüber hinweggeht, ihn vor sich und vor anderen leugnet und schließlich vergisst, ist man gezwungen, ihn zu wiederholen. Wenn der Fehler genauer beobachtet wird, kann man aus ihm Schlussfolgerungen ziehen. Interessanterweise wird genau das auf der technischen Ebene des Lebens mit einer gewissen Leichtigkeit vollzogen.

Auf der persönlichen Verhaltensebene scheint es dagegen sehr viel schwieriger zu sein, Fehler genauer zu beobachten, zu erkennen, zuzugeben und aus ihnen zu lernen. Das hängt vor allem damit zusammen, dass in der Kindheit Fehler oft mit *falsch* und obendrein mit *Schuld und Scham* verbunden wurden. Schuld- und Schamgefühlen möchte man gerne ausweichen, in der Kindheit und auch später. Daher rührt dieser starke, beinahe schon aus dem Unbewussten gesteuerte Mechanismus, Fehler zu übersehen oder zu vertuschen.

Die mentale Verknüpfung von *Fehler* und *falsch* ist allerdings nicht nur unpräzise, sondern in der Tat fehlerhaft. Denn Fehler kommt – worauf die deutsche Sprache bereits hinweist – nicht von *falsch*, sondern von *fehlen*. Wer gelernt hat, sich von Schuldgefühlen zu befreien (was natürlich nicht heißt, dass man bestimmte Fehler nicht bedauert), kann genauer untersuchen, was in einem bestimmten Moment *gefehlt* hat. Das ist oft Aufmerksamkeit und Konzentration, Wissen oder Kommunikation, Übung oder Werkzeug. Das Tagebuch eignet sich auch hier wieder vorzüglich – wie kann es anders sein –, um Fehler zu analysieren.

Es kommt darauf an, wie genau man beobachtet und wie man mit Erlebnissen umgeht. Ob diese überhaupt zu *Erfahrungen* werden oder oberflächliche *Erlebnisse* bleiben.

Hier kommt erneut das Wiederlesen des Tagebuchs ins Spiel, das erlaubt, sich Erlebtes, Erlittenes und eigene Fehler noch einmal zu vergegenwärtigen, die man anderenfalls im Laufe der Zeit einfach vergisst. Durch die Hinwendung zum eigenen Inneren tut man obendrein noch etwas für seine äußere Erscheinung, worauf schon Marc Aurel hingewiesen hat:

Weil »… sich das Innere in deinen Gesichtszügen ausprägt und Nachdenken und Ehrbarkeit sich darin zeigt …«[41]

Natürlich muss man nicht alles selbst herausfinden. Wer ein Gespür für den Unterschied von Informationen und Wissen hat, kann auch von der Lebensweisheit anderer Menschen profitieren und diese für die *Veränderung* des eigenen Lebens nutzbar machen. Im Jahr 1919 notierte die Tänzerin, Pantomimin und Kurtisane Liane de Pougy in ihr geheimes Tagebuch, das erst viele Jahre nach ihrem Tod veröffentlicht wurde:

»Ich verwende meinen ganzen Willen darauf, die Dinge, die mich langweilen sollten, die ich zwangsläufig ertragen muß, mit Begeisterung zu erledigen. Das hat mir Reynaldo Hahn beigebracht … ›Weißt du Lianon, um gut zu leben, muß man alles mit der größten Begeisterung erledigen, die man in sich tragen kann: lernen, sprechen, essen und so weiter.‹ Ich verstand ihn so gut, daß ich mir diese Verhaltensregel zu eigen gemacht habe.«[42]

Selbstverwirklichung statt Selbstoptimierung

Die hier betonte Selbstbeobachtung, Selbsthervorbringung und Selbstgestaltung hat allerdings nichts mit dem Zeitgeist der Effizienz zu tun. Das Tagebuchschreiben steht gerade nicht im Dienst einer immer effektiveren *Selbstausbeutung* und soll auch nicht zu einer immer stärkeren Anpassung an Ausbeutungs- und Verwertungszusammenhänge führen. Byung-Chul Han bemerkt zu Recht:

»Das Subjekt der Selbstausbeutung ist genauso unfrei wie das Subjekt der Fremdausbeutung.«[43]

Deshalb werden an dieser Stelle die *Selbstverwirklichung* auf der einen Seite (im Sinne einer Verantwortung für das eigene Selbst) und die *Selbstoptimierung* (als Synonym für die möglichst reibungslose Anpassung an äußere, von anderen definierte Erfordernisse und Gegebenheiten) auf der anderen Seite ausdrücklich unterschieden.

Das Tagebuchschreiben dient einer gewissen Widerständigkeit, die allerdings in sich selbst eine Verankerung braucht. Rückhaltlose Anpassung gedeiht dagegen eher, wenn man wenig auf Selbstzentrierung achtet und sich das Ich den äußeren Kräften und Einflüssen vorbehaltlos überlässt. Wilhelm Schmid schreibt dazu:

»... nicht Gelassenheit, sondern *Arbeit* wird zum Zauberwort der neuen Zeit, eine Arbeit aber, die nicht die gelassene Arbeit des Selbst an sich selbst ist, sondern die wütend-optimistische Umarbeitung der Welt mit wissenschaftlich-technischen Mitteln, eine durch nichts gehemmte Unterwerfung der äußeren Natur, die widerstandslos zum bloßen Material der Arbeit wird, um endlich die beste aller Welten zu schaffen ...«[44]

Diese ungehemmte Unterwerfung trifft ebenso auf die innere Natur, auf die Innenwelt des Menschen zu, könnte man hier ergänzen. Es gilt stattdessen, sich in der Kunst des Seinlassens zu üben und mit einer gewissen Gelassenheit an sich selbst zu arbeiten. Damit würde zugleich die Unterwerfung der Natur gebremst.

Die *Selbstoptimierung* fordert dagegen, immer schneller zu sein und zugleich immer mehr vom Gleichen zu tun. Und dies möglichst effektiv und ohne selbstreflektierenden Abstand, ohne die spielerische Außenperspektive auf das, was man gerade tut. Selbstoptimierung blendet – als ein besonderes Kennzeichen – den Tod konsequent aus. Alles, vor allem das Ich, soll immer besser und effizienter werden, am besten bis in eine als unendlich gedachte Zukunft hinein.

Bei der *Selbstverwirklichung* ist man sich dagegen des Endes seiner Bemühungen immer bewusst. Man weiß, dass die Verwirklichung des Selbst viele andere Optionen ausschließt und immer mit einer gewissen Unsicherheit einhergeht. Das Tagebuch fungiert dabei als Kraftquelle, um innere Klarheit hervorzubringen und den eigenen Weg zu finden. Überraschende Richtungsänderungen sind immer möglich.

Die Devise ist: nicht vor sich selbst in Aktionismus fliehen, sondern mit sich selbst in Kontakt bleiben. Sich nicht auf äußere Zuschreibungen und Beurteilungen verlassen, sondern den eigenen Werten folgen. Grenzen – auch die Grenze des Lebens – erkennen und wertschätzen, statt sich selbst anzutreiben oder antreiben zu lassen.

Selbstverwirklichung heißt, sich Aufgaben stellen, die man mit vertretbarem Aufwand erfüllen kann, statt sich auf Kosten der Gesundheit zu andauernden Höchstleistungen anzuspornen oder anspornen zu lassen. Dabei ist das Tagebuch gleichsam ein Hüter der eigenen Freiheit.

Fotos, Datenspeicher und Tagebuchtexte

Wenn in den vorangegangenen Kapiteln der Wert der *Selbstreflexion* im Tagebuch betont wurde, dann auch, um den Unterschied zur reinen Datenspeicherung zu verdeutlichen. Denn ein Tagebuch ist viel mehr als eine spezielle und womöglich altmodische Form von »Datenspeicher«.

Ehe es Foto und Film, Diktiergeräte und Computer gab, war die Frage Tagebuchschreiben oder nicht eine Frage von Vergessen oder Bewahren. Was aber unterscheidet heute das Tagebuch von anderen Formen der Selbstvergewisserung?

In der Gegenwart kann jeder durch verschiedene technische Medien eine beinahe unendliche Menge von Daten über sich und andere speichern. Theoretisch ist es möglich, neben einer Unzahl von Fotos und Videos alle SMS und E-Mails aufzuheben, die jemand geschrieben oder bekommen hat, alle Zeitungen, Zeitschriften und Bücher, die gelesen wurden, alle Texte, die heruntergeladen wurden, alle Mitteilungen, die man bekommen, alle Filme, die man gesehen hat, und immer so weiter.

Allein bei dieser Aufzählung kann einem schwindlig werden. Die Menge an Daten wird selbst zu einem Problem und keineswegs automatisch zu einer Quelle substantieller und kreativer Auseinandersetzung mit dem eigenen Selbst.

Eine unstrukturierte Sammlung beinahe beliebig vieler Daten führt also leicht zu einem unübersichtlichen Datendschungel. Das Speichern von Daten ist aber quasi nur eine Art *Ersatzhandlung*, die an die Stelle der Selbstreflexion tritt. Wichtig wäre es, zwischen wesentlichen und unwesentlichen Daten, Texten und Bildern zu unterscheiden. Sie sollten geordnet, kommentiert, sortiert und modifiziert werden.

Die vom Tagebuch unterstützten Fragen müssen sofort gestellt werden: Was ist mir daran wichtig und wesentlich? Was lasse ich ziehen und stelle es getrost dem Vergessen anheim, weil es unwichtig und belanglos ist? Und was sind die Konsequenzen daraus für mein heutiges Medienverhalten?

Wie sinnvoll ist es, etwas anzusehen, zu lesen, zu hören, was mich vielleicht sogar im Moment fesselt, was sich aber schon aus einem Abstand von wenigen Minuten oder Stunden als belanglos herausstellt? Es geht darum, schon im Moment klarer zu sein und vor allem das *falsche Vertrauen* in die abstrakte Speicherung von Daten aufzugeben.

Mit Recht kann man fragen, inwieweit die gespeicherten Daten am Ende das eigene Selbstbewusstsein stärken oder eher unterminieren. Tragen diese Sammlungen im gleichen Maße wie ein Tagebuch zu mehr Glück und Lebenskunst bei? Oder geht das Selbst in den immer größer werdenden Datenmengen eher unter? Das Tagebuch verhilft sicher zu einer individuelleren Form der Selbsterkenntnis.

Und die Fotografie? Natürlich kann eine Szene viel schneller fotografiert als mit Worten beschrieben werden. Das Tagebuch ist dem Foto unterlegen, wenn es um eine Momentaufnahme geht. Es ist aber dem Foto insofern weit überlegen, als dass es zugleich Gedanken und Reflexionen, Emotionen, Vergleiche und Erinnerungen einfließen lassen kann.

Fotos sind daher vor allem eine Art des *abstrakten Besitzens.* Der Tagebucheintrag stellt zwar ebenfalls eine Form der Aneignung dar, aber mit ihm ist zugleich eine geistige oder emotionale Tiefendimension verbunden. Er gibt nicht nur Auskunft über ein bestimmtes Objekt, sondern auch über den Schreibenden selbst. Fotos sind Ausschnitte von Wirklichkeit, die im besten Fall betrachtet und analysiert werden und dann ein Echo in der Sprache finden oder allein aufgrund der Menge schnell banal werden können, gerade weil sie innere Zustände, Prozesse und Gedanken verbergen. Manchmal täuschen sie auch eine Anwesenheit vor, die im Moment des Fotografierens gar nicht vorhanden war. Oder sie produzieren später Emotionen, die in der Situation so nicht empfunden wurden.

Diesem Phänomen ging Eugène Delacroix bereits in seinem Tagebuch nach, zu einer Zeit, als es noch gar keine Fotografie gab:

»Kann ein Mann sagen, er sei in einem bestimmten Augenblick seines Lebens, den er in der Erinnerung wundervoll findet, glücklich gewesen? Er ist es sicherlich in der Erinnerung, er ist sich des Glückes bewußt, das er empfunden haben muß, aber in jenem Augenblick des angeblichen Glückes, fühlte er sich da wirklich glücklich? Er war wie ein Mann, der ein Stück Land besitzt, auf dem ein Schatz verborgen liegt, von dem er nichts weiß. Würden Sie einen solchen Mann reich nennen?«[45]

IV. TAGEBUCHSCHREIBEN UND ZEITWAHRNEHMUNG

TAGEBUCH UND ZEIT

Keine Zeit zum Schreiben

Eigentlich kann man keinen Satz über Tagebücher schreiben, ohne die Dimension der Zeit zu berühren. Schon im Namen des Tage-Buches taucht der Tag als zeitliche Kategorie auf. Trotzdem ist es mit der Zeit in vielen Tagebüchern so ähnlich wie mit dem Körper. Sie ist allgegenwärtig und wird deshalb selten eigens thematisiert.

Wie etwa im Tagebuch von Susan Sontag erscheint sie vor allem indirekt, als gute oder vergeudete Stunde, als Zukunft, Vergangenheit oder als falsch gelebte Gegenwart:

»Die Angst vor dem Altwerden erwächst aus der Erkenntnis, daß man momentan nicht das Leben lebt, das man gerne leben möchte. Sie entspricht dem Gefühl, die Gegenwart zu mißbrauchen.«[1]

Ansonsten bleibt die Zeit im Hintergrund und ist scheinbar einfach vorhanden. Dabei spielen Formen kultureller *Zeitwahrnehmung* und verinnerlichte, meist unbewusst übernommene *Zeitkonzepte* eine überragende Rolle im Leben. Sie durchdringen und beherrschen Kultur und Gesellschaft und werden dennoch oft als vollkommen selbstverständlich hingenommen. Obwohl Zeitvorstellungen in verschiedenen Kulturen stark differieren und zu jeweils anderen Wahrnehmungs- und Verhaltensweisen führen, werden sie in Tagebüchern dennoch selten zum Gegenstand der Reflexion. Paul Valéry bildet mit seinen Betrachtungen über die Zeit eine Ausnahme. Er reflektiert das zugrundeliegende Dilemma:

»Die Zeit selbst nimmt man nur dann wahr, wenn es einen Mißklang gibt – in der Erwartung – im Schmerz – in der Eile – dem Wollen.«[2]

Und was ist mit der Zeit, die man für das Tagebuchschreiben benötigt? Selbst wenn man nur diese spezielle Zeitfrage betrachtet, ergeben sich interessante Beobachtungen. Denn fast jeder hätte gern ein Tagebuch – nur schreiben müsste es sich von allein. Dafür Zeit aufwenden? Wie soll das gehen?

Wenn Argumente *gegen* das Tagebuchschreiben vorgebracht werden, beziehen diese sich meist nicht auf den Sinn oder die Bedeutung, die ein Tagebuch für das eigene Leben haben könnte, sondern auf die Zeit, die man bräuchte, um es regelmäßig zu führen.

»›Ich habe keine Zeit!‹ – ein Standardsatz. Aber wer das sagt, macht in dieser Zeit einfach etwas anderes … solche und ähnliche Sätze wirken wie eine Selbsthypnose: Im Ergebnis fühlen wir uns tatsächlich so, als hätten wir keine Zeit für das, was uns wichtig ist, was wir wollen oder wünschen.«[3]

Tagebuchschreiben wird in der Vorstellung von Menschen, die kein Tagebuch führen, oft als eine Art zeitverschlingendes Hobby angesehen, das leicht und ohne Nachteil aus dem eigenen Leben wegrationalisiert werden kann.

Diese Einstellung gleicht allerdings eher der eines Waldarbeiters, der versucht, mit einer stumpfen Säge einen Baum durchzusägen. Wird er gefragt, warum er die Säge nicht schärfe, sagt er: »Dafür habe ich leider keine Zeit.«

Wenn man *kein* Tagebuch führt, sind die Auswirkungen auf das eigene Leben nicht sofort und direkt spürbar. Erst nach einer gewissen Zeit wird unter Umständen klar, dass man etwas versäumt hat. Aber das große Geheimnis, das sich erst nach und nach enthüllt, lautet: Je intensiver jemand Tagebuch schreibt und dieses zur Selbstreflexion nutzt, umso mehr Zeit hat er oder sie: Zeit für das eigene Sein, Zeit für innere Prozesse, Zeit für das Leben.

Durch das Tagebuchschreiben wird obendrein Zeit *hervorgebracht oder zurückgewonnen*, die vorher scheinbar gar nicht existierte. Gerade weil man sich den Luxus erlaubt, darüber nachzudenken, womit die eigene Zeit gewohnheitsmäßig verbracht wird. Nur durch diese Reflexion kann der fortgesetzten und weitgehend unbewussten *Enteignung* der eigenen Lebenszeit für ausschließlich äußere Zwecke auf eine effektive Art Einhalt geboten werden. (Selbst wenn diese Zwecke vielgestaltig sind und zum eigenen Leben gehören: Arbeit und Selbstorganisation, Kinder und Freunde, Kunst und Kultur, Gesundheit und Bewegung.)

Wer jedoch nach einer Woche feststellt, dass keine einzige Stunde für das eigene Selbst übriggeblieben ist, könnte sich schon fragen –

warum eigentlich? Doch um eine Antwort darauf zu finden, wird wiederum ein Moment der Zeit benötigt.

Etty Hillesum schreibt:

»Ich glaube, daß ich das tun sollte: morgens vor Beginn der Arbeit eine halbe Stunde lang ›mich nach innen wenden‹, horchen nach dem, was in mir ist ... Nur ist das nicht so einfach, so eine *›stille Stunde‹*. Das will gelernt sein. Der ganze kleinbürgerliche Kram, alles Überflüssige muß innerlich beiseite geschoben werden.«[4]

Im Kapitel »Klarheit über sich selbst« ging es um die Angst der Menschen, nach innen zu gehen und mit sich selbst in einen regelmäßigen und strukturierten Dialog zu treten. Dabei ist die Rettung vor Getriebenheit und Fremdbestimmung, vor dem Dahinrasen der Zeit nur im Inneren zu finden. Nur von dort aus kann das Umsteuern und das Schaffen kleiner, nicht verplanter Freiheitsräume überhaupt gelingen.

Wer mehr Zeit für sich selbst haben möchte, was als Wunsch vielfach nachzulesen und zu hören ist, sollte das *Alleinsein* nicht als ein zu vermeidendes Übel, sondern vielmehr als Geschenk ansehen. Das »Für-sich-sein-Können« neu zu bewerten ist geradezu *die* Voraussetzung, um Zeit für sich selbst hervorzubringen. Denn den wenigsten gelingt es, sowohl mit anderen (und anderem) beschäftigt zu sein und gleichzeitig mit sich selbst und dem eigenen Innenraum in Kontakt zu bleiben. Erst wenn die äußeren Reize und Anforderungen für eine gewisse Zeit zurücktreten und man mit sich allein ist, können eigene Gedanken und Emotionen ungestört hochkommen und der Weg nach innen liegt frei und offen vor einem.

Dieses Dilemma will erkannt sein: Einerseits das ständige Beschäftigtsein, seine Zeit immer für irgendetwas Äußeres *nutzen* zu wollen, immer *in Kontakt bleiben zu müssen* und andererseits diese Sehnsucht, endlich einmal Zeit für sich zu haben.

Meistens wird das Tagebuchschreiben – als eine Form des Ankommens bei sich selbst – ja auch nicht für immer ausgeschlossen. Üblicherweise wird es nur vertagt. Auf den Tag, an dem einmal Zeit dafür übrig sein wird. Aber ohne das Dilemma aufgedeckt zu haben, bestehen wenig Chancen, dass da ein Tag oder ein paar Stunden kommen werden, die frei von Fremdbestimmung und Ablenkung sind.

Das Verschieben auf der Zeitachse hat obendrein seine Tücken. Heute nicht zu schreiben heißt, nie mehr über das *Heute* zu schreiben.

Wenn man Wochen, Monate oder Jahre später noch etwas darüber aufschreiben wollte, läge es viel zu weit zurück. Außerdem hat jeder neue Tag sein eigenes Recht, seine eigene Struktur, seinen eigenen Fokus. Am Ende existiert kein Tagebuch. Die Früchte werden nicht geerntet, der Schatz wird nicht gehoben. Man muss mit der stumpfen Säge weiterleben.

Zeit und Raum für ein Tagebuch

Wer sich fragt, *wann* die Zeit für das Tagebuchschreiben sein könnte, sollte sich im gleichen Augenblick fragen, *wo* überhaupt ein Ort vorhanden ist. Denn alles, was auf dieser Erde geschieht, braucht einen geeigneten Raum.

Wo also kann die Begegnung mit sich selbst stattfinden? Im Wohnzimmer, bei laufendem Fernseher funktioniert es wohl eher nicht. Im Bad? Fragwürdig. Im Kinderzimmer? In der Küche? Im Schlafzimmer? Selbst im Arbeitszimmer (so überhaupt vorhanden) erinnert alles an Pflicht und nicht so sehr an Spiel und Freiheit.

Warum existiert eigentlich in vielen Wohnungen – selbst in den meisten Einfamilienhäusern – kein Platz für das Alleinsein, für den Rückzug und die Selbstreflexion? Sollte es nicht wenigstens eine kleine Kammer oder ein Zimmerchen geben, in das sich die Familienmitglieder abwechselnd zurückziehen können, um in Ruhe für sich zu sein?

Bis dahin braucht es Übergangslösungen. Einen Dachboden oder ein Gartenhaus, eine ehemalige Gerümpelkammer oder einen Hobbykeller, einen Co-Working-Space oder ein ruhiges Kaffeehaus auf dem Weg von der Arbeit nach Hause. Es sollte ein leicht zugänglicher Ort sein, der durch sein Ambiente dazu einlädt, bei sich anzukommen. Wenn das Tagebuchschreiben einen festen Platz gefunden hat, kann es leichter vollzogen werden, als wenn kein Raum dafür vorhanden ist oder immer wieder ein neuer Ort gesucht werden muss.

Obendrein verhält es sich mit der flüchtigen Zeit so ähnlich wie mit dem Wasser. Sie fließt genau dahin, wo der entsprechende Raum vorhanden ist. Und so, wie das Wasser in einem Glas genau dessen Form annimmt, so nimmt die Zeit exakt die *Form* und die *Qualität* des Raumes an, in dem sie sich ereignet. Im Konzertsaal *entsteht*[5] die Zeit anders als im Fußballstadion oder vor dem Fernseher, im Büro anders als in der Sauna.

Insofern entscheidet ein entsprechender Raum mit darüber, wie häufig, intensiv und ungestört man sein Tagebuch schreiben kann. Auch ein bestimmter Rhythmus ist hilfreich, damit die Zeit für das Schreiben nicht jeweils neu hervorgebracht und gegen Widerstände, Zumutungen oder Ablenkungen verteidigt werden muss.

Petter Moen hat im Gefängnis, weil er nichts zu schreiben hatte, mit einer Nadel winzige Löcher in das Toilettenpapier gestochen, um sein Tagebuch weiter zu führen. Die Blätter mit diesen Buchstaben und Worten hat er zusammengerollt, nummeriert und wie eine Flaschenpost in den Lüftungsschacht des Gefängnisses geworfen.[6]

Solche Geschichten zeigen, dass es sogar möglich ist, sich unter unsäglichen Umständen selbst auszudrücken und Klarheit über seine Gedanken und Gefühle zu verschaffen. Im Vergleich dazu ist das nächste Kaffeehaus oder ein ungestörter Raum ziemlich nah und ein passendes Schreibzeug leicht zu besorgen.

Allerdings ist noch ein anderer Raum vonnöten. Ein Platz, an dem das Tagebuch für den Schreiber oder die Schreiberin leicht zugänglich, vor den neugierigen Blicken anderer jedoch geschützt ist. Nur ein geheimes Tagebuch kann ein wahres, authentisches und offenes Tagebuch sein. Es braucht ein sicheres Versteck, das nicht zufällig gefunden werden kann. Eine Schreibtischschublade, die mit einer gebogenen Haarnadel oder einer Büroklammer geöffnet werden kann, ist kein sicherer Ort. Gustav René Hocke, ein Kenner zahlreicher Tagebücher, schreibt über das Verstecken:

»Einmal verbirgt oder versteckt der Diarist also vor der Familie, vor allem vor der Frau (und umgekehrt die Frau vor dem Mann), oder er verbirgt oder versteckt vor ›Schnüfflern‹, vor der Polizei, falschen Freunden, vor Spitzeln aller Art.«[7]

Es muss nicht gleich ein Banktresor sein, aber ein Sicherheitsschloss sollte den Zugang schon verhindern. Zum Zimmer oder zum Schrank, zum Hobbyraum oder zur Garage. Auch eine Geldkassette ist fürs Erste nicht schlecht. Der Computer wird mit einem Passwort geschützt, die Datei mit einem Tarnnamen versehen.

Dieser angstfreie Raum für das Schreiben und für das Aufbewahren ist notwendig, damit keine unbewusste Blockade das Schreiben und die rückhaltlose Offenheit verhindert. Mancher hat es auch mit einer selbsterfundenen Geheimsprache versucht. Aber Vorsicht, die könnte entziffert werden.

Wer den Privatraum des Tagebuchs schützen möchte, sollte nicht mit seinen Tagebüchern oder den Geheimnissen prahlen, die er da notiert hat. Warum sollte man Übergriffe auf den eigenen Raum, die eigene Zeit und das eigene Sein provozieren?

Der Innenraum – Die Innenwelt des Menschen

Schließlich geht es im Zusammenhang mit dem Tagebuchschreiben noch um einen weiteren Raum: den weitgehend entleerten und unbeachteten menschlichen Innenraum, den es zurückzuerobern, zu bewahren und zu schützen gilt. Schon Marc Aurel spottete vor zweitausend Jahren:

»Man sucht Zurückgezogenheit auf dem Lande, am Meeresufer, auf dem Gebirge … Aber das ist bloß Unwissenheit und Schwachheit, da es dir ja freisteht, zu jeder dir beliebigen Stunde dich in dich selbst zurückzuziehen.«[8]

Der Innenraum des Menschen, in den sich zurückzuziehen hier vorgeschlagen wird, ist keineswegs immer gleich groß. Er verkleinert sich, je weniger Beachtung man ihm schenkt, und er vergrößert sich, wird vielgestaltiger und ausdifferenzierter, je mehr man ihn wahrnimmt und ausgestaltet. Er könnte bildlich gesprochen ein kleines Zimmer, ein großes Haus, eine ganze Landschaft sein – oder noch größere Dimensionen haben. Jedenfalls sollte er in der Vorstellung und im Erleben eine räumliche (!) und nicht nur eine zeitliche Ausdehnung haben.

Dieser strukturierte Innenraum kann wie ein Bollwerk funktionieren – gegen die vollkommene Verzeitlichung des individuellen Lebens in dieser *Kultur der Zeit*, die sich in den letzten zweihundert Jahren aus einer *Kultur des Raumes* heraus entwickelt und diese immer weiter zurückgedrängt hat.

In einer *Kultur des Raumes* misst man Entfernungen zwischen zwei Städten in Kilometern. Der Raum zwischen zwei Orten muss überwunden oder durchfahren werden. Er leistet einen gewissen Widerstand gegen die Beschleunigung.

In einer *Kultur der Zeit* misst man die Entfernung zwischen zwei Städten dagegen in Stunden oder Minuten. Da kann ein Ort, der viertausend Kilometer entfernt und mit einem Flugzeug zu erreichen ist, näher sein als ein Ort, der vierhundert Kilometer entfernt liegt. Der Raum zwischen den Städten *verliert* durch die Verzeitlichung der Entfernungen an Bedeutung, er schrumpft und verschwindet.

Natürlich nicht in Wirklichkeit. Aber in der individuellen Wahrnehmung.

Ebenso verhält es sich in einer Kultur der Zeit mit dem *Innenraum des Menschen.* Auch dieser Raum löst sich immer mehr auf zugunsten von ausschließlich zeitlichen Bezügen und Abläufen: wie viele Stunden Schlaf oder wie viele Herzschläge pro Minute, wie viele Erlebnisse in einer Stunde oder wie lang die Erholungsphase nach einer Krankheit.

Dabei könnte der Innenraum, aus einer bestimmten Perspektive betrachtet, ebenso unendliche Dimensionen annehmen wie der Außenraum. Würde man den Gedanken und Emotionen, den Lebensmodellen und Überzeugungen, den Konzepten und Erfahrungen, den Erinnerungen und Vorstellungen (wieder) ganz bewusst eine *räumliche Dimension* geben, könnten diese ganze Bibliotheken füllen und riesige Räume umfassen: Konzerträume, Landschaften, Gebirge. Sie wären nicht nur im Außen zu sehen, sondern auch im Inneren zu entdecken. Wenn man jedoch all diese inneren Dimensionen nur unter dem *zeitlichen Aspekt* ihres Aufscheinens betrachtet, bleiben ihnen lediglich ein paar Minuten am Tag, und ein Innenraum ist bald gar nicht mehr wahrnehmbar.

Über diesen Zusammenhang von innen und außen finden sich zahlreiche Einträge in Tagebüchern. Hier eine Notiz von Dag Hammarskjöld:

»Je treulicher du nach innen lauschst, umso besser wirst du hören, was um dich ertönt.«[9]

Beim Tagebuchschreiben geht es also nicht nur um die Wiederherstellung einer gewissen Balance zwischen der Außenwahrnehmung und der Innenwahrnehmung, die bereits im Einzelnen beschrieben wurde, sondern ebenso um die Balance zwischen der Wahrnehmung von Zeitbezügen und den zunehmend vernachlässigten Raumbezügen. Das ist nichts weniger als die Wiederentdeckung des Innenraums des Menschen in seiner Schönheit und Vielgestaltigkeit.

Dehnung, Verdichtung und Vervielfachung der Zeit

Das Tagebuch kann helfen, Zeit, die man mit sich allein verbringt, (wieder) schätzen zu lernen, statt sich verloren und einsam, leer und verlassen zu fühlen. Denn dies sind die eigentlichen Gründe, warum man sich unterhalten und von sich selbst ablenken lässt. Das Tagebuch hingegen motiviert dazu, Zeit für sich selbst zu reklamieren, sichere und zuverlässige Zeit*räume* für sich zu finden.

Doch mit dem Tagebuchschreiben gehen noch andere Zeitphänomene einher. Beim Schreiben finden *Zeitdehnungen* wie auch *Zeitschrumpfungen* statt. Je nach Belieben kann man zum Herrscher oder zur Herrscherin über die Zeit werden. Paul Valéry merkt an:

»Die Zeit vergeht zwar, zieht aber nicht alle Dinge gleichermaßen mit sich, sonst bliebe sie unerkannt und wäre nicht wahrnehmbar.«[10]

Diese Unterschiede im Vergehen der Zeit werden durch ein Tagebuch verstärkt und variiert. Wenn man eine Situation beschreibt, die vielleicht eine Minute gedauert hat und die man nun mit eigenen Beobachtungen und Empfindungen, Gedanken und Deutungen anreichert, kann das Aufschreiben leicht eine Viertelstunde oder länger währen. Das heißt, eine Minute in der erlebten Zeit kann sich im Tagebuch weit über dieses Maß *ausdehnen*. Das ist pure Entschleunigung – in einer Zeit, in der man oft zur Beschleunigung angehalten oder sogar gezwungen wird. Was für ein schönes Gegengewicht, beim Schreiben genussvoll langsamer sein zu dürfen. Wo könnte man sonst – außer in der Erotik – so gezielt verlangsamen und dafür noch mit einem zusätzlichen Genuss belohnt werden?

Da beim Schreiben die Zeit quasi langsamer vergeht – ähnlich wie bei einem Film, der in *Zeitlupe* abläuft –, kann man Dinge außerdem viel genauer wahrnehmen als in der Normalgeschwindigkeit.

Aber auch die Umkehrung ist möglich. Das Tagebuch erlaubt eine *Zeitverdichtung*. Damit ist aber nicht Beschleunigung gemeint. Zeitverdichtung im Tagebuch findet statt als kreative *Löschung, Filterung* oder *Essentialisierung* dessen, was am Tag ringsum oder in einem selbst geschehen ist.

Mit *Essentialisierung* ist die Zusammenfassung einer langen Sequenz des Tages in einem kurzen Tagebucheintrag gemeint. Sie verlangt vom Schreibenden, sich auf das Wesentliche zu konzentrieren. Auf einen Teil, der für das Ganze steht. Einen Satz aus einem Gespräch zum Beispiel. Einen überraschenden Gedanken, eine besondere Einsicht. Das ist eine Form der kreativen Verdichtung von Zeit.

Zuweilen wird ein Ereignis mit einer sehr kurzen Notiz bedacht: »Gespräch mit …«, ohne auf die Inhalte weiter einzugehen. Was zwei Stunden dauerte, wird auf zwei Sekunden begrenzt. Auch eine Art der Zeitverdichtung, diesmal in Form einer starken *Filterung*.

Und dann gibt es Ereignisse des Tages, die viele Stunden gedauert haben und im Tagebuch gar nicht auftauchen: als unwichtig ausgelassen oder übergangen. Wenn das Leben allerdings hauptsächlich aus solchen Tagen besteht, wäre da vielleicht etwas zu verändern.

Ein weiteres Zeitphänomen, das mit dem Tagebuch einhergeht, ist die *Vervielfachung der Zeit*. Das Schöne an einem Film ist, dass man ihn wieder ansehen kann. Das eigene Leben kann man normalerweise nicht auf diese Weise an sich vorbeiziehen lassen. Zumal meist nicht gefilmt wird.

Erinnerungen jedoch verblassen in der Regel, wie eine schlechte Kopie, bis zur Unkenntlichkeit. Ein Ereignis überlagert das andere, überschreibt es oder löscht das vorhergehende (beinahe) aus. Filme und Fotos können dem Gedächtnis zwar hier und da aufhelfen, aber – was wurde schon fotografiert und gefilmt? Und wer hat die Zeit, sich diese Filme und Fotos in unsortierter und ungekürzter Form wieder anzusehen? Ganz davon abgesehen, dass innere Vorgänge und Gedanken, Gefühle und Erkenntnisse auf diese Art und Weise gar nicht abgebildet werden können.

Das Tagebuch dagegen ist niemals reine Abbildung. Es ist gedehnte oder verdichtete Zeit und damit essenzialisierte und wesentliche Zeit. Es wieder zu lesen bedeutet, bestimmte Szenen des Lebens in einer komplexen Art und Weise wieder auferstehen zu lassen. Und das, so oft und so lange man möchte. Das Vergangene ist zwar einerseits vergangen, kann aber andererseits ganz differenziert als ein Teil der eigenen Existenz immer wieder erlebt werden.

Dass im Tagebuch viel »Kleinkram« notiert wird, ist hoffentlich selbstverständlich. Das ergibt sich aus der Spontaneität der Niederschrift. Erst hinter den Alltäglichkeiten kommt beim spontanen Schreiben das Essentielle zum Vorschein. Oskar Loerke formuliert dies so:

»… Nachgelesen, was sich im vorigen Jahre um diese Zeit begeben hat: es ist wichtig all den Kleinkram zu notieren, weil dann die Tage plastisch bleiben, und das Leben, das gelebte, nicht sofort entschwindet.«[11]

Nicht zuletzt ermöglicht das Tagebuch so etwas wie einen *Zeitraffereffekt*. Man kann ein ganzes Jahr mit seinen verschiedenen Höhepunkten, Umwälzungen und Überraschungen noch einmal an sich vorüberziehen lassen. Die äußeren und die inneren Entwicklungen gleichermaßen. Weder ist alles schon im Nebel des Vergessens verschwunden, noch ist da nur eine mehr oder minder sortierte, aber nicht durchgesehene Datenmenge vorhanden. Das eigene Leben bleibt einem selbst zugänglich und begehbar. Erinnerbar. Nachvollziehbar. Und das in einem oder zwei Tagen, in denen man vielleicht am Jahresende das Tagebuch des vergangenen Jahres noch einmal durchliest.

Die Zeit läuft vorwärts und rückwärts

Das Leben kann nur vorwärts gelebt werden. Das ist eigentlich eine Gemeinheit. Denn woher soll man wissen, wie es verlaufen wäre, wenn man statt der einen eine andere Entscheidung getroffen hätte? Milan Kundera schreibt in seinem Roman *Die unerträgliche Leichtigkeit des Seins:*

»Es ist unmöglich zu überprüfen, welche Entscheidung die richtige ist, weil es keine Vergleiche gibt. Man erlebt alles unmittelbar, zum ersten Mal und ohne Vorbereitung. Wie ein Schauspieler, der auf die Bühne kommt, ohne vorher je geprobt zu haben.«[12]

Mit einem Tagebuch lässt sich auch dieses unerbittliche Prinzip ein bisschen entschärfen. Denn im Tagebuch kann man die Zeit quasi vorwärts und rückwärts laufen lassen, frühere Entscheidungen analysieren und deren Zustandekommen, Begründungen und Alternativen in Ruhe noch einmal aus einer anderen zeitlichen Perspektive betrachten.

Diese zurückliegenden Entscheidungen können natürlich auch später nicht von einem *absoluten* Standpunkt aus als besser oder schlechter, als richtig oder falsch beurteilt werden, weil dafür ein unabhängiger Vergleichspunkt fehlt. Dennoch kann man bei dieser Rückschau interessante Erfahrungen machen.

Man kann die Umstände rekonstruieren, unter denen Entscheidungen getroffen wurden, und fragen, ob man diese Entscheidung heute genauso treffen würde. Und wenn nicht, warum? Was wurde damals übersehen? Außer acht gelassen? Als nicht so wichtig empfunden? Und was bedeutet das für die Gegenwart? Für Entscheidungen, die heute anstehen?

Auch die Bedeutung, die man bestimmten Dingen oder Ereignissen gegeben hat, lässt sich im Nachhinein überprüfen, wie León Bloy dies tut:

»Ist aber erst ein wenig Zeit darüber verflossen, so erstaunt es mich zu sehen, wie es möglich war, so große Bedeutung Dingen beizulegen, die in Wahrheit so wenig bedeutsam waren.«[13]

Im Tagebuch zeigt sich auch, welche *Zufälle* am Werk gewesen sind. Man erkennt, welche Gelegenheiten man ergriff und welche man vorbeiziehen ließ. Denn der Zufall ist das eine, aber die Entscheidung, diesen Zufall anzunehmen und ihm eine Bedeutung zu verleihen, das andere. Man wählt selbst, aber jede Wahl hat etwas mit den verborgenen Antrieben und Wünschen zu tun. Diese jedoch kann man wiederum selbst beeinflussen. Was für eine Vieldeutigkeit des Lebens.

Auch die *Möglichkeiten*, die man nicht ergriffen hat, gehören zum eigenen Leben und sind nicht einfach »nichts«. Sie leben im Inneren weiter, als eine bewusst oder unbewusst abgewählte Möglichkeit. Zuweilen verbunden mit großer Erleichterung, ein andermal mit einer gewissen Melancholie oder Sehnsucht.

Und nicht erst ganz am Ende entsteht vielleicht die Einsicht, dass es nicht nur *ein* einziges gelungenes Leben geben kann, sondern dass es möglich und denkbar wäre, auch ein ganz anderes, ebenso glückliches Leben zu leben. Auch wenn sich immer nur eines verwirklichen lässt.

VERGANGENHEIT, GEGENWART UND ZUKUNFT

Was ist wirklich vergangen und wie?

Das Heute ist morgen schon wieder gestern. Nirgendwo wird das deutlicher als beim Tagebuchschreiben. Genau genommen ist es immer ein Schreiben über die Vergangenheit. Aber wie lange dauert eigentlich die Gegenwart? Wann beginnt die Vergangenheit? Ist nur der Moment des Schreibens Gegenwart? Oder ist es der ganze Tag, obwohl der ja am Abend schon fast vorbei ist? Wer am nächsten Morgen den zurückliegenden Tag betrachtet und zusammenfasst, schreibt der schon über die Vergangenheit? Wer eine ganze Woche noch einmal in Gedanken durchgeht und die wesentlichen (noch erinnerlichen) Elemente aufschreibt, schreibt der noch über die Gegenwart?

Die Frage, wie lange die Gegenwart dauert und wann die Vergangenheit beginnt, hat Philosophen, Denker und Wissenschaftler aus allen Kulturen seit Jahrtausenden beschäftigt. Psychologisch wird die Gegenwart heute als eine Aufmerksamkeitssequenz von zirka drei Sekunden definiert. Aber das muss nicht viel heißen.

Man kann die Zeit, in der man eine bestimmte Tätigkeit ausübt, als Gegenwart wahrnehmen, und das kann mehrere Stunden dauern. Alles, was zu einer sinnvoll strukturierten Einheit zusammengefasst wird, kann Gegenwart sein und in dem Moment, wo es abgeschlossen ist, zur Vergangenheit werden. Poetisch und philosophisch zugleich schreibt wiederum Paul Valéry:

»Die Gegenwart … ist das, was sich gegen nichts austauschen lässt.«[14]

Zugespitzt könnte man fragen, ob nicht sogar der Gedanke, der einem gerade durch den Kopf gegangen ist und der sofort notiert wird, nicht schon wieder Vergangenheit ist. So oder so hat Tagebuchschreiben etwas damit zu tun, die kürzer oder länger zurückliegende Vergangenheit zu strukturieren, einzuordnen und zu deuten.

Manchmal sagen Menschen, die kein Tagebuch schreiben: »Alles, was ich bisher erlebt habe, hat mich irgendwie geprägt und lebt ohnehin in mir weiter.« Das ist jedoch nur ein Teil der Wahrheit. Natürlich hinterlässt alles seine Spuren. Aber die entscheidende Frage, die nicht nur für den Tagebuchschreibenden auftaucht, ist: Wie, auf welche Weise und was genau lebt da in mir weiter?

Tagebuchschreiben bedeutet, die eigene Vergangenheit und damit die Erinnerung aktiv mitzugestalten. Es stimmt zwar, was Friedrich Hebbel in seinem Tagebuch notiert:

»Es ist eine Wahrheit, von der sich jeder möglichst früh zu überzeugen suche, daß sich im Leben nichts nachholen läßt.«[15]

Allerdings ist es möglich, die Perspektive und die Deutung dessen, was geschehen ist, durch die Verschriftlichung selbst festzulegen. Diese bewusst gestaltete Vergangenheit bekommt ein anderes Gewicht in der Erinnerung – zumal wenn sie nachgelesen werden kann.

Doch was heißt gestalten? Gestalten heißt auswählen, hervorheben oder zurücknehmen. Ein Beispiel: Bleibt von einem Streit der Dissens in Erinnerung? Oder die glückliche Lösung? Oder der Weg zu dieser Lösung? Den man dann in der Gegenwart und Zukunft noch öfter bewusst gehen kann …

Ein Tagebuch wirft indirekt noch eine andere Frage auf. Welchen *Wert* hat das, was bereits vergangen ist, und in welchem Verhältnis steht es zu dem, was noch vor einem liegt und Zukunft genannt wird?

»Vergangen, vergessen, vorüber – vergangen, vergessen, vorbei«? Eine eindringliche und suggestive Liedzeile. Vergangen stimmt. Aber vergessen? Was vergessen wird und woran man sich erinnert, auch nach Jahren, liegt nicht zuletzt in der eigenen Hand.

Dem Vergessen liegt allerdings eine gesellschaftliche Dimension zugrunde. Ist es nicht geradezu ein Imperativ des ständigen Getriebenseins, das Vergangene – als das »Alte« – zurückzulassen, um sich möglichst schnell dem »Neuen« zuzuwenden? Warum aber messen wir der Vergangenheit so wenig Bedeutung zu? Dabei könnte sie doch – im Gegensatz zur ungewissen Zukunft – sehr häufig eine Quelle des Glücks sein.

Statt das Vergangene permanent zu entwerten und in der Folge zu vergessen, könnte man es doch wie teuer erworbene Schätze des Wissens, der Freude oder der überstandenen Übel betrachten.

Die Vergangenheit wertzuschätzen heißt zugleich, die Sucht nach dem Neuen zu mildern und nebenbei die Gegenwart zu entschleunigen. Das sogenannte Neue kommt ja oft im Gewand des »ganz Anderen« daher. Der lebendige Kontakt zu dem, was bereits zurückliegt und vergangen ist, kann einem helfen, dies als Trugbild zu entlarven und den ständigen Reiz des Neuen zu entzaubern. Es ist ja, von wenigen wirklichen (meist technischen) Neuerungen abgesehen, als Mode, Masche oder Idee in den meisten Fällen eine mehr oder weniger gelungene Variation des Alten.

Daher ist es nicht besonders sinnvoll, dem nachzujagen, was sich als ganz neu anpreist. Interessanter ist es, eine *Unterscheidung* vorzunehmen zwischen dem Substantiellen und dem Vergeblichen, zwischen dem Gehaltvollen und dem Beliebigen, zwischen dem Tiefen und dem Flachen, um nur einige zu nennen. Das würde bedeuten, so etwas wie eine *kreative Ignoranz* zu entwickeln, die sich bestimmten Entwicklungen zwar nicht verschließt, aber dem Hype gegenüber skeptisch bleibt.

Auch für diese Differenzierungen kann ein Tagebuch hilfreich sein und wiederum viel Zeit hervorbringen. Denn der mehr oder weniger freiwilligen Jagd nach dem Neuen ist es unter anderem zuzuschreiben, dass man sich oft gehetzt und getrieben fühlt. Und wenn man dann das Neue mit Mühe erlangt hat, macht sich nicht selten eine unerklärliche Enttäuschung breit. Denn so neu, so gut, so anders, wie es zuerst den Anschein hatte, ist es nun auch wieder nicht. Die Vergeblichkeit, die in diesem Streben nach dem Neuen liegt, drückte Paul Valéry in einem einzigen Satz aus:

»In jedem Augenblick verwandelt sich Neues in *Altes*.«[16]

Und damit wieder in etwas Vergangenes. Das Notieren, Innehalten und das erinnernde Vergleichen trägt nach und nach zu einer Immunisierung und zur Entschleunigung bei und setzt dem schon erwähnten »rasenden Stillstand« etwas Substantielles entgegen: Bedachtsamkeit, Ruhe und Gelassenheit.

Die Gegenwart nicht vergessen – Der innere Beobachter

»Werd' ich zum Augenblicke sagen: / Verweile doch! du bist so schön! / Dann magst du mich in Fesseln schlagen, / Dann will ich gern zugrunde gehn!«

Dieser berühmte Vers aus Goethes *Faust I* regt zum Nachdenken an. Wäre es nicht wunderbar, zu möglichst vielen Augenblicken im Leben sagen zu können: Verweile doch, du bist so schön! – Ohne dafür gleich sein Leben herzugeben? Im Tagebuch können diese Augenblicke gewissermaßen in Fesseln geschlagen werden – als kleines Gegengewicht zu dem faustischen Vorwärtsstreben, das keinen Moment der Ruhe und Besinnung kennt.

Die glücklichen Momente des Lebens zu bewahren befreit obendrein von der *Tyrannei der Gegenwart*, gerade wenn diese Gegenwart wenig erquicklich sein sollte. Man erinnert sich, dass es andere Zeiten gab, und das stärkt die Hoffnung, dass es wieder andere Zeiten geben wird. Man erkennt das eigene Leben in seiner Gesamtheit, in seinen Zyklen und Rhythmen, und das, was an einem bestimmten Tag übermächtig erscheint, lässt sich leichter relativieren. Paul Valéry:

»Ich weiß in jedem Augenblick, daß es andere Augenblicke gibt ...«[17]

Wie verträgt sich das miteinander: einerseits die Gegenwart genauer und intensiver wahrzunehmen und andererseits der Tyrannei der Gegenwart etwas entgegenzusetzen? Dabei handelt es sich nur scheinbar um einen Widerspruch. Hier geht es um einen Doppelschritt, ein Ausbalancieren. Mal ist das eine hilfreich und mal das andere. Mal betrachtet man die Welt mit einer Lesebrille, mal mit einem Mikroskop, dann wieder mit einem Fernglas.

Wenn die Gegenwart sich als erdrückend erweist, lohnt ein Versuch, sich der Tyrannei dieser Gegenwart zu entziehen, ihrer Aussichtslosigkeit, ihren Einschränkungen. Die Gegenwart kann aber auch beglückend sein und dennoch kaum wahrgenommen werden, weil man immer schon in der Zukunft ist. Dann besteht die Aufgabe darin, das Augenmerk mehr auf die Gegenwart und ihre vergänglichen Momente zu lenken. Bruce Frederick Cummings konstatiert:

»Vielleicht habe ich zu hochfliegende Pläne gefaßt. Ich habe zu viel von meinem Talent verlangt ... ich habe ewig gegrübelt, mich gequält, nach Mitteln zur Flucht gesucht. Unterdessen sind die Augenblicke unbeachtet und ungenossen verflogen.«[18]

Wie auch immer man sich verhält – mit dem Tagebuch gibt es quasi einen *inneren Beobachter*, eine Instanz, die alles, was man tut oder lässt, fühlt oder denkt, noch einmal reflektiert. Diese Instanz wurde im Verlauf der Geschichte oft mit dem Gewissen oder mit Gott gleichgesetzt. Doch ist sie vielmehr ein Teil des schöpferischen Selbst. Der Beobachter ist als Instanz wahrnehmbar, zugleich aber beschreibbar und zu beeinflussen. Eine Ambivalenz, die im folgenden Tagebucheintrag von Cummings deutlich wird:

»Der Zuschauer von mir muß, scheint mir, ein sehr moralischer und außerordentlich überlegener Herr sein ... Ich hasse es, ausspioniert und zerlegt zu werden. Aber im ganzen ... Es schmeichelt mir, daß wenigstens ein Mensch ein nie versagendes Interesse an allem, was mich angeht, zeigt.«[19]

Dem inneren Beobachter und seinen verschiedenen Perspektiven kommt daher eine enorme Rolle zu. Er wird quasi zum Regisseur des eigenen Lebens.

Die mit dem Tagebuchschreiben verbundene Selbstbefreiung und Selbstermächtigung war den Mächtigen allerdings schon immer ein Dorn im Auge. Nicht nur Diktatoren fürchteten Tagebuchschreibende, auch Kardinäle erklärten das Tagebuch zur Sünde:

»Im Jahre 1753 befand der Kardinal Passionei, ein Christ dürfe kein Tagebuch führen … Das Tagebuchführen sei eine, wie der Fachbegriff lautete, occasio proxima zur gefährlichsten Sünde der Selbstliebe und des Hochmuts.«[20]

Was für ein weiter Weg bis zu der Erkenntnis, dass ein gewisses Maß an Selbstliebe die Voraussetzung dafür ist, andere Menschen lieben zu können. Und ist es wirklich Hochmut, ein stärker selbst- als fremdbestimmtes Leben zu leben? Der innere Beobachter ist die Instanz, mit der man einen inneren Dialog führen kann – bei der man Rat sucht, die andere Sichtweisen ins Spiel bringt und die einen gelegentlich über sich hinaustreibt.

Aber zurück zur Gegenwart und der Flüchtigkeit des Augenblicks. Die bewusste Wahrnehmung des gegenwärtigen Moments mit Hilfe des Tagebuchs führt einem die *Unbeständigkeit* aller Dinge und des eigenen Lebens immer wieder vor Augen. Nach und nach verabschiedet man sich von zwei Vorstellungen: von der Hoffnung, dass alles so bleibe, wie es ist – quasi als eine unendlich weiter fortgeschriebene Gegenwart. Und von der unbewussten Vorstellung, dass man, wenn man nur genug Aufwand betreibt, diese Unbeständigkeit der Dinge beeinflussen oder gar aufhalten könne. Diese beiden unbewussten Hoffnungen können eine Menge Zeit beanspruchen, die man doch besser der Selbstreflexion und dem Tagebuch widmen könnte. Carpe diem.

Phantasie und Wirklichkeit im Tagebuch

Nur in ihren Extremen können Phantasie und Wirklichkeit im Tagebuch gut auseinandergehalten werden. Die Übergänge sind fließend, ungenau und charmant. Ereignisse, Emotionen und Beobachtungen unterliegen einer bestimmten Perspektive, der Deutung und Einordnung. Sie können übertrieben oder untertrieben werden, ausgeschmückt oder verzerrt, um nur einige Facetten zu benennen. Wo endet die Wirklichkeit, und wo beginnt die Phantasie als reine Vorstellungskraft?

Natürlich erkennt, wer ein ganzes Tagebuch liest, nach und nach eine bestimmte Art und Weise der Wirklichkeitswahrnehmung und des Selbstausdrucks eines Schreibenden. Wer selbst schwerste Niederlagen als Siege beschreibt oder größte Erfolge nur lakonisch benennt, gibt etwas preis über seine Art, in der Welt zu sein. Da gibt es phantastische Verzerrungen. Immer bewegt man sich auf schwankendem Grund. Gewissheit gibt es nicht. Die Interpretationen des eigenen Lebens und die Wahrnehmung der Welt sind im Leben und im Tagebuch gleichermaßen offen und vielschichtig. Darin besteht die große Freiheit.

Getreulich alle Niederlagen des Lebens zu notieren ist nicht unbedingt eine Wirklichkeitsbeschreibung. Aus einer bestimmten Perspektive betrachtet, ist es sogar eher eine Phantasie. Phantasie, hier verstanden im Sinne einer Fiktion. Der Fiktion nämlich, dass das Leben vor allem aus Niederlagen bestehe. Und dann kann diese Phantasie allmählich Realität werden, zumindest für diese Person selbst.

Auch bei der Versprachlichung nichtsprachlicher Zusammenhänge von komplexen Ereignissen, Emotionen, Bildern und Träumen sind »Dichtung und Wahrheit« immer mit im Spiel. Selbst eine kleine Beobachtung wie die folgende von André Gide enthält Elemente von Phantasie und Wirklichkeit:

»Ich habe jemanden gekannt, den der bloße Gedanke, bald einmal und von Zeit zu Zeit ein Paar Schuhe ersetzen zu müssen, das er an den Füßen trug, in tiefe Melancholie stürzte; desgleichen seine Kleider, seinen Hut, seine Wäsche, seine Krawatte. Man mußte darin nicht Geiz sehen, sondern eine Art Verzweiflung darüber, sich auf nichts Dauerhaftes, Endgültiges, Absolutes stützen zu können.«[21]

Empfindet dieser Jemand, der da beschrieben wird, wirklich so? Oder ist diese Deutung eher eine Phantasie – im Sinne einer Interpretation des Verhaltens eines anderen? Oder ist es gar eine Projektion von Gedanken und Empfindungen des Autors? Versteckt sich der Autor selbst hinter diesem Jemand, dem er seine eigenen Empfindungen zuschreibt? Wo verläuft die Grenze?

Oder was ist mit einer erotischen Phantasie, die jemand plastisch und nachvollziehbar nicht im Konjunktiv (ach, käme er doch …), sondern im historischen Präsens in seinem Tagebuch beschreibt? (Er kommt herein … nimmt mich in den Arm … usw.) Man kann sich ja schließlich vorstellen, ausmalen und aufschreiben, was alles wäre, wenn, und dann so tun, als ob. Einfach nur, um es zu genießen und um sich, ganz nebenbei, über seine eigenen innersten Wünsche klar zu werden.

Für den Tagebuchschreibenden ist diese Grenzverwischung von Wirklichkeit und Phantasie vielleicht nur ein Spiel, ein Experiment – eine Ausdehnung der Grenzen. Niemand kann einem vorschreiben, wie viel Wirklichkeit und wie viel Phantasie im eigenen Tagebuch Platz finden und ob die Übergänge kenntlich gemacht werden oder nicht.

Wenn das Tagebuch jedoch in die Hände anderer geraten sollte und die herbeiphantasierte Person ist sogar nachweislich hin und wieder zum Tee da gewesen und vielleicht noch ein verheirateter Vorgesetzter, dann kann es – auch juristisch – ziemlich kompliziert werden. Denn obwohl die Schreiberin bestimmter erotischer Szenen in einem konkreten Fall beschwor, es seien nur Phantasien gewesen, die sie niedergeschrieben habe, wurde ihr Tagebuch als »Beweismittel« benutzt. Erst in dem schon erwähnten abschließenden Urteil des Bundesgerichtshofs, vor dem dieser Fall schließlich verhandelt wurde, entschied man, dass Tagebucheinträge kein Beweismaterial sind. Die Freiheit, im Tagebuch zwischen Phantasie und Wirklichkeit spielerisch hin und her zu wechseln, kann einem niemand nehmen.

Die Grenzlinie zwischen Phantasie und Wirklichkeit kann bezüglich der eigenen Erinnerung aber auch vollkommen entgegengesetzt verlaufen. Nachdem eine Frau etwas über eine andere Person und eine schon länger zurückliegende Situation behauptet hatte, erklärte sie dem zweifelnden Gegenüber: Sie könne als Beweis ihr Tagebuch bringen und ihm die Passage vorlesen. Der Zuhörer, der kein Tagebuchschreiber war, lächelte distanziert. Für ihn war dieses Angebot eine – obendrein naive – Verdoppelung ihrer einseitigen Perspektive und kein »Beweis«.

Aber die Wirklichkeit war in diesem Fall eine andere. Als jene Frau nämlich in ihrem Tagebuch nachlas, bemerkte sie erstaunt, dass sie einige Elemente der damaligen Situation ganz anders notiert hatte, als sie diese jetzt, aus der Erinnerung, wiedergegeben hatte. Da war auf einmal die Wirklichkeit im Tagebuch viel wirklicher als ihre rückwärtsgewandte Phantasie. Insofern kann ein Tagebuch in bestimmten Teilen mehr der Phantasie zuneigen, in anderen wiederum mehr der Wirklichkeit.

Aber stehen in Tagebüchern auch Unwahrheiten oder offensichtliche Lügen? In einem authentischen Tagebuch eher nicht. Man könnte dieses Kriterium sogar als eindeutiges Indiz dafür heranziehen, um zu entscheiden, ob ein Tagebuch authentisch ist oder nicht. Wenn es offensichtliche Lügen enthält, ist es nicht authentisch. Denn, wie weiter vorn ausgeführt: Es ergibt keinen Sinn, sich selbst zu belügen. Man lügt anderen gegenüber, im Verhör oder in Notsituationen. Wenn man im Tagebuch lügt, dann, um einen (imaginierten oder wirklichen) Leser zu beeindrucken oder zu täuschen. Sich selbst kann man nicht belügen – wie schon Canetti sagte: Man kennt sich.

Sich selbst in einem authentischen Tagebuch zu »belügen« ist also höchstens in übertragenem Sinne möglich: dass man Dinge selbst nicht erkennen kann, dass man »blinde Flecken« hat, dass man bestimmte Dinge nicht sehen möchte, die eigentlich offensichtlich sind. Aber das ist eher eine *unbewusste Selbsttäuschung* als eine Lüge. Und genau diese möglichen Selbsttäuschungen werden ja durch das Tagebuch für den Schreibenden offenbar. Etty Hillesum:

»Gestern abend wollte ich noch ein paar Worte schreiben, aber eigentlich war es nur verschwommener Unsinn. Ich habe manchmal Angst, die Dinge beim Namen zu nennen. Weil dann möglicherweise nichts mehr übrigbleibt? Die Dinge müssen es vertragen können, daß man sie präzise beim Namen nennt. Wenn sie es nicht vertragen, haben sie keine Daseinsberechtigung.«[22]

Manchmal geschieht diese Selbsterkenntnis schon im Moment des Schreibens, wie hier, manchmal erst, wenn man sein Tagebuch nach einiger Zeit wieder liest und einem dann die eigenen Selbsttäuschungen, Verzerrungen oder Auslassungen deutlich werden.

Letztlich ist die Person, die das Tagebuch geschrieben hat, immer die erste und wichtigste Deuterin desselben. Nur sie weiß, wo die Grenze zwischen Phantasie und Wirklichkeit verläuft. Das heißt natürlich nicht, dass andere ein authentisches (später dennoch veröffentlichtes) Tagebuch nicht trotzdem mit Gewinn auf sehr verschiedenen Ebenen lesen können.

Was in der Zukunft liegt

Es wurde behauptet, dass Tagebuchschreiben bereits immer ein Schreiben über die Vergangenheit sei. Das ist zwar richtig, aber unvollständig. Denn man schreibt auch über die Zukunft. In Tagebüchern taucht sie auf in Form von *Plänen* oder *Befürchtungen* darüber, was eintreten könnte, von Hoffnungen, wie sich die Dinge entwickeln sollten, oder von Erwartungen, die man an sich selbst oder andere stellt.

Schon nach kurzer Zeit kann man im eigenen Tagebuch nachlesen, ob die Zukunft so eingetreten ist wie erhofft oder befürchtet – oder ganz anders. Pepys konnte sein Gelübde, keinen Wein zu trinken und keine Frau zu küssen, bis er seine Papiere in Ordnung gebracht hat, schon am nächsten Tag überprüfen.

Auch hier hat das Tagebuch eine strukturierende und selbstzentrierende Wirkung. Und zwar unabhängig davon, ob die Zukunft so oder anders verlaufen ist. Erkennbar wird der eigene Einfluss auf das zielgerichtete Handeln. Mal in der Erfüllung, mal im Scheitern.

Obendrein kann man die Faktoren und Einflüsse beobachten, die einmal dazu führten, dass Pläne und Vorhaben umgesetzt wurden und ein anderes Mal scheiterten. Ohne Verschriftlichung bliebe alles nur vage im Kopf und könnte jederzeit anders interpretiert werden. Hat man sich dies und das wirklich einmal vorgenommen? Oder war es bloß »so eine Idee«?

Im Tagebuch ist nachzulesen, was wirklich dasteht. Das heißt aber nicht, dass man jetzt an das »gefesselt« ist, was man einmal niedergeschrieben hat. Wer ein vergangenes Gelübde liest, kann sich neu entscheiden: das Vorhaben weiterzuverfolgen und sich neu zu motivieren oder die Sache aufzugeben. Beides schafft mehr Klarheit und Konzentration, als wenn einem mit der Zeit eine immer größere Anzahl vager Ideen, diffuser Wünsche und halbdurchdachter Vorsätze im Kopf herumschwirren, verbunden mit der Hoffnung, dass eines Tages alles von allein anders werden wird.

Die Zukunft kann aber in Tagebüchern auch verdeckt auftreten, in Form von Einträgen, die zwar für die Gegenwart formuliert sind, aber in die Zukunft weisen. Ein Satz wie: »So geht es nicht weiter …« heißt ja am Ende: Hier muss oder soll sich in Zukunft etwas ändern. Antoine de Saint-Exupéry über die Zukunft:

»… man kann nicht mehr leben von Eisschränken, von Politik, Bilanzen und Kreuzworträtseln. Man kann es nicht mehr. Man kann nicht mehr leben ohne Poesie, ohne Farbe, ohne Liebe.«[23]

Manchmal kann die Zukunft aber auch von der Gegenwart ablenken:

»… jetzt denke ich nicht mehr an die Zukunft … früher lebte ich immer in einem Vorbereitungsstadium, ich hatte das Gefühl, daß alles, was ich tat, noch nicht das ›Richtige‹ sei, sondern nur Vorbereitung zu etwas anderem, etwas ›Großem‹, etwas Richtigem«,[24] schreibt Etty Hillesum zu diesem Thema.

Sie spürt die Gefahr, dass man die Zukunft immer weiter in die Zukunft verschieben könnte, ohne dass man sie jemals erreicht. Dadurch aber bliebe die Gegenwart eine vorläufige, provisorische und unerfüllte. Deswegen könnte man zugespitzt formulieren: Die Zukunft fängt bereits heute an.

Das Tagebuchschreiben verdeutlicht noch etwas anderes: dass das Wort *Zukunft* in unserer Kultur fälschlicherweise analog zu den Worten Vergangenheit und Gegenwart immer im Singular benutzt wird. Dabei handelt es sich um eine sprachlich vermittelte Denkhemmung. Denn das Wort Zukunft suggeriert ja, es gäbe nur eine davon. Aber in jedem Moment unserer Existenz sind verschiedene *Zukünfte* denkbar und möglich. (Auch wenn sich am Ende nur eine verwirklichen wird.) Individuelle und gesellschaftliche Entscheidungen, die heute getroffen werden, lassen *eine* bestimmte Zukunft von den verschiedenen möglichen Zukünften entstehen. Wer von *der* Zukunft spricht, suggeriert sich und anderen damit bewusst oder unbewusst eine Fixierung auf die eine Zukunft. Meist wird von einer fortgesetzten Gegenwart ausgegangen und vergessen gemacht, dass es Alternativen gibt. Daher dürfte Zukunft eigentlich nur im Plural benutzt werden – eben als Zukünfte.[25]

Nicht zuletzt kann das Tagebuch davor bewahren, zu *vergessen*, was für jeden ganz sicher in den verschiedenen Zukünften liegt und vor lauter Zukunftsfixierung gern verdrängt wird: die eigene Endlichkeit, der Tod. Ganz gelingt diese Verdrängung nicht, aber es gehört zu einem bestimmten gesellschaftlichen Trend, diese offensichtliche Tatsache im Alltag häufig »vergessen« zu machen. Und das bringt tiefgreifende Konsequenzen für die Intensität des eigenen Seins mit sich. Das Tagebuch macht diesen Zusammenhang existentiell erfahrbar. Etty Hillesum dazu:

»Man darf nicht vorzeitig einen Teil des Lebens dem Tod zum Opfer bringen, indem man sich vor ihm fürchtet und sich gegen ihn wehrt, das Widerstreben und die Angst lassen uns nur ein armselig verkümmertes Restchen Leben übrig, das man kaum noch Leben nennen kann. Es klingt fast paradox: Wenn man den Tod aus seinem Leben verdrängt, ist das Leben niemals vollständig, und indem man den Tod in sein Leben einbezieht, erweitert und bereichert man das Leben.«[26]

Der Blick voraus, auf das Ende des Lebens kann dazu führen, bestimmte Einschränkungen nicht nur als Übel, als Verlust, sondern auch als eine gewisse Erleichterung zu empfinden. André Gide vertraut in diesem Sinne seinem Tagebuch an:

»Ich sehe weniger gut und meine Augen ermüden rascher. Ich höre auch weniger gut. Ich sage mir, daß es wahrscheinlich gar nicht so übel ist, wenn sich eine Welt so allmählich von uns entfernt, die zu verlassen uns sonst zu schwer fiele ...«[27]

Sich mit den möglichen Zukünften zu befassen bestärkt einen auch darin, mit dem, was schon vergangen ist, sorgsamer umzugehen. Es nicht sang- und klanglos dem Vergessen zu überlassen. Nur solange man meint, das Beste oder das Eigentliche läge noch vor einem, kann man leicht und unbekümmert vergessen, was schon hinter einem liegt. Je nach Veranlagung sieht mancher das Vergangene und das Gegenwärtige sehr lange als »vorläufig«, als »uneigentlich« oder als »Vorstufe« des Lebens an. Tragikomisch wird es, wenn selbst Siebzig- oder Achtzigjährige davon sprechen, dass das Eigentliche und Wesentliche noch vor ihnen läge. Stattdessen sollte man es mit Marc Aurel halten:

»All dein Tun und Denken sei so beschaffen, als solltest du möglicherweise im Augenblick aus diesem Leben scheiden.«[28]

Ist es falsch, diese Haltung schon in jungen Jahren einzuüben? Sich zu fragen, was man bereits erlebt und gestaltet hat? Und damit sind nicht nur äußere Abschlüsse oder erbrachte Arbeitsleistungen gemeint, sondern ebenso das, was an Individuation und Reifung, an Würde und Weisheit im eigenen Leben bereits verwirklicht wurde.

Es ist möglich, im Tagebuch mit den Zukünften zu spielen – auch das kann die Gegenwart bereichern, selbst wenn diese Zukünfte niemals eintreten werden, wie in diesem Fall:

»Das ist jetzt nur eine kleine, rote, zerdrückte Annemone. Aber vielleicht finde ich sie zwischen den Buchseiten nach vielen Jahren wieder, wenn ich eine Matrone bin. Dann nehme ich die vertrocknete Blume in die Hand und sage ein bißchen wehmütig: Sieh mal, diese rote Annemone trug ich im Haar, am 55. Geburtstag jenes Mannes, der in meinen jungen Jahren mein größter und unvergesslicher Freund war. Es war im dritten Jahr des zweiten Weltkrieges, wir aßen im Schwarzhandel gekaufte Makkaroni und tranken echten Bohnenkaffee ... und jemand sagte: Du bist eine richtige russisch-spanische Mischung ... Eine russische Carmen.«[29]

Sich hin und wieder zu fragen, was man in einer der möglichen Zukünfte über das denken wird, was heute selbstverständlich scheint, schärft ebenfalls das Bewusstsein für den gegenwärtigen Moment. Wie in diesem poetischen Tagebucheintrag von Julien Green:

»Denke ich an den Tod, sage ich mir oft, daß es wie ein Erwachen sein wird … Und man wird mir Fragen stellen, wie man einen Reisenden ausfragt, der von weither zurückkommt. Aber ich werde mich nur an die Liebe erinnern.«[30]

IM LAUF DER ZEIT

Der Text hinter dem Text

Wie individuell und privat, wie existentiell und reflektierend ein Tagebuch auch sein mag – es entsteht immer zu einer bestimmten Zeit. Diesen zeitgeschichtlichen Hintergrund kann sich das Individuum nicht aussuchen. Neben Kultur, Religion und Gesellschaftsordnung findet es auch einen bestimmten technologischen Entwicklungsstand vor, der die Lebensumstände entscheidend prägt. All diese Faktoren spielen in Tagebüchern eine Rolle. Sie tauchen quasi als Text hinter dem Text auf – als Einfärbung, Voraussetzung oder als Rahmen der eigenen Existenz.

In Tagebüchern kann man daher zweierlei beobachten. Einmal ihre Verschiedenheit aufgrund der unterschiedlichen historischen und gesellschaftlichen Umstände und ein anderes Mal die Ähnlichkeit der Fragen, die die Menschen bewegen. Fragen nach dem Sinn von Leben und Sterben, nach Erfüllung und Vergeblichkeit, nach Individuation und Teilhabe. Friedrich Hebbel notierte 1837 in seinem Tagebuch:

»Der Mensch kann eigentlich sein Ich aus der Welt gar nicht wegdenken. So fest er mit Welt und Leben verwebt ist, ebenso fest, glaubt er, seien auch Leben und Welt mit ihm verwebt.«[31]

Aber das Leben geht leider auch ohne den Einzelnen weiter. Und das bleibt der Stachel der Auseinandersetzung mit dem, was die eigene Existenz überhaupt ausmacht.

Der Text hinter dem Text ist bereits für den Tagebuchschreibenden selbst interessant, wenn er seine Einträge später wiederliest. Was hat sich an den Umständen und an der Sichtweise auf das eigene Leben während der letzten Jahre geändert? Warum hat er bestimmte Dinge einmal als vollkommen selbstverständlich hingenommen? Vorschriften und Glaubensinhalte, soziale Rollen und Muster zum Beispiel. Wie hat er sich in den vorgegebenen Strukturen und Abhängigkeiten, in denen er aber dennoch eine Wahl hatte, verhalten? Dag Hammarskjöld schreibt dazu:

»In jedem Augenblick wählst du dein Selbst. Aber wählst du – dich selbst? Körper und Seele haben tausend Möglichkeiten, aus denen du viele *Ich* bauen kannst. Doch nur eines von ihnen ergibt die Kongruenz zwischen dem, der wählte, und dem Gewählten.«[32]

Nach Kriegen und gesellschaftlichen Umwälzungen kommt die Frage auf, wie man bestimmte Einschränkungen oder Unterdrückung ertragen konnte. Oder umgekehrt, warum man bestimmte Freiheiten und glückliche Umstände zuvor gar nicht als solche erkannte und sie erst jetzt, wo sie nicht mehr vorhanden sind, schmerzlich vermisst.

In diesem Text hinter dem Text wird oft geronnener Zeitgeist sichtbar und ebenso die Fähigkeit von Menschen, sich einem bestimmten Zeitgeist zu entziehen, ihn zu überwinden und die *Verbindung mit dem Universellen* aufrechtzuerhalten. Wie hier, verfolgt, mitten im Krieg, 1942, vor der möglichen Deportation im besetzten Amsterdam, geschrieben von Etty Hillesum:

»Der Frieden kann nur dann zum echten Frieden werden, irgendwann später, wenn jedes Individuum den Frieden in sich selbst findet und den Haß gegen die Mitmenschen, gleich welcher Rasse oder welchen Volkes, in sich ausrottet, besiegt und zu etwas verwandelt, das kein Haß mehr ist, sondern auf weite Sicht vielleicht sogar zu Liebe werden könnte. Aber das ist vermutlich zuviel gefordert. Und doch ist es die einzige Lösung.«[33]

Umgekehrt zeigen Tagebücher, was dem Schreiber oder der Schreiberin in ihrer Zeit so selbstverständlich war, dass es nicht eigens thematisiert wurde. Die Rollenmuster von Männern und Frauen beispielsweise oder die Verteilung von Reichtum und Armut, die Eintönigkeit der Arbeit oder bestimmte Erziehungsmethoden.

Dem späteren Leser dieser Tagebücher mag dies merkwürdig vorkommen. Es unterstreicht, dass jeder Tagebuchschreiber unabsichtlich und ganz nebenbei auch ein Sittengemälde seiner Zeit aufzeichnet.

Manchmal sind es kleine Details, die nachfolgenden Generationen zeigen, dass ein medial erzeugtes Bild keineswegs mit der Wirklichkeit übereinstimmen muss. Als eine junge Frau in einem Tagebuch aus DDR-Zeiten über den Briefwechsel des Tagebuchschreibers mit Freunden in den USA, in Frankreich und England las, fragte sie erstaunt: War es denn möglich, in der DDR Briefe aus diesen Ländern zu empfangen und welche dorthin zu schicken? So werden Tagebücher – ob intendiert oder nicht – immer auch zu Zeitzeugen.

Tagebücher werden zu Zeitzeugen

Tagebuchschreiben ist auch eine Geschichtsschreibung von unten. Was einmal alltäglich war und heute fast vergessen ist, findet sich in Tagebüchern direkt oder indirekt gespiegelt. Das betrifft zum Beispiel die jüngere Geschichte: Warum durften Eltern ihre Kinder straflos schlagen, quälen, ausbeuten – auch in Europa und bis zum Ende des 20. Jahrhunderts? Warum galten die Menschenrechte nicht für Kinder? Warum durften noch in den 1970er Jahren in Westdeutschland Männer den Arbeitsvertrag ihrer Ehefrauen kündigen?

Das betrifft aber auch weiter zurückliegende historische Ereignisse, zum Beispiel die Revolution von 1918/19 in Berlin. Die Geschichtsbücher beschreiben Barrikadenkämpfe und Truppenbewegungen. Wenn man dann einen Tagebucheintrag von Harry Graf Kessler vom Januar 1919 liest, kann man sich nur verwundert die Augen reiben:

»Abends in einem Kabarett in der Bellevue Strasse. Rassige spanische Tänzerin. In ihre Nummer krachte ein Schuss hinein. Niemand achtete darauf. Geringer Eindruck der Revolution auf das grossstädtische Leben. Dieses Leben ist so elementar, dass selbst eine weltgeschichtliche Revolution wie die jetzige wesentliche Störungen darin nicht verursacht. Das Babylonische, unermesslich Tiefe, Chaotische und Gewaltige von Berlin ist mir erst durch die Revolution klargeworden …«[34]

In Tagebüchern lassen sich Einzelheiten über medizinische Behandlungen oder kosmetische Mittel nachlesen, die zum Beispiel 1664 nach einem Ehestreit von Samuel Pepys notiert und damit überliefert wurden:

»Nach dem Aufstehen mit meiner Frau gestritten, nachdem sie mir verraten hatte, ihr Gesicht mit dem Urin von Hundewelpen eingerieben zu haben. Dazu angestiftet hatte sie Tante Wight, die damit etwas gegen ihr hässliches Gesicht tun will.«[35]

Und man kann in Tagebüchern auch etwas über das Reisen und die Gründe dafür erfahren. David Livingstone, der berühmte englische Forscher, der viele Jahre im Kongo unterwegs war, notierte 1869:

»Die Neugierde der Leute fällt mir sehr auf die Nerven. Immer wieder die Frage: Wenn ihr zu Hause zu essen habt, warum kommt ihr hierher und kauft für gute Perlen gewöhnlichen Mais?«[36]

Der einzig glaubhafte Grund, sich von zu Hause wegzubewegen, war für die Einwohner des Kongo damals die Vorstellung, dass man dort, wo man herkäme, nichts zu essen habe. In der Fremde für wertvolle Perlen Essen zu kaufen schien ihnen eine durch und durch unglaubwürdige soziale Situation.

Natürlich gibt es auch eine ganze Reihe von später publizierten Tagebüchern, die von vornherein als *Zeitzeugnis*, als ein Blick hinter die Kulissen geplant und angelegt waren und die kaum oder gar nicht den Aspekt der Selbstreflexion und der Selbsterfahrung zum Ziel hatten. Sie sind Zeitgeschichte aus einem bestimmten Blickwinkel. Aufgrund ihrer privilegierten Situation übermitteln die Schreibenden ungewöhnliche Perspektiven und Einsichten. Die Tagebücher der Brüder Edmond und Jules de Goncourt sind dafür ein Beispiel. Sie übermitteln Anekdoten über die Liebesgewohnheiten des französischen Kaisers, über die letzten Worte Heinrich Heines auf dem Totenbett oder die erste Liebe von Gustave Flaubert. Auch Tagebücher von Diplomaten oder Prinzessinnen am preußischen Hof lassen im Nachhinein Einblicke zu, die für die Zeitgenossen unmöglich waren.

Interessant ist aber, dass auch Tagebuchschreibende, die keine solchen besonderen Einblicke hatten, zu Zeitzeugen werden können und Blicke hinter die Kulissen ermöglichen, obwohl diese nicht vordergründig intendiert waren. Ein Beispiel findet sich bei Klaus Mann, der im April 1932 notiert:

»E im Carlton wiedergetroffen … – Direkt am Nebentisch: Adolf Hitler, in blödester Gesellschaft. Seine geradezu auffallende Minderwertigkeit. Äusserst unbegabt; die Faszination, die er übt, grösste Blamage der Historie; gewisser sexualpathologischer Einschlag kann nicht alles erklären.«[37]

Relativ selten sind dagegen Tagebücher wie die von Alma Mahler-Werfel, die einerseits höchst persönlich und reflektierend sind und zugleich ein ganzes Panorama der Welt ringsum zu dokumentieren vermögen. In diesem Fall ist es das musikalische Leben in Wien um 1900.

Auch das Tagebuch der Etty Hillesum stellt eine ausgesprochene Besonderheit dar, da sie es schafft, mit einem selbsterkundenden Blick zugleich universale Themen anzusprechen und dabei den historischen Rahmen nur ganz beiläufig zu erwähnen. Womöglich gerade deshalb ersteht dieser umso prägnanter vor dem Auge des Lesers.

Alle Herrschaft beruht auf dem Vergessen der Beherrschten. Darum sind Tagebücher eine so unersetzliche Quelle. Sie können zu unbestechlichen Zeitzeugen werden, die so manche Schutzbehauptung späterer Zeiten entlarven. Victor Klemperer beispielsweise listete im

Juni 1942 die Verbote auf, die für Juden nach und nach in Kraft gesetzt wurden. Knapp und nüchtern zählt er die Einschränkungen seines Lebens auf, sodass er, obgleich selbst unmittelbar betroffen, hier als sachlicher Chronist seiner Zeit fungiert:

»1) Nach acht oder neun Uhr abends zu Hause sein. Kontrolle! 2) Aus dem eigenen Haus vertrieben. 3) Radioverbot, Telefonverbot. 4) Theater-, Kino-, Konzert-, Museumsverbot. 5) Verbot, Zeitschriften zu abonnieren oder zu kaufen. 6) Verbot zu fahren … 7) Verbot, ›Mangelware‹ zu kaufen. 8) Verbot, Zigarren zu kaufen oder irgendwelche Rauchstoffe. 9) Verbot, Blumen zu kaufen. 10) Entzug der *Milch*karte. 11) Verbot, zum Barbier zu gehen …«[38]

Und auch zwei Tagebucheinträge eines Waffendienstverweigerers der DDR von 1977 setzen sich mit der unheilvollen Epoche deutscher Geschichte auseinander:

»Vergasung noch immer aktuell: ›Das werde ich mit Ihnen üben bis zur Vergasung.‹ Der Offizier sagt diesen Satz nicht böse zu Dir, nur gereizt, nur nachdrücklich und vollkommen unbewusst. Du hast Dich nicht in angemessener Weise vor ihm gedemütigt. Jetzt lässt er Dich immer wieder auf und ab gehen und grüßen, und auf und ab gehen und grüßen, und auf und ab gehen und grüßen. Die Vergasung bleibt noch aus …«

Und einen Tag später:

»Ich bin zweiundzwanzig / Wir schreiben das Jahr / Siebenundsiebzig / Dreiunddreißig Jahre / Nach Vierundvierzig / Es wird noch immer / Deutsch gesprochen / Damit wir uns / Richtig / Verstehen / Das üben wir bis zur Vergasung / Höre ich / Als Pazifist / Wieder / Hinter Stacheldraht.«[39]

Manchmal, in verzweifelten Situationen, sind Tagebucheinträge für den Einzelnen ein Rettungsring. Manchmal werden sie – ganz unerwartet – zur Flaschenpost. Ungewiss, ob sie eines Tages an fremden Ufern an Land gespült wird, ungewiss, ob sie dann noch zu entziffern ist. Aber wenn, dann kann sie zu einem unaufdringlichen Zeitzeugen werden.

Generationen, die später kommen

Tagebuchschreiber sind der Gegenwart verpflichtet, dem Moment und der genauen Wahrnehmung dessen, was in dem jeweils konkreten Moment geschieht. Zugleich aber blicken sie in die möglichen Zukünfte – ihre individuellen sowie die der Menschheit insgesamt.

Denn zu einem erfüllten Leben gehört auch der Gedanke an die Generationen, die nachkommen werden. Gerade hier wird spürbar, wie das Individuelle und das Universale einander bedingen und zugleich ineinander übergehen. Der innere Zusammenhang dieser beiden Elemente wird in dem folgenden Eintrag hervorgehoben. Er ist zwar empirisch nicht zu beweisen, aber man versteht die existentielle Wahrheit, die sich darin für die Tagebuchschreiberin verbirgt:

»Es geht nicht anders, ich werde meine Probleme lösen müssen. Dabei habe ich immer das Gefühl, daß ich damit, daß ich sie für mich selbst löse, sie auch für tausend andere Frauen löse.«[40]

Interessant sind auch bestimmte Ahnungen, die jemand über mögliche Zukünfte hegte. Nicht selten werden Gedanken, die in einer konkreten historischen Situation nicht die geringste Chance hatten, verwirklicht zu werden, einem Tagebuch anvertraut. Und 200 Jahre später haben sie eine enorme Kraft entfaltet und Eingang in verschiedene europäische Verfassungen gefunden. Stendhal schreibt 1817:

»Die absolute Gleichberechtigung der Frau wäre das sicherste Zeichen der Zivilisation; sie würde die Geisteskräfte des Menschengeschlechts und seine Glücksmöglichkeiten verdoppeln ... Um das Jahr 2000 werden solche Gedanken nicht mehr lächerlich sein.«[41]

Die Sorge von Tagebuchschreibenden über die Zustände des gesellschaftlichen Lebens können nach 150 Jahren noch berühren und zu der Frage verleiten, warum es progressive Gedanken, die dem Wohl der Menschheit dienen, so schwer haben, sich in der jeweiligen Gegenwart durchzusetzen. Schon 1854 schreibt Eugène Delacroix in sein Tagebuch:

»Das gesellschaftliche Leben will, daß jeder für sich arbeitet und sich wenig um den anderen kümmert. Wir sollen uns unseren kurzen Lebenslauf so lustig wie möglich machen und es denen, die nach uns kommen, überlassen, sich so gut sie können aus der Patsche zu ziehen.«[42]

Bei aller Selbstzentrierung sind es gerade tagebuchschreibende Menschen, die Dinge vorauszudenken und vorwegzunehmen verstehen, die sonst im alltäglichen Leben eher in Vergessenheit zu geraten drohen. Mit dieser Mahnung von Ralph Waldo Emerson aus dem Jahre 1844 soll dieser Teil enden:

»Halte denen, die nach dir kommen, immer die Tür offen und versuche nicht, die Welt zu einer Sackgasse zu machen.«[43]

V. TAGEBUCH UND ERINNERUNG

WORAN MAN SICH NICHT ERINNERN KANN, DAS IST WIE NIE GEWESEN

Sich zu erinnern ist doch selbstverständlich – oder?

Sich zu erinnern ist so selbstverständlich, dass es oft gar nicht bemerkt und in Tagebüchern thematisiert wird. Wie komplex dieser Vorgang ist, wird meist erst in dem Moment bewusst, wenn man sich beim besten Willen nicht mehr erinnern kann. Dabei dominiert im Alltagsbewusstsein die Vorstellung, sich zu erinnern sei vor allem ein geistiger Prozess, der entweder assoziativ oder systematisch stattfindet – oder eben ausbleibt.

Erinnerung ist jedoch ein ganzheitlicher Prozess, der die *geistige*, *emotionale* und *körperliche* Dimension gleichermaßen umfasst. Das ist zum Beispiel gut zu erkennen, wenn man morgens erwacht und sich daran erinnert, wer man eigentlich ist. Dieses »Zu-sich-Kommen« ist genau genommen eine Erinnerung daran: wer, wo und wie man in dieser Welt ist, was von einem erwartet wird und welche Rollen man darin spielt.

Das geschieht in einem unglaublich schnellen Durchlauf: durch das Spüren des Körpers, durch das Hören und Einordnen von Geräuschen, durch das Fühlen der Temperatur, der Luft und der Bettdecke, durch das Sehen und Erkennen der Umgebung, der Farben, des Raumes, durch das Riechen von vertrauten oder unvertrauten Gerüchen und nicht zuletzt durch das Denken an die Aufgaben, die man zu erledigen hat, und die Wahrnehmung der eigenen Emotionen.

Diese Form des komplexen Erinnerns wird gern übersehen, weil sie einem so selbstverständlich vorkommt, dass man sie kaum bemerkt. Abgeleitet von diesem Erinnerungsvorgang kann man sagen, dass auch Erinnerungen im Alltag auf allen zuvor beschriebenen Ebenen möglich sind und dass das *Gedächtnis* sowohl durch die nach außen gerichteten Sinne als auch durch die körperliche Selbstwahrnehmung aktiviert werden kann: also durch Bilder oder Farben, Formen oder Emotionen, Gerüche oder Worte und nicht zuletzt durch die eigenen Gedanken.

Im Zusammenhang von Tagebuchschreiben und Erinnern geht es hier zunächst um *unwillkürliche und assoziative Erinnerungen*. Diese spontanen Erinnerungen sind in der Regel unbewusst und können wie Blitze sein: überraschend, schnell und kurz. Sie werden als unliebsame Störungen oder überraschende Geschenke wahrgenommen. Je nachdem.

Wieviel Raum man diesen Erinnerungen gibt, entscheidet man selbst, doch hängt es auch davon ab, welches Konzept von *Realität* in einer Kultur dominant ist, weil das wiederum den Einzelnen prägt. Wenn in einer Kultur nur das Gegenwärtige und vor allem das Zukünftige mit Realitätsgehalt aufgeladen wird, haben spontane Erinnerungen im Alltag – auch individuell – nur wenig Raum. Man will ja nicht als Tagträumer gelten.

Wer sich selbst fragt und beobachtet, wie viel Zeit er sich am Tag für das spontane, genussvolle, *innehaltende Erinnern* einräumt, wird häufig bemerken, dass es nur Sekunden oder wenige Minuten sind. Es sei denn, man tut dies beim Tagebuchschreiben ganz bewusst. *Innehalten* ist ein schönes Wort, das einen Weg weist. Es geht nicht nur um ein *Anhalten* im Sinne von einfach mal stehen bleiben, sondern um ein *Nach-innen-Gehen und Halten*.

Spontanes Erinnern zuzulassen oder eben nicht hat etwas mit unbewussten Zeitkonzepten zu tun. Dabei wäre es doch schön, im Alltag durch einen Geruch, eine Farbe oder ein Lied plötzlich und unwillkürlich an eine Episode des eigenen Lebens erinnert zu werden und dieser nachzuspüren. Besonders wenn es positive Erinnerungen sind. Es erfordert allerdings etwas Mut, sich die Zeit zu nehmen, über diese spontan aufkommende Erinnerung und deren Bedeutung nachzudenken und sich *daran* und *darüber* zu freuen, um sie dann – hin und wieder – auch zu notieren.

Noch größer ist die Herausforderung, wenn man sich spontan an negative oder belastende Dinge erinnert. Leicht ist man versucht, obendrein mit »gutem Gewissen«, diese schnell wieder zu verdrängen und zur Tagesordnung überzugehen. Dabei können in diesen Erinnerungen, ähnlich wie in einem Traum, wertvolle Hinweise verborgen sein – wenn man bereit ist, sie zu entschlüsseln.

Im Tagebuch notiert man: Musste heute an dieses oder jenes zurückdenken. Und man überlegt, was das zu bedeuten habe. Dadurch wird unbewusstem Erinnern Raum gegeben, man tritt in Kontakt zum eigenen Innenraum und fragt sich vielleicht: Wollen diese Erinnerungen mich vor etwas warnen? Von etwas abhalten? Mich dazu bewegen, in der gegenwärtigen Situation anders zu handeln als damals?

Im Moment präsent zu sein heißt also nicht nur, sich im Alltag auf etwas zu konzentrieren, sondern zugleich wahrzunehmen, was im Augenblick im eigenen Inneren geschieht.

Unwillkürliche Erinnerungen können ein Schlüssel sein zur besseren Orientierung in der Gegenwart und für weiterreichende Entscheidungen, die die Zukunft betreffen. Vorausgesetzt, man macht sich zumindest eine kleine Notiz für das Tagebuch, falls gerade keine Gelegenheit ist, dem genauer nachzugehen. Man kann dies dann später tun und sich in dem Zusammenhang beim eigenen Gedächtnis bedanken, dass es einem solche Erinnerungsblitze ungefragt und kostenlos zur Verfügung stellt.

Außerdem kann man annehmen, dass das Zulassen und Wertschätzen spontaner Erinnerungen die Fähigkeit stärkt, sich auch *bewusst* und *systematisch* erinnern zu können. Aber es verlangt eine gewisse Übung, diese Erinnerungen überhaupt wahrzunehmen und bis zu einem bestimmten Maße auszudehnen, statt sie sofort wieder zu verdrängen.

Erst wenn durch Krankheit, Ruhestand oder andere einschneidende Erlebnisse das Rennen durchs Leben ziemlich abrupt gebremst wird, fragen sich viele, wo die Jahre eigentlich geblieben sind. Manchmal bleiben dann nur schemen- oder bruchstückhafte Episoden zurück. Die Jahre rutschen ineinander, und es scheint, als ob das gelebte Leben hinter einer Nebelwand verborgen sei, die nur hin und wieder zufällige Erinnerungsfetzen ins Bewusstsein dringen lässt.

Da ist es vorteilhaft, wenn man Tagebuch geschrieben und dort Gedanken und Gefühle, Sehnsüchte und Fehler, Siege und Niederlagen notiert hat, um eines Tages zurückkehren zu können, zu Zeiten, die nun weit zurückliegen und vor einem selbst mehr oder weniger verborgen sind. James Boswell formulierte diesen Gedanken 1764 im Tagebuch:

»Abends überlegte ich in meiner Trägheit, warum ich mir eigentlich so viel Mühe mit dem Schreiben dieses Tagebuchs mache … Natürlich kann ich darüber sterben – aber vielleicht bleibe ich ja auch am Leben, und welche Schatzkammer wäre dann dieses mein Tagebuch für meine alten Tage.«[1]

Unwillkürlich, bewusst und systematisch

Unwillkürliche Erinnerungen können, obwohl unbewusst ausgelöst, dennoch auf eine bewusste Ebene geholt und zum Gegenstand konkreten Erinnerns und Nachdenkens gemacht werden. Bei diesen unwillkürlichen Erinnerungen bestimmt das Unbewusste – im Zusammenspiel mit einem äußeren oder inneren Anlass –, woran man sich gerade erinnert und woran nicht.

Das ist ein weitgehend spontaner Vorgang, der (ebenso wie beim *unwillkürlichen Schreiben* und der Beobachtung und Versprachlichung von Träumen) einen Zugang zum Unbewussten ermöglicht.

Man kann sich zum Beispiel fragen, welche Erinnerungen man gerne zulässt. Und wenn, wie lange? Wann und wodurch enden sie? Werden sie unschärfer? Oder enden sie durch eine willkürliche Setzung? Wer bestimmt das? Was sind die Kriterien dafür?

Erinnerungen können auch auf ihre Richtung hin untersucht werden: Ziehen einen die Assoziationen aus dem Alltag heraus? Wohin? Zurück in vergangene Zeiten? Oder brechen diese Erinnerungen quasi in den Alltag ein, weil sie eine bestimmte Botschaft haben, einen Gehalt, eine lenkende oder umlenkende Kraft?

Neben dem spontanen und unwillkürlichen Erinnern spielt das *vorsätzliche,* also *bewusste* Erinnern eine mindestens ebenso bedeutende Rolle. Man will sich ein Ereignis oder einen Zusammenhang, eine Begegnung oder Situation ins Gedächtnis *rufen.* Was für eine wunderbare Formulierung. Denn wo ist die Erinnerung eigentlich, wenn sie nicht gerufen wird? Und warum *erscheint* sie einmal im Gedächtnis und ein anderes Mal gerade nicht? Selbst wenn die Erinnerung gerufen wird, will sie ja häufig einfach nicht kommen. Das Gedächtnis lässt einen oft in beschämender oder erschreckender Weise im Stich.

Das ist insofern kein Wunder, als das Gedächtnis und vor allem der Vorgang des Sich-etwas-in-Erinnerung-Rufens wenig gelehrt und gelernt wird. Das heißt bildlich gesprochen, der *Erinnerungsmuskel* wird selten trainiert und erlahmt nach und nach. Erinnerungen verblassen, werden immer schneller »überschrieben« und auf diese Weise ausgelöscht.

Bereits die bewusste Erinnerung an einen Film, den man vor einem Monat gesehen, ein Gespräch, das man in der letzten Woche geführt hat, vermögen viele kaum noch zu vergegenwärtigen. Es sei denn, es wurde etwas im Tagebuch notiert. Aber warum kann man sich oft nur undeutlich erinnern? Warum ist auf das Gedächtnis so wenig Verlass?

Unstrittig ist jedenfalls, dass alles, was man durch mangelnde Präsenz in einem bestimmten Moment nicht wahrgenommen hat, später auch nicht als Erinnerung abrufbar ist, selbst wenn das Gedächtnis perfekt funktionieren und alles vollständig speichern würde. Auch seltene Momente sind dann für immer verflogen, wie Dag Hammarskjöld sie hier beschreibt:

»… geteiltes zeitloses Glück, / durch eine Handbewegung, / durch ein Lächeln vermittelt. / Dank den Menschen, die mich das lehrten. Dank den Tagen, die mich das lehrten.«[2]

Systematisches Erinnern bedeutet im Unterschied zum spontanen Erinnern, dass man mit Hilfe einer gewissen Systematik Erinnerungen hervorruft. Da bietet das Tagebuch durch seine Struktur und zeitliche Gliederung vielfältige Möglichkeiten.

Mancher meint, um dem Gedächtnis aufzuhelfen und sich systematisch zu erinnern, genüge es, sich alte Kalender anzusehen. Tatsächlich ließe sich mit ihnen eine gewisse Reihenfolge von Ereignissen der Vergangenheit wiederherstellen. Kalendereinträge sind allerdings nur die abstrakten Hüllen eines durcheilten Lebens. Manchmal können die Notizen darin vielleicht bestimmte Assoziationen auslösen, meist aber bleiben sie, vor allem nach Jahren, blass und inhaltsleer. Da wird zwar angezeigt, wann bestimmte Termine, Treffen oder Ereignisse stattfanden, aber nur selten, worum es dabei ging, und schon gar nicht, was die Substanz und der Sinn gewesen ist. Innere Vorgänge und Erkenntnisse, Deutungen und Entwicklungen bleiben erst recht außen vor.

Umgekehrt lassen sich assoziative Erinnerungen, die spontan im Alltag in einem aufsteigen, nicht ohne weiteres bestimmten Terminen zuordnen. Wann war dieses wunderbare Gespräch? Wer hatte diese neue Idee aufgebracht? Spontane Erinnerungen treten ja, wenn sie überhaupt bemerkt werden, nicht in der Reihenfolge auf, in der sie stattgefunden haben.

Im Tagebuch ist mal wieder alles anders. Hier kann man nicht nur den Ort und die Zeit eines Erlebnisses wiederfinden, sondern vor allem auch das, was damals als wesentlich empfunden wurde. Das Tagebuch präsentiert im Nachhinein immer eine individuelle Auswahl (anders als im Kalender, der *gleich-gültig* und unterschiedslos alles festhält). Und dann findet sich im Tagebuch, ebenfalls im Gegensatz zum monotonen

Kalender, gedehnte oder verdichtete, fokussierte oder vertiefte und in jedem Fall gefilterte Zeit. So wird durch das Tagebuchschreiben eine kreative Synthese von Bewahren und Vergessen hervorgebracht.

Wenn das Gedächtnis zum Beispiel nur noch mitteilt, dass da etwas gewesen ist, aber nicht mehr, wo und in welcher Form es sich ereignet hat, kann man zum Tagebuch greifen, gezielt und *systematisch* nachforschen und auf diese Weise das Gedächtnis anreichern, anregen und obendrein wieder spontane Erinnerungen auslösen. Und man kann sich noch weiter erinnern und in tiefere Schichten vordringen, da man im Tagebuch selbst wieder Texte oder Hinweise auf frühere Erinnerungen findet, die man bereits damals notiert hat.

Selbst wenn man jahrelang nicht in den eigenen Tagebüchern nachgelesen hat, verleiht deren bloße Existenz eine enorme Kraft, einen Halt und die Gewissheit, in jedem beliebigen Moment zu ihnen zurückkehren zu können, um ein Kapitel des eigenen Lebens noch einmal differenziert an sich vorbeiziehen zu lassen und sich damit am Ende selbst besser zu verstehen. Mit einem Wort geht es darum, die *Verantwortung* für das eigene Erinnern zu übernehmen.

Mit Hilfe eines Tagebuchs kann man dieses bewusste, kreative und strukturierte Erinnern gestalten, das die Lebensqualität merklich erhöht. Dabei geht es natürlich nicht so sehr um die Anzahl, sondern vor allem um die Qualität der Erinnerungen.

Was die Grenzen von Erinnerung angeht, gibt es noch ein anderes interessantes Phänomen. Es ist ja so, dass selbst diejenigen, die regelmäßig Tagebuch schreiben, aus irgendwelchen Gründen in bestimmten Phasen ihres Lebens ein paar Wochen oder Monate ihr Tagebuch nicht weiterführen können oder wollen. Wenn sie dann später nachschlagen, stoßen sie auf diese Leerstellen in der eigenen Biographie.

Diese Monate des nicht verschriftlichten und reflektierten Lebens fühlen sich dann an, als wären sie nie vorhanden gewesen. Nicht mehr nachvollziehbar, was da in und mit einem geschehen ist, und beim besten Willen lässt sich dieser Zeitraum nicht mehr mit einem Terminkalender auffüllen. Dann rettet nur ein Gedanke: Zum Glück gibt ja das Tagebuch über die meiste Zeit des eigenen Lebens Auskunft. Nicht auszudenken, wenn das ganze schon gelebte Leben in einem solchen schwarzen Loch versinken und nur durch seltene und zufällige Erinnerungsblitze erhellt würde. Wie merkwürdig leer und dünn käme einem die eigene Existenz vor.

Erinnern und Vergessen sind keine Gegensätze

Es ist natürlich und normal, das meiste im Leben wieder zu vergessen. Nicht vergessen zu können wäre ebenso ein Albtraum, wie sich an nichts mehr erinnern zu können. Das regelmäßige und ständige Vergessen von tausenden von Einzelheiten und Kleinigkeiten macht es überhaupt erst möglich, Neues wahrzunehmen und in der Gegenwart präsent zu sein. Aber wenn alles, was man erlebt und erfahren hat, dem Vergessen gleichermaßen anheimgestellt wird, weil nichts notiert wurde? Wenn dadurch ungewollt alles gleich wichtig, gleich unwichtig, gleich-gültig wird?

Zweifellos kennt jeder den inneren Impuls: Das war etwas Wesentliches! Das war ein berührender Gedanke oder eine wunderbare Geste. Das war ein kultureller Höhepunkt, ein interessantes Erlebnis. Dann nimmt man sich oftmals fest vor, diesen Moment nicht zu vergessen. Aber selbst dann: Nach ein paar Tagen oder Wochen scheitert der Versuch, sich daran zu erinnern, und man muss feststellen, dass dieser Eindruck, diese Geste, dieser Gedanke wieder entschwunden ist. Mit der Zeit stellt sich darüber eine gewisse Resignation ein. Es bleibt ein Schulterzucken. Ein leises Bedauern. Und dann geht es weiter und weiter und weiter.

Genau an dieser Stelle ist das Vergessen keine gute Art mehr, sich von diversem Ballast zu befreien. Es wird zu einer Geisteshaltung. Vorbei ist vorbei. Es kommt ja wieder etwas Neues und wieder etwas Neues.

Das Argument, man vergesse zwar das meiste, aber das Wichtige werde schon irgendwo in einem aufgehoben sein, muss bezweifelt werden. Denn ohne bewusstes und strukturiertes Einprägen ist ja Wichtiges und Überflüssiges, Besonderes und Banales, Weitreichendes und Oberflächliches gleich tief oder gleich flach im Gedächtnis verankert und gerade der gezielten Erinnerung nicht ohne Weiteres zugänglich. Und es fehlt die Möglichkeit, durch das Wiederhervorholen und Wiederlesen bestimmte Einflüsse, Gedanken oder Erlebnisse stärker als andere auf sich einwirken zu lassen und damit dauerhafter im Gedächtnis zu verankern.

Kann ein interessanter Vortrag nach einem Jahr wieder ins Gedächtnis gerufen werden? Wenn man sich die wesentlichen Gedanken notiert hat, schon. Ansonsten eher nicht. Und da man sich seine Notizen immer wieder vornehmen kann, führt das dazu, dass sie das Denken, Fühlen und Erinnern nachhaltig beeinflussen und prägen.

Das wäre eine Form des kreativen und strukturierten Erinnerns, die verhindern kann, dass alles in einem allgemeinen Rauschen untergeht. Bestimmten Themen kann mehr Raum im Inneren gegeben werden, und man kann sie sich bewusster aneignen. Allmählich entsteht so eine Struktur im eigenen Gedächtnis, und es besteht nicht aus einer Halde unsortierter Bruchstücke.

In Analogie zu dem, was weiter oben über die Zukünfte gesagt wurde, wäre auch anzumerken, dass die eigene Vergangenheit, an die man sich erinnert, nicht nur *eine* Vergangenheit ist. Auch sie müsste eigentlich als *Vergangenheiten* bezeichnet werden. Man kann sich ja sowohl an Zeiten der Kraft und Zuversicht als auch an solche der Niedergeschlagenheit und der Verluste erinnern.

Aber welche Deutung der damaligen Ereignisse ist die *eigentliche* Vergangenheit? Zumal sich die Deutungen wandeln können. Einmal spontan durch die Zeit, einmal durch bewusstes Umdeuten. Frühere Niederlagen wurden vielleicht zum Ausgangspunkt neuer Entwicklungen. Ein vermeintlicher oder sogar wirklicher Sieg wandelt sich im Nachhinein in eine Niederlage, weil sich der Weg, der daraus folgte, als Sackgasse erwies. Das heißt, selbst die im Tagebuch fixierte Vergangenheit ist nicht unveränderlich. Im Sinne kalendarischer Reihenfolge schon, aber in der heutigen Interpretation dessen, was damals geschehen ist, keineswegs. Über das Erinnern und Vergessen schrieb Bruce Frederick Cummings im Mai 1911:

»Verbrachte ein paar glückliche Tage beim Lesen alter Tagebücher. Ich war bekümmert und erstaunt, wie viel ich vergessen hatte. Die Vergangenheit so leicht zu vergessen, scheint mir nicht sehr treu gegen sich selbst.«[3]

Sich nicht mehr erinnern können

Vergessen ist (von Unfällen und zeitweiligen Rauschzuständen abgesehen) immer ein gradueller und kein absoluter Prozess. Zumindest weiß man am Morgen meist noch, wer man ist. Aber das Verhältnis von dem, woran man sich gern noch erinnern würde, was sich jedoch beim besten Willen nicht mehr ins Gedächtnis rufen lässt, zu dem, woran man sich jederzeit erinnern kann, verschiebt sich, wenn man nicht etwas dagegen tut, unmerklich immer mehr in die Richtung des großen Vergessens. Paul Valéry:

»Erinnerung ist unauslöschlich. Doch der Weg der Erinnerung geht verloren …«[4]

Die Frage, die sich aufdrängt, ist, ob die kulturell vermittelte *Abwertung des Erinnerns* zugunsten einer ständigen Zukunftsfixierung nicht noch andere ungewollte Folgen hat.

Die sogenannte Zivilisationskrankheit Alzheimer hat mit biochemischen Prozessen und der Tatsache zu tun, dass Menschen heute älter werden als früher. Aber könnte sie nicht auch damit zusammenhängen, dass sowohl unwillkürliches als auch bewusstes und strukturiertes Erinnern selten geübt, praktiziert und trainiert wird? Dass einem jahrzehntelang das Innehalten und Erinnern durch eine immer stärkere Orientierung auf die Zukunft regelrecht ausgetrieben wird und dass das alltägliche Leben davon geprägt ist, immer schneller zu vergessen?

Aus diesem Blickwinkel betrachtet könnte die gefürchtete Krankheit eine konsequente Fortsetzung einer kulturellen Haltung sein, die dem individuellen Sich-Erinnern keine Zeiten, keine Räume, keinen Stellenwert und keine Priorität gegenüber dem Immer-Neuen einräumt.

Bleibt es wirklich absolut folgenlos, wenn selbst unwillkürliche Erinnerungen, die einen »überraschen«, weggedrückt werden, statt sie zu würdigen und wertzuschätzen? Wenn bewusstes und systematisches Erinnern vernachlässigt wird? Hat das keinerlei Auswirkungen auf die Gehirntätigkeit und auf die Fähigkeit, sich im Alter bewusst, strukturiert und kreativ erinnern zu können? Es könnte sein, dass diese Überlegungen durch Studien eines Tages genauer belegt werden können.

Heute wird jedenfalls zur Alzheimer-Prophylaxe empfohlen, möglichst nicht zu rauchen, sich ausgewogen zu ernähren, sich häufig zu bewegen und das Gehirn zu trainieren, indem man auch im Alter weiter lernt und Neues erlebt. Aber sollte man nicht auch empfehlen, das eigene Gehirn von Jugend an zu trainieren, sich erlebte Dinge zu vergegenwärtigen, Wesentliches von Unwesentlichem zu unterscheiden und *bewusste Strukturen qualitativen Erinnerns* zu schaffen? Das Erinnern in den verschiedenen Lebensphasen zu kultivieren und womöglich mit einem Tagebuch zu unterstützen wäre zumindest eine ebenso empfehlenswerte Prophylaxe wie das Spazierengehen. Außerdem hätte es ein bisschen mehr mit dem eigenen Leben zu tun als das Lösen von Kreuzworträtseln.

Einfach nicht vergessen können

Ein Tagebuch hilft dem Gedächtnis und dem Erinnern, aber es kann einen auch bei genau dem Gegenteil unterstützen, nämlich mit Dingen und Erlebnissen besser umzugehen, die man partout nicht vergessen kann, obwohl man sie gerne vergessen würde.

Wenn sich Erinnerungen an bestimmte Ereignisse immer wieder aufdrängen, an vielen Tagen wiederkehren, einen vielleicht nicht mehr in Ruhe schlafen lassen, ist das sehr unangenehm und beeinträchtigt das Leben. Dabei kann es um eine zurückliegende Trennung gehen, um Kränkungen oder emotionale Verletzungen.

Die Erfahrung lehrt, dass der Versuch, diese Erinnerungen durch Ablenkung zu verscheuchen oder bewusst zu vergessen, eher das Gegenteil bewirkt. Sie melden sich dann noch intensiver, werden noch aufdringlicher. Für jemanden, der kein Tagebuch schreibt, könnte sich das Folgende merkwürdig anhören: Wenn man das, was sich immer wieder massiv in Erinnerung bringt, obwohl man es gern vergessen möchte, im Tagebuch aufschreibt, kann man es dadurch vergessen. Wie das?

Unangenehme Erinnerungen kommen in der Regel unwillkürlich und haben eine Verbindung mit dem Unbewussten. Sie drängen sich immer wieder auf. Es handelt sich dabei um eine spezielle Art des Wiederholungszwangs. Wenn man versucht, sie wegzudrücken und vor ihnen zu fliehen, kommen sie in der Regel umso stärker wieder. Besser ist es, ihnen entgegenzugehen und ihre Bedeutung für die Gegenwart zu entschlüsseln. Der erste Schritt ist, diese unangenehmen Erinnerungen nicht als ein *Übel*, als eine *Störung* anzusehen, sondern als Möglichkeit, auf etwas Wesentliches aufmerksam zu werden beziehungsweise etwas zu lösen. Man sollte bereit sein, nach innen zu hören oder zu sehen. Dies ist gerade hier ein Akt des *Selbstrespekts* und der *Selbstliebe*.

Die unangenehmen Erinnerungen sind oft bildhaft, wie ein Film, manchmal mit und manchmal ohne Tonspur. Deshalb muss man für die komplexen Erinnerungsbilder wieder Worte finden, sie also *mentalisieren*. Dann Sätze bilden, eine Rang- und Reihenfolge herstellen, sie sortieren und ergänzen. Das kann mit dem schon erwähnten *unwillkürlichen Schreiben* beginnen und nach und nach bewusster und strukturierter werden.

Das lässt sich noch intensivieren, indem man sich – wenn die Erinnerung kommt – vorstellt, den im Inneren ablaufenden Film in *Zeit-*

lupe anzusehen und dadurch immer mehr Details wahrzunehmen, die mit dieser Erinnerung einhergehen. Außerdem kann man durch gezielte Fragen genauer herausbekommen, warum eine Erinnerung so hartnäckig wiederkehrt. Wann taucht sie besonders gerne auf? Wodurch wird sie ausgelöst? Was ist die vordergründige Aussage? Steht dahinter noch eine andere? Welche Personen tauchen darin auf? Wofür stehen diese? Was bedeutet diese Erinnerung für die Gegenwart? Gibt es positive Aspekte, die darin zu erkennen sind? Wie reagiert der eigene Körper, wenn diese unangenehmen Bilder hochkommen? Welche Emotionen und welche Gefühlsbezeichnungen sind damit verbunden? Aus welchen zeitlichen Perspektiven können sie betrachtet werden?

Durch das Tagebuch erreicht man auf diese Weise eine Umkehrung: Versuchte man vorher, die Bilder zu löschen und die Erinnerung zurückzudrängen, werden sie jetzt willkommen geheißen. Der innere Druck mildert sich und die bedrängenden Bilder lassen nach.

Ganz am Ende, wenn die bedrückende Erinnerung nicht mehr ungewollt wiederkehrt, ist man auch frei, die darüber notierten Seiten einfach wegzuwerfen. Meist ist die konstruktive Art, wie man mit dieser unliebsamen Erinnerung umgegangen ist, allerdings so interessant, dass man die Notizen doch eher aufhebt.

Heute werden sogar Klienten im Coaching oder Patienten in Therapien dazu angeregt, Tagebuch zu schreiben. Es kann den therapeutischen Prozess wesentlich unterstützen und voranbringen, vor allem wenn der Coach oder der Therapeut selbst Erfahrungen mit den verschiedenen Dimensionen des Tagebuchschreibens gemacht hat.

DAS EIGENE LEBEN ALS SINNVOLLER GESAMTZUSAMMENHANG

Gesellschaftliches und individuelles Erinnern

Nach der Fokussierung auf das individuelle Erinnern mit seinen vielen Möglichkeiten und Dimensionen geht es nun um den Zusammenhang von individueller und gesellschaftlich-kultureller Erinnerung. Beide Ebenen lassen sich nicht präzise voneinander trennen, durchdringen einander und klingen in Tagebüchern gleichermaßen an.

Gesamtgesellschaftliche Entwicklungen sagen noch lange nichts über das individuelle Denken von Menschen aus. Manchmal können viele Individuen in sehr kurzer Zeit enorme gesellschaftliche Veränderungen auslösen. Andererseits ist der Einzelne Teil einer Kultur und einer Gesellschaft. Er ist ökonomischen, politischen und religiösen Prägungen ausgesetzt und hat aufgrund seiner Stellung in der Gesellschaft eine bestimmte Perspektive, aus der er oder sie die Situationen und Ereignisse wahrnimmt – und an die er oder sie sich dann entsprechend erinnert. Man ist in berufliche, politische oder gesellschaftliche Gruppen integriert und nimmt durch die Arbeit, durch Kultur und Politik direkt, durch die Medien indirekt an vielen gesellschaftlichen Ereignissen und Veränderungen teil.

Dazu kommen die eigene Familiengeschichte, bestimmte Geschwisterkonstellationen, soziale, familiäre, freundschaftliche Einflüsse und nicht zuletzt eine eigene Sicht auf die Welt und das Leben.

Daher ist es interessant, sowohl Tagebücher vergangener Zeiten und Epochen als auch authentische Tagebücher von Zeitgenossen zu lesen. Nicht nur der Blick hinter die Kulissen ist spannend, nicht nur die persönlich existentielle Ebene, sondern auch, wie andere die Komplexität ihres persönlichen und familiären, ihres beruflichen und gesellschaftlichen Lebens empfinden, und nicht zuletzt, wie sie damit umgehen.

Wie schaffen und nutzen andere ihre individuelle Freiheit? Gehen sie zu dem, was sie prägt, auf Distanz und hinterfragen dies? Wehren sie sich? Und wenn, wie?

Was aber passiert, wenn überhaupt kein Tagebuch vorhanden ist? Wenn das individuelle Gedächtnis und die individuelle Erinnerung persönlicher und gesellschaftlicher Ereignisse nicht durch Verschriftlichung fixiert, gestärkt und abgesichert werden? Dann treten in einem langsamen und schleichenden Prozess andere Erinnerungsangebote, Geschichten oder Erzählungen – vermittelt über die Medien – immer mehr an die Stelle der Wahrnehmung und Reflexion von persönlichen, gesellschaftlichen und politischen Ereignissen.

Dabei ist es relativ gleichgültig, von welchen Institutionen und Meinungsmachern, von welchen Zeitungen oder audiovisuellen Massenmedien die individuelle Wahrnehmung und Reflexion beeinflusst und die eigene Erinnerung ganz oder teilweise überschrieben wird. Hier kommt noch einmal alles das zum Tragen, was in den Abschnitten »Das Eigene und das Fremde«, »Denken und Manipulation«, »Wirkliche Individualität« und »Das Ausmaß der sozialen Kontrolle« beschrieben wurde.

Ein Tagebuch bewahrt Wahrnehmungen und Perspektiven auf sich selbst und auf die jeweiligen gesellschaftlichen Prozesse sehr viel zuverlässiger auf als das nachlässige Gedächtnis. Die Erinnerung kann dann weder durch eigene unbewusste Verschiebungen noch durch die interessengeleiteten Ambitionen anderer überschrieben werden. Erich Kästner formulierte dies so:

»Tagebücher präsentieren gewesenes Präsens. Nicht als Bestandsaufnahme, sondern in Momentaufnahmen. Nicht im Überblick, sondern durch Einblicke. Tagebücher enthalten Anschauungsmaterial, Amateurfotos in Notizformat, Szenen, die der Zufall arrangierte, Schnappschüsse aus der Vergangenheit, als sie noch Gegenwart hieß.«[5]

Da durch das Tagebuch eine eigene Struktur der Erinnerung geschaffen wird, gibt es im Inneren des Einzelnen kein Erinnerungs-Vakuum.

Die diversen Rückblicke in Zeitschriften oder Fernsehprogrammen, die regelmäßig am Ende des Jahres definieren wollen, was im zurückliegenden Jahr wichtig und wesentlich gewesen sei, sind zumeist *interessengeleitete Angebote*. Ist das, was da an Skandalen, Wirtschaftsentwicklungen, Sportnachrichten oder politischen Ereignissen zusammengefasst wird, bedeutsam für die Gestaltung des eigenen Lebens?

Natürlich sind die individuellen und die gesellschaftlichen Erinnerungen vielfach aufeinander bezogen und gehen ineinander über. Und die Teilnahme an gesellschaftlichen Diskursen wird sich auch im eigenen Tagebuch direkt oder indirekt niederschlagen. Aber es ist eine Frage der Gewichtung. Die individuelle Erinnerung und die persönliche Reflexion über das, was *in* einem selbst und um einen herum geschieht, sollte man sich von niemandem abnehmen lassen.

Was im zurückliegenden Jahr im eigenen Leben wichtig oder unwichtig war, sollte man besser selbst entscheiden, statt es sich von Medien oder einer »Political Correctness« vorgeben zu lassen. Diese »Political Correctness« definiert ja nicht nur, was in der Gegenwart gedacht und ausgesprochen werden darf, sondern ebenso, wie man sich an etwas erinnern soll. Obendrein wird durch eine ungeheure Datenflut die eigene Rückschau mit ihrer persönlichen Gewichtung und Struktur bis zur Unkenntlichkeit verzerrt, überlagert und quasi überschrieben.

Natürlich hat der Einzelne immer die Möglichkeit, auf externe Erinnerungsangebote zustimmend oder ablehnend zu reagieren. Aber dabei ist er bereits wieder in der Außenwelt und höchst effektiv von seinem eigenen Innenraum und den eigenen Erinnerungsstrukturen abgelenkt.

Es sei denn, die individuelle Rückbesinnung hat selbst eine eigene Gestalt hervorgebracht, in Form von Aufzeichnungen oder Reflexionen, die ein interessantes Korrektiv zu den medial vermittelten Vergangenheitsdefinitionen bieten.

Interessant sind individuelle Perspektiven auch in Bezug auf historische Momente. Natürlich ersetzen Tagebücher nicht die Geschichtsschreibung. Doch sei in diesem Zusammenhang an die oben zitierten Tagebucheinträge von Harry Graf Kessler über die Novemberrevolution erinnert – an das Spannungsverhältnis zwischen Augen- und Tagebuchzeugen und der offiziellen Geschichtsschreibung.

Wer selbst keine eigenen Aufzeichnungen zu bestimmten – auch historischen – Ereignissen, die er oder sie miterlebt hat, besitzt, kann am Ende nur in offiziellen Chroniken nachblättern, die nur ein äußerliches, vorsortiertes und verallgemeinertes Erinnern ermöglichen. Wer man selbst in diesen Zeiten war, lässt sich später kaum noch rekonstruieren. Oder anders ausgedrückt: Erinnerung sollte man besser nicht delegieren.

Erinnerungsschmerz oder Erinnerungsfreude

Erinnern und Lebensfreude zusammenzudenken und das gar als eine Selbstverständlichkeit anzusehen, ist in Deutschland aus historischen Gründen bisher kaum möglich gewesen. Durch das Trauma des Nationalsozialismus und seiner Schrecken gab es nach 1945 den kollektiven Versuch, nicht zurückzuschauen, sondern nach vorn. Individuelle Leid- und Schulderfahrungen wurden lange eher verdrängt als reflektiert und aufgearbeitet, um nach dem Krieg im Alltag weiter existieren zu können. Dies geschah oft zum Leidwesen der Kriegskinder und Kriegsenkel, die über die Weitergabe von Traumata der jeweiligen Eltern- auf die Kindergeneration deren verdrängte Anteile erlitten haben.[6]

Die Sprachlosigkeit der Kriegsgeneration hatte neben den traumatischen Erfahrungen auch damit zu tun, dass sich in den Jahren der Diktatur viele kein *eigenständiges* Selbst erarbeitet und erhalten hatten, wie das in dem Kapitel »Das Selbst im Sog von Zerstreuung und Ablenkung« genauer beschrieben wurde. Nach einem politischen, militärischen und gesellschaftlichen Zusammenbruch wird diese innere Leere besonders spürbar und nicht selten relativ schnell durch eine andere Ideologie oder Bewegung ersetzt, wie das in Ost- und Westdeutschland nach 1945 auf je unterschiedliche Art und Weise geschehen ist.

Die Sprachlosigkeit zwischen der nachkommenden Generation und der, die diesen Zusammenbruch erlebt hat, ist größtenteils darauf zurückzuführen, dass nach einem solchen kollektiven Schock die *differenzierte und systematische Erinnerung* des Einzelnen – wenn er nicht über eigene Tagebücher verfügt – noch schwerer möglich ist als ohnehin. Vom Unverständnis und einer gewissen Vorwurfshaltung der nachfolgenden Generationen ganz zu schweigen.

Tagebücher können daher nach solchen Umbruchsituationen nicht nur dem Tagebuchschreibenden selbst helfen, sich besser und genauer zu erinnern, zu verstehen und zu reflektieren, sondern auch den eigenen Kindern gegenüber auf eine ganz andere Art Auskunft zu geben. Das kann zu einer tieferen Verständigung und Selbstverständigung beitragen. In diesen Tagebüchern lassen sich zudem das Ineinandergreifen von Krieg und Diktatur, von eigenen Entscheidungen und existentiellen Zwängen ganz anders aufzeigen, als das in nachträglichen Deutungen und geschichtlichen Betrachtungen möglich ist. Nur das Tagebuch bewahrt Erinnerungen wirklich getreu auf. Selbst wenn diese wiederum von der Gegenwart aus neu interpretiert werden können und manchmal auch müssen.

Etwas Ähnliches hat sich übrigens nach dem Anschluss Ostdeutschlands an die damalige Bundesrepublik 1990 in Deutschland wiederholt: eine abgründige Sprachlosigkeit zwischen der Elterngeneration, die in der DDR lebte und sozialisiert wurde, und der Kindergeneration, die die soziale, gesellschaftliche und politische Situation nicht mehr aus eigenem Erleben kennt. Auch da stehen die erwachsen gewordenen Kinder fragend und verständnislos vor ihren Eltern, die kaum in der Lage sind, differenziert Auskunft über ihr Leben in einer anderen, untergegangenen Kultur und Gesellschaft zu geben.[7] Die friedliche Revolution und der Schock des Wiedervereinigungsprozesses mit seinen tiefgreifenden sozialen, politischen, wirtschaftlichen und persönlichen Folgen überlagern auch hier die eigene vielschichtige Erinnerung – und im öffentlichen Diskurs wird nur relativ schematisch von Tätern und Opfern gesprochen.

Dabei kann ein differenziertes und kreatives Erinnern faszinierend und erkenntnisreich für die Beteiligten sein und das gegenseitige Verständnis fördern. Leider ist das bisher kaum im gesellschaftlichen Bewusstsein angekommen, denn es fehlt bis heute an einer Diskussion über angemessene Formen individueller Erinnerungskultur und die Rolle, die Tagebücher dabei spielen können. Erinnerungsschmerz und Erinnerungsfreude müssen sich dabei keinesfalls ausschließen.

Erinnerung und Veränderung

Veränderung kann überhaupt nur durch Erinnerung wahrgenommen werden. Sowohl individuell als auch kulturell. Man muss sich an den vorherigen Zustand erinnern können, um die Abweichung, die Weiterentwicklung, den neuen Zustand mit dem vorigen vergleichen zu können.

Durch das Erinnern und Vergleichen mit der jeweils vorherigen Situation verschieben sich allerdings nach und nach – beinahe unmerklich – die Maßstäbe. Von daher empfiehlt es sich, bestimmte Entwicklungen nicht nur Schritt für Schritt, sondern auch über einen längeren Zeitraum zu beobachten: im Tagebuch. Denn selbst wenn jeder einzelne Veränderungsschritt logisch und beinahe zwangsläufig erscheint, kann der Vergleich mit dem Zustand einige Jahre zuvor zeigen, dass vielleicht die *gesamte Richtung einer Veränderung* fragwürdig geworden ist. Was bei einer kleinteiligen Betrachtung kaum auffällt, steht dann mit einem Mal deutlich vor Augen. Man denke an Fragen der Mobilität, des Umweltbewusstseins oder die Illusion der absoluten Freiheit, die einmal mit dem Internet und den sozialen Medien verbunden wurde.

Eine andere Dimension von Erinnern und Veränderung ist, dass sich die eigenen Erinnerungen selbst permanent verändern. Das Sich-Erinnern ist ja kein Hervorholen und wieder Ablegen, so wie man ein Buch aus dem Regal nimmt, ein wenig darin liest und es dann wieder hineinstellt. Es findet in einem immer neuen, nämlich gegenwärtigen Kontext statt, was die Perspektive auf das, woran man sich erinnert, stetig verändert.

Bildlich gesprochen wird die eigene Erinnerung nach dem Erinnern in einer etwas veränderten Form wieder »abgelegt« und später auch in dieser veränderten Form wieder »hervorgeholt«. Das geschieht von allein, ohne »Fälschungsabsicht«. Das Sich-Erinnern ist ein kreativer Veränderungsprozess, der einen selbst permanent verändert.

Dieser Prozess kann jedoch so weit gehen, dass die eigene Vergangenheit und die Erinnerungen immer weiter an die jeweilige Gegenwart und ihre Kontexte angepasst werden. Dann könnte man, gerade nach bestimmten gesellschaftlichen und historischen Umbrüchen, von einem Verwischen oder Glätten, einem Harmonisieren oder eben einem Fälschen der Erinnerungen sprechen.

Die Rückschau, selbst die eines Betroffenen, wird mit der Zeit immer unglaubwürdiger, weil sie nicht mehr die ursprüngliche Erinnerung ist, wie sie zum Beispiel ein Tagebuch bewahrt. Sie wurde so oft und so selbstverständlich an die jeweils neue Situation angepasst, dass sie ihrer Authentizität beraubt wurde.

Tagebücher sind dagegen (neben Briefen und anderen schriftlichen Zeugnissen) eine Bastion der Beständigkeit gegen eine beliebige Neuinterpretation von Ereignissen und Erlebnissen vergangener Zeit. Sie sind eine authentische Quelle und bieten die Möglichkeit der Rückbesinnung auf ein »Ich«, das man einmal gewesen ist.

Umgekehrt kann man auch überrascht sein, dass bestimmte Erinnerungen sehr wohl genau so im Tagebuch zu finden sind, wie man sie im Gedächtnis hat. Beglückende und überraschende Funde sind gleichermaßen möglich. Man kann eigene Lern- und Veränderungsprozesse bei sich selbst erkennen. Das Tagebuch ermöglicht es, sie in das eigene unverwechselbare Leben zu integrieren. Genau das aber kann – im Gegensatz zu einer beliebigen Anpassung der eigenen Biographie an den jeweiligen Zeitgeist – zu einer vertieften Erkenntnis des Lebens und einer gewissen Lebensweisheit führen.

Dabei kann man an sich selbst erfahren, dass das abendländische statische *Identitätskonzept* für die Wahrnehmung und die Interpretation des eigenen Lebens nicht besonders hilfreich ist. Besser und zielführender wäre es, die Vorstellung von *Kontinuität* und *Diskontinuität* statt einer *Identität* auf sein eigenes Leben anzuwenden.

»Niemand steigt zweimal in den gleichen Fluss, er wird von immer anderen Wassern umspült.« Dieser berühmte Satz Heraklits gilt. Auch die meisten Menschen behalten ihr Leben lang den gleichen Namen, doch ist jeder zugleich in einer ständigen Veränderung begriffen. Im Tagebuch findet man Elemente seines früheren Seins wieder, das sich vom gegenwärtigen unterscheidet und dennoch zu einem selbst gehört. So erkennt man eine gewisse *Kontinuität* durch die verschiedenen Zeiten der eigenen Entwicklung hindurch und ebenso sanfte Übergänge oder krasse Brüche.

Unwillkürliche Erinnerungen, die in einem aufsteigen, kann man im Tagebuch nachlesen, wobei Übereinstimmungen und Abweichungen gleichermaßen interessant sein können. Das Tagebuch kann für die eigene Existenz so wichtig sein wie die Wurzeln eines Baumes, die tief in das Erdreich hineinreichen und Sicherheit und Halt geben in den Stürmen des Lebens.

Das eigene Leben als Gesamtkunstwerk

Wird man selbst klüger, werden auch die Tagebücher klüger – und umgekehrt. Diese Wechselwirkung gilt für alle Dimensionen, die bisher in Verbindung mit dem Tagebuch dargestellt wurden. Am Ende ist das eigene Tagebuch der Leitfaden für eine umfassende *Lebenskunst*, die nicht nur das Glück und die Leichtigkeit im Fokus hat, sondern existentielle Bedrohungen und Spannungen, Leid und Konflikte, Ungewissheiten und die Endlichkeit des Lebens zu integrieren und zu deuten versteht.

Natürlich kann man mit Wilhelm Schmid fragen: »Wozu Lebenskunst? Einen absolut zwingenden Grund, sich um sie zu bemühen, gibt es nicht. Sie kann nur aus einer Wahl hervorgehen, die das Individuum trifft …«[8]

Deshalb wird auch hier im Zusammenhang mit dem Tagebuchschreiben der Aspekt der *Freiheit* und der *Wahl* immer wieder betont.

Zugleich aber gilt, dass in jedem Tagebuch schon etwas von dem angelegt ist, was auf gewisse Weise mit einer wohlverstandenen Lebenskunst verbunden ist, was aber für den Schreibenden oft erst nach und nach erkennbar wird. Tagebuchschreiben impliziert, das eigene Leben als ein mehr oder weniger gelingendes *Gesamtkunstwerk* zu betrachten. Dieses Gesamtkunstwerk ist natürlich nie vollendet und bleibt bis zum Schluss eine Aufgabe und Herausforderung, die auch das Scheitern nicht mit Sicherheit ausschließen kann. Doch ist diese Grundhaltung definitiv mit der Weigerung verbunden, sich nur als »geworfen« oder »fremdbestimmt« zu begreifen.

Im Tagebuch werden die auf den Einzelnen einwirkenden Kräfte und der entschlossene Selbstentwurf ausbalanciert. Das Tagebuch in seinen vielen, hier dargestellten Dimensionen avanciert zu einem *Drehbuch* für ein individuelles, erfülltes Leben, ein Leben, das seinen Sinn in sich selbst hat und niemals nur Mittel zu irgendeinem Zweck ist. Für den Schreibenden bedeutet dies immer zugleich Infragestellung und Selbstvergewisserung.

DIE UNSICHERE ZUKUNFT VON TAGEBÜCHERN

Fremde Tagebücher heimlich lesen

Die eigenen Tagebücher sind Teil von einem selbst – so lange man lebt. Sie gehören nicht nur zur Privatsphäre, sondern zum Kern der eigenen Persönlichkeit. Es sind Beobachtungen und Selbstverständigungsgespräche, auf Papier gebannt. Aber durch dieses Verschriftlichen innerer Such- und Beobachtungsprozesse werden Momentaufnahmen für einen selbst (und manchmal auch für andere) haltbar und nachvollziehbar gemacht. Das macht den Doppelcharakter von Tagebüchern aus.

Sie sind deutliche und ungeschützte, wilde oder verzweifelte, überschwängliche oder tragische *Momentaufnahmen* eines lebendigen inneren Prozesses. Und sie sind nicht, wie Gedanken und Gefühle normalerweise, im nächsten Moment verflogen, vergessen und vorbei. Diese Momentaufnahmen des eigenen Denkens und Werdens stehen in Worten und Sätzen schwarz auf weiß auf dem Papier, manchmal für Jahrzehnte oder Jahrhunderte. Daher sind sie durchaus zu verwechseln mit Dokumenten, Briefen oder Verträgen – die sie aber gerade nicht sind.

Der Schreibende selbst weiß, in welchem Zustand er oder sie bestimmte Sätze niedergeschrieben hat; weiß, wie sich das beim Niederschreiben und danach anfühlte; weiß, wie absolut oder flüchtig der notierte Gedanke für ihn selbst war; weiß, dass er oder sie diesen Satz eine Stunde früher oder später niemals so hingeschrieben hätte; weiß, dass vieles ein vorläufiger Versuch ist, zu dem eigentlichen inneren Sein vorzudringen; weiß, dass das kein Text ist, der jemals in dieser Form nach außen dringen darf; weiß vor allem, dass diese Aufzeichnungen nicht mit ihm oder ihr als ganzer Person identisch sind.

Diese Texte wurden nicht auf einer Bühne gesprochen. Nicht einmal in einem vertrauten Gespräch geflüstert. Sie dienten keiner *Informationsübermittlung* an andere, sondern wurden ins Unreine, ins Vorläufige gedacht und gefühlt. Wer selbst – und sei es nur für kurze Zeit – ein Tagebuch geführt hat, weiß das intuitiv. Wer nie Tagebuch geschrieben hat, verkennt dagegen leicht den situativen Charakter von Tagebucheintragungen.

So verlockend es also für jemanden sein könnte, ein fremdes Tagebuch heimlich zu lesen – er oder sie hüte sich davor. Zumal wenn es von nahestehenden Personen, Freunden, Partnern oder geliebten Menschen geschrieben wird. Der Schmerz, die Scham und die Verzweiflung, die durch diese Grenzüberschreitung ausgelöst werden, sind im Vorhinein kaum zu erahnen.

Die erste Frage, die sich bei einem authentischen Tagebuch stellt, ist ja: Wie wahr oder wirklich ist das, was dort steht, für den Schreibenden selbst gewesen? War ein bestimmter Satz nur ein flüchtiger Gedanke, oder war es eine wesentliche Einsicht über sich selbst? Hat sich der Schreibende mit der Aussage identifiziert, oder hat er sie im Gegenteil notiert, um sie »loszuwerden«, sie zu »vergessen« – um danach wieder klar und unbelastet zu denken und in seine Mitte zurückzukehren?

Sogar der Schreibende selbst kann oft erst Tage oder Wochen später tatsächlich entscheiden, welche Sätze den Charakter spontaner Verzweiflungsausbrüche haben und welche ein bleibendes Gefühl beschreiben; was eine momentane Gefühlsaufwallung gewesen ist und was eine sich nach und nach verfestigende Perspektive; was ihm als Idee einfach mal so durch den Kopf ging und worüber er oder sie später genauer nachdenken wollte oder was ein abgesicherter Gedanke, ein wirkliches Argument war, ist und bleiben soll. Was war Spleen und Verrücktheit, die im Tagebuch ausprobiert und ausgelotet werden sollte, und was war ein wirklicher Vorsatz?

Nur der oder die Schreibende selbst kann die Spreu vom Weizen trennen, kann sich mit bestimmten Sätzen identifizieren und sie dann später vielleicht auch nach außen vertreten, kann andere (obwohl sie auf dem Papier nachzulesen sind) relativieren, negieren oder sogar ausstreichen. Nur er oder sie kann entscheiden, was eine Suchbewegung war und was deren Ergebnis.

Und nun tritt der *heimliche Leser* dieses Tagebuchs auf den Plan. Das ist nicht der Leser, der hundert Jahre später ein redigiertes, herausgegebenes Tagebuch einer fremden Person liest. Wahrscheinlich auch kein Tagebuch, das aus Versehen in der Bahn liegengelassen oder gestohlen und dann weggeworfen wurde. Nein, der heimliche Leser ist selbst eine Vertrauensperson. Eine Lebensgefährtin, ein Ehemann, es sind die Eltern oder erwachsene Kinder, Freunde oder Kollegen. Das heißt, sie kennen den Tagebuchschreibenden persönlich und lesen nun dessen Eintragungen.

Was dann eintritt, ist in der Regel ein ziemliches Chaos und führt nicht selten zur Zerstörung von Vertrauen und jeglicher Beziehung überhaupt. Meist wird vorher nicht bedacht, dass die Person das heimliche Lesen nie mehr rückgängig machen kann. Zugleich aber ist sie unfähig, das, was sie gelesen hat, zu vergessen.

Sie ist gezwungen, sich mit dem Text und den Gedanken und Gefühlen auseinanderzusetzen, die durch das heimliche Lesen ausgelöst wurden. Gleichzeitig darf sie nicht zu erkennen geben, dass sie etwas weiß, was sie eigentlich gar nicht wissen kann und darf.

Obendrein glauben Menschen, die selbst nie Tagebuch geschrieben haben – fälschlicherweise –, dass das, was jemand heimlich und unkontrolliert in seinem Tagebuch notiert hat, die absolute, nun endlich einmal schwarz auf weiß zu lesende, *unbezweifelbare Wahrheit* sei. Die daraus entstehenden Fehlinterpretationen sind oft grotesk – und dennoch unausweichlich.

Warum, so die unbedarfte Frage des heimlichen Lesers, schreibt jemand etwas in sein Tagebuch, wenn er oder sie es am Ende gar nicht so gemeint hat? Die daraus folgenden falschen Gewissheiten, die eigentlich eher Selbsttäuschungen des heimlichen Lesers sind, können jedoch nicht mehr korrigiert werden. Anders als in einem Gespräch, in dem jemand nachfragen kann, ob er den anderen richtig verstanden habe, ob das eine spontane Äußerung oder ein unwiderruflicher Entschluss sei.

All das kann nicht geklärt werden, denn es würde den Tabubruch offenbaren. Das heißt, selbst größte Irritationen lassen sich beim besten Willen nicht auflösen. Die Konsequenzen, die der heimliche Leser nun glaubt ziehen zu müssen, sind nicht schlüssig und dem anderen auch gar nicht vermittelbar.

Also: Nachfragen ist unmöglich. Vergessen ist unmöglich. Und so zu tun, als ob man nicht wüsste, was man nun einmal weiß (oder zumindest zu wissen glaubt), ist auch unmöglich. In der Regel entstehen daraus unabsehbare, oft zerstörerische und selbstzerstörerische Konsequenzen für alle Beteiligten. Das ist schon mal ein kleiner Vorgeschmack auf eine Welt, in der jeder jeden Gedanken und jedes Gefühl eines anderen Menschen jederzeit wissen kann.

Susan Sontag liest (im Alter von 25 Jahren) heimlich im Tagebuch ihrer Geliebten und notiert daraufhin in ihr eigenes Tagebuch:

»Was ich heute … über mich gelesen habe – diese knappe, ungerechte, lieblose Einschätzung von mir … Das tut weiß Gott weh, ich bin empört und fühle mich gedemütigt.«

»Knapp«? Hat man ein Recht auf ausführliche Darstellung im Tagebuch eines anderen? »Ungerecht«? Was sagt denn die Beschreibung wirklich über sie als Person und was eher über die verborgenen Wünsche der Tagebuchschreiberin selbst? »Lieblos«? Es war ja nicht als Liebeserklärung gedacht, sondern erst einmal eine Selbstverständigung der Freundin. Ein Gefühl der Demütigung? Aber wer hat eigentlich wen gedemütigt? Susan Sontag sich selbst am meisten. Alles andere ist und bleibt vor allem Interpretation.

Zwei Tage später in noch größerem Elend notiert sie:

»Armes kleines Ego, wie ging es dir heute? Nicht besonders gut, fürchte ich – angeschlagen, wund, traumatisiert. Wellen heißer Scham und so weiter. Ich hatte nie die Illusion, dass sie mich liebt, aber ich hatte schon angenommen, dass sie mich mag.«[9]

Sie ist mit dem Gelesenen allein und vor allem mit ihren Deutungen und deren Konsequenzen, die jetzt in ihrem Kopf entstehen und sich zu einer Realität verdichten – ohne die Möglichkeit der Relativierung oder der nachträglichen Korrektur. »Wund, traumatisiert« und vor allem ohne jeden Kontakt zu den ursprünglichen Gefühlen der Freundin gegenüber, denn die sind jetzt komplett überlagert von dem, was sie über sich selbst herausgelesen zu haben glaubt.

Aus diesem selbst angerichteten Horror, dieser hochkomplexen und verwirrenden Situation, gibt es kaum einen befreienden und befriedigenden Ausweg. Manchmal erfolgt dann in größter Not und aus reiner Verzweiflung ein Geständnis:

»Ich hätte es zwar nie tun dürfen und ich bereue es, aber ich habe in deinem Tagebuch gelesen, und was ich da über dich, mich, uns erfahren habe …«

Verletzung, Wut und Scham sind dann jedoch auf beiden Seiten vorhanden, wenn auch aus ganz unterschiedlichen Gründen. Keine gute Ausgangssituation für ein klärendes Gespräch. Obendrein eine delikate Asymmetrie und eine Verhörsituation, in der sich der Verfasser der Texte befindet. Der heimliche Leser dagegen, der seine eigenen, vorläufigen, unzensierten Gedanken und Gefühle nicht in einem Tagebuch notiert und dem anderen nicht mitteilt, stellt nun, bewusst oder unbewusst, den anderen zur Rede.

Obendrein geschieht dies oft mit einer Attitüde der Selbstgerechtigkeit, die darauf basiert, dass der Ankläger seine eigenen abgründigen *unerlaubten* oder *unerwünschten* Gedanken und Gefühle erfolgreich verdrängt und daher gar nicht kennt. Liebte denn Susan Sontag ihre Freundin wirklich? Oder liebte sie hauptsächlich sich selbst?

Der angeklagte Tagebuchschreibende dagegen findet sich nun in der Situation, sich zu verteidigen oder die eigenen Eintragungen erklären oder relativieren zu müssen. Da steht er allerdings vor einer schier unlösbaren Aufgabe: Wie soll man einem Menschen, der vielleicht selbst niemals Tagebuch geführt hat, erklären, was ein Tagebuch ist? Eine Aneinanderreihung von Momentaufnahmen, eine Selbstauseinandersetzung mit offenem Ausgang, eine Suchbewegung hin zum eigenen Selbst in aller Vorläufigkeit und Fragilität. Selbst die junge Susan Sontag, die es hätte wissen können, da sie ja selbst Tagebuch schrieb, war von dem Gelesenen einfach überwältigt.

Darüber hinaus wird den Tagebuchschreibenden die Deutungshoheit über ihre eigenen Texte, über ihr vorläufiges Denken und Fühlen genommen. Sie schwanken zwischen Beschwichtigung und Abwiegelung dem anderen gegenüber (der den Tabubruch begangen hat) und dem Selbstrespekt – sich und dem einen Tagebuch gegenüber treu zu bleiben.

Der heimliche Leser gerät außerdem häufig gewollt oder ungewollt in eine doppelte Position: die des *Anklägers* und die des *Richters*. Meist ohne es zu bemerken, da er sich ja oft als hintergangenes Opfer fühlt, das »nur« die Wahrheit aufdecken will. Die Anklage stützt sich obendrein auf Indizien: Aber da steht doch … warum hast du mir das nie gesagt … wie kann ich dir jetzt noch glauben … da du es heimlich geschrieben hast, muss es doch die Wahrheit sein …

Die Missbrauchten dagegen müssen sich für etwas verteidigen und rechtfertigen, das sie niemals von sich gegeben haben – das ihnen quasi entrissen wurde. Sie fühlen sich zu Unrecht angeklagt und als Opfer eines Übergriffs.

In dieser Situation gibt es wenig Hoffnung und wenig Aussicht auf Verständnis und Verständigung für beide Seiten. Die Verletzung der Privatsphäre, ja des Persönlichkeitskerns, der unerlaubte Eingriff in einen sensiblen Selbstverständigungsprozess entfaltet am Ende eine zerstörerische Kraft, die sich gegen alle Beteiligten richtet. Wer ein authentisches Tagebuch schreibt, ist zwar sehr lebendig, aber zugleich sehr verwundbar, und zwar auf eine Weise, die sich Nichttagebuchschreibende oft gar nicht vorstellen können.

Daher gibt es leider auch viele Menschen, die in ihrer Jugend einmal Tagebuch geschrieben haben und die genau deswegen damit aufhörten, weil sie damals traumatisiert wurden. Weil Sozialpartner diesen Selbstfindungsprozess mit Zynismus und Häme ans Licht (mindestens der Familie) gezerrt und ausgeweidet haben. So etwas kann extreme Scham und Furcht bei jungen Menschen hervorrufen und dann über viele Jahre und Jahrzehnte anhalten. Die Angst vor der Arroganz und Selbstherrlichkeit anderer und die latente Drohung, dass noch einmal jemand das eigene Tagebuch lesen könnte, verbinden sich zu einer massiven Unterdrückung beziehungsweise unbewussten Selbstunterdrückung des Heranwachsenden. So können Menschen bedauerlicherweise für viele Jahre, manche für ihr ganzes Leben, von der Selbstreflexion und vom Schreiben gleichermaßen abgehalten werden.

Professionelles Verstehen und Missverstehen

Etwas anderes ist es, wenn Tagebücher nach zwanzig, fünfzig oder mehr Jahren gefunden, geöffnet, entziffert, gelesen oder herausgegeben werden. Je länger eine Person bereits tot ist, umso weniger Sozialpartner oder Nachkommen sie selbst kannten, umso mehr verschiebt sich die Perspektive, die ein potentieller Leser einnimmt, wenn er Tagebuchtexte eines fremden Menschen liest. Aus guten Gründen gibt es Sperrfristen für die Veröffentlichung von Tagebüchern, und das nicht nur, um noch lebende Mitmenschen in ihren Persönlichkeitsrechten zu schützen.

Was die Beschreibung anderer Personen in Tagebüchern angeht, gibt es übrigens durchaus nicht nur ein intimes, privates, sondern auch ein *professionelles Missverstehen*. Wenn Schreibende etwas über eine andere Person notieren, wird das oft als eine zwar subjektiv gefärbte, aber häufig dennoch gültige Wirklichkeitsbeschreibung wahrgenommen. Selten sind Leser psychologisch so geschult, dass sie erkennen, dass derjenige, der etwas über einen anderen schreibt, damit deutlich mehr über sich selbst aussagt als über den, den er beschreibt.

Man erfährt zum Beispiel in dem zitierten Tagebuchtext von Susan Sontag sehr viel mehr über ihre eigene verletzte Eitelkeit und Selbstliebe als über die Gefühle, die die Freundin ihr gegenüber hegt. Das kann verallgemeinert werden.

Wer eine andere Person im Tagebuch abwertet, hat vermutlich ein tiefsitzendes und nicht befriedigtes Bedürfnis, sonst könnte er den anderen einfach sein lassen. Wer hingegen eine andere Person bewundert, sagt damit mehr über seine eigenen oft verborgenen Wünsche und Hoffnungen als über den Bewunderten selbst. Das in Rechnung zu stellen könnte bei Lesern von Tagebüchern so manchen Irrtum, manche Fehldeutung und manche Beleidigungsklage vermeiden.

Jahrzehnte später geht es zum Glück nicht mehr um soziale oder intime Auseinandersetzungen, um Nähe und Distanz, Verletzung und Scham, um Rechthaben oder Missverstehen, Sieger oder Verlierer. Nun werden in Tagebüchern ganz andere Dimensionen und Ebenen sichtbar, die für den Schreiber zu seiner Zeit vielleicht gar nicht im Mittelpunkt standen.

Wo verlief die Grenze zwischen Intimität und Offenheit? Was war für die Person ein erfülltes Leben? Wie wurden Wirklichkeit und Realität konstruiert? Was konnte der oder die Schreiberin trotz aller Selbstreflexion nicht erkennen? Denn während er sich selbst, andere oder die Welt angesehen und beschrieben hat, konnte er nicht immer zugleich die (mentale, emotionale und kulturelle) Brille wahrnehmen, durch die er oder sie die Welt damals gesehen hat. Wichtig wird auf einmal, wie dieser Mensch gedacht und argumentiert hat, unabhängig davon, ob die Argumente heute noch stichhaltig sind oder nicht. Es ist interessant, die Zeitkritik, die Art der Selbst- und Weltbeobachtung und die innerpsychologischen Vorgänge von Menschen im Nachhinein zu betrachten.

Ein tragischer und schmerzlicher Fall von zugleich privatem und professionellem Missverstehen der Qualität von Tagebüchern ist die Veröffentlichung der Tagebücher von Susan Sontag durch ihren Sohn, drei Jahre nach ihrem Tod. Dabei handelte es sich um eine heftige Verletzung ihrer *Privatsphäre* und eine Missachtung ihrer *Persönlichkeitsrechte*. Selbst zehn Jahre nach der Erstveröffentlichung kann man diese Texte, obwohl sie interessant sind und auch hier zitiert wurden, nur mit einer gewissen Scham und Beklemmung lesen.

Bei dieser überstürzten Veröffentlichung mischten sich auf verhängnisvolle Weise die Rache des verletzten Sohnes an der Mutter mit Willkür und Zensur. Er war ja nicht nur auf das Äußerste befangen, sondern er verstieß obendrein gegen den ausgesprochenen Willen von Susan Sontag. Denn ihre authentischen Tagebücher waren nie für eine Veröffentlichung gedacht. So schreibt der Sohn im

Vorwort des ersten Bandes: »Trotzdem ist mir nach wie vor nicht ganz wohl bei der Sache. Die Tagebücher als Selbstentblößung zu bezeichnen wäre eine drastische Untertreibung … Meine Entscheidung [sie zu veröffentlichen] stellt also eindeutig eine Verletzung ihrer Privatsphäre dar. Anders lässt sich das nicht sagen.«[10]

Dass er obendrein selbst die Auswahl trifft, was von ihren Tagebüchern veröffentlicht wird und was nicht, und wie er, ob bewusst oder unbewusst, seine Mutter in der Öffentlichkeit damit darstellt, stellt einen traurigen Gipfel von Manipulation dar. Dabei wäre noch zu verstehen, dass der Sohn durch das heimliche Lesen der Tagebücher seiner berühmten Mutter selbst tief verletzt war. Aber da war es eben schon geschehen. Und alles, was über das heimliche Lesen fremder Tagebücher weiter oben ausgeführt wurde, trat mit voller Wucht ein. So muss er ein paar Absätze später in einer rührend einfältigen Weise bekennen: Er habe der Veröffentlichung der Tagebücher zugestimmt und sie sogar selbst herausgegeben, »… auch wenn sie einiges enthalten, das mich schmerzt, und vieles, bei dem es mir lieber gewesen wäre, ich und auch andere hätten es nie erfahren«.[11]

Da kann man sich nur fragen, inwieweit neben seiner Verletztheit und Befangenheit und neben Rachegefühlen auch die Gier, am Erfolg der Mutter in irgendeiner Weise Anteil zu haben, bei der Herausgabe der Tagebücher so kurz nach ihrem Tod eine Rolle gespielt hat. Fünfzig Jahre später wäre alles anders gewesen.

Nicht nur in diesem prominenten Fall kann man mutmaßen, dass, wer selbst nie Tagebuch geschrieben hat, authentische Tagebücher anderer zwar lesen, aber selten in ihrer *Tiefendimension* verstehen und einordnen kann. Der Leser ist immer versucht, sie entweder als nicht abgeschickten Brief oder als konzentriertes künstlerisches Ausdrucksmittel anzusehen und damit wie einen autorisierten literarischen Text zu interpretieren.

Eine solche Interpretation greift aber nur bei Tagebüchern, die ausdrücklich als literarische Form gekennzeichnet sind, und weiterhin bei solchen, die von vornherein für die Öffentlichkeit geschrieben wurden. Hier sei noch einmal an das Projekt von Helmut Krausser erinnert, der sich vorgenommen hatte, in jedem Jahr einen Monat lang Tagebuch zu führen, und das über zwölf Jahre. Diese und ähnliche Tagebücher können dann sehr wohl als literarische Texte angesehen und mit den Maßstäben und Interpretationsgewohnheiten der Literaturwissenschaft bewertet werden.

Die Unterscheidung zwischen einem authentischen Tagebuch (um das es sich bei Susan Sontag zweifellos handelte) und einem literarisierenden und von vornherein für die Veröffentlichung vorgesehenen Tagebuch ist wesentlich. Nicht nur vor dem Bundesgerichtshof,[12] sondern auch im Literaturbetrieb. Diese Unterscheidung lässt sich in der Regel leicht treffen, die Kriterien dafür liegen auf der Hand.

Umso bedauerlicher, wenn selbst manche Literaturwissenschaftler *authentische* Tagebücher und deren speziellen Charakter nicht von literarischen Tagebüchern unterscheiden und beide Arten von Texten nach dem gleichen Maßstab beurteilen.

Da kann es dann schon mal zu der zwar polemischen, aber zugleich rührend hilflosen Frage kommen: »Warum schreiben die [Tagebuchschreiber] das alles?«[13]

Nun, sie schreiben eben alles das, was für sie als Tagebuchschreibende aus den vielfältigsten Gründen sehr wohl wichtig ist, für ein Publikum jedoch relativ unbedeutend sein kann. Für ein Publikum war es ja auch nicht gedacht.

Wer aber eine solche Frage stellt und den eigentlichen Charakter von Tagebüchern nicht durchdrungen hat, kommt auch als Literaturwissenschaftler in der Folge leicht zu selbstgerechten Abwertungen des Tagebuchschreibens und der Personen, die diese (für sich selbst) geschrieben haben. Sie mokieren sich über das »Liebes- und Klagegestammel … beim armen Platen«[14] oder formulieren zynische Kommentare über Hebbel: »Das Tagebuch ersetzte ihm die Zuhörer – kein Wunder, daß es so umfangreich geworden ist.«[15]

Die Rechtfertigung für diese mit Zynismus übertünchte Unbedarftheit in der Beurteilung authentischer Tagebücher wird hier sogar mitgeliefert: »Schrift wurde erfunden, um etwas mitzuteilen, und zwar nicht sich selbst. Nur scheinbar schreibt der Tagebuchschreiber für sich selbst … das sich bekennende Ich kann nicht zugleich das wägende und richtende sein, an das es immer appelliert.«[16]

Aber Schrift dient nun einmal nicht nur der zweckrationalistischen Übermittlung von Informationen an andere, wie hier unterstellt wird, sondern auch der Selbstreflexion, die zu vertiefter Erkenntnis, zu Ausdifferenzierung und verschiedenen Wirklichkeitskonstruktionen im Sinne eines: »Erkenne dich selbst« und »Werde, der du bist« führen kann.

Und außerdem, um auf das zweite Argument einzugehen, ist das Individuum, wie man spätestens seit Freud weiß, kein so einheitliches, geschlossenes und autonomes Wesen, das nicht verschiedene Gefühle, Gedanken, Impulse, Wünsche und Persönlichkeitsanteile in sich wahrnehmen, miteinander ins Gespräch bringen und ausdrücken könnte.

Man reibt sich die Augen und fragt sich verwundert, warum jemand über ein Thema schreibt, zu dem ihm Zugang und Einsicht gleichermaßen fehlen. Und auch die vereinnahmende Frage »Und warum lesen wir es [das in Tagebüchern Niedergeschriebene] so gern?« könnte man ein wenig differenzieren. So liest der eine vielleicht Tagebücher und schreibt darüber, weil er sich über die Selbstwerdung, die Irrtümer und Umwege anderer lustig machen und seine eigene Selbstgerechtigkeit pflegen möchte, und andere lesen Tagebücher, um an dem Leben anderer mitfühlend teilzuhaben und ihre eigenen Erkenntnisprozesse zu befördern.

Der Gewinn jedenfalls, den man beim Lesen veröffentlichter Tagebücher haben kann, besteht im besten Falle darin, die eigene Selbstreflexion anzuregen, und weniger darin, das Leben anderer in seinen vielen Einzelheiten nachzuvollziehen oder zu bewerten.

Der Umgang mit den eigenen Tagebüchern

Die Tagebuchschreibenden sind also gewarnt, ihre Aufzeichnungen zu Lebzeiten vorsichtig zu verwahren und sich rechtzeitig Gedanken darüber zu machen, was mit den eigenen Tagebüchern nach ihrem Tod geschehen soll.

Solange man lebt, ist es gut und sinnvoll, mit seinen Tagebüchern in Kontakt zu bleiben und sie für sich selbst lebendig zu halten. Beim Wiederlesen älterer Tagebucheintragungen könnten er oder sie durchaus versucht sein, Teile zu schwärzen, zu löschen oder zu vernichten. Jeder hat das Recht dazu. Aber so mancher hat in einer späteren Lebensphase schon bereut, ganze Teile oder Jahrgänge von Tagebüchern zu schnell vernichtet zu haben. Damit ist neben der Sicherheit, dass andere das Geschriebene nicht mehr lesen können, eben auch der Zugang zu einer bestimmten Phase des eigenen Lebens für immer versperrt.

Anders ist es beim Ausstreichen einzelner Passagen, die man in späteren Zeiten bereut oder relativiert. Man muss nicht jede später als Dummheit erkannte Aussage für immer konservieren. Es ließe sich zwar auch da der eigene Lern- und Entwicklungsprozess erkennen. Dennoch gilt, man selbst hat – sogar sich selbst gegenüber – ein Recht auf Vergessen.

Und was ist mit den Dopplungen, den immer wiederkehrenden, einen beim Nachlesen selbst langweilenden Inhalten? Man kann sie wegwerfen oder an ihnen noch im Nachhinein erkennen, wie lange einen bestimmte Themen beschäftigt haben. Wer immer erst drei oder vier Absätze über das Wetter geschrieben hat, um dann zu den wesentlichen Themen zu kommen, könnte, wenn er nicht gerade Wetterforscher ist, diese Passagen allerdings schon getrost streichen.

Jedes Tagebuch besteht aus taubem Gestein und Goldadern. Nur können Gesteine später einmal wichtig und wertvoll werden, und das, was auf den ersten Blick glänzte, war am Ende vielleicht gar kein Gold.

Wer Zeit und Lust hat, kann ein separates »Best of« aus den lange zurückliegenden Tagebüchern zusammenstellen und, wenn möglich, kurz vor seinem Tod alle anderen vernichten. Damit nähert sich aber das ursprünglich authentische Tagebuch dem literarischen, auf eine Öffentlichkeit schauenden, redigierten Text. Darüber hinaus gilt es zu bedenken, dass der unwillkürliche Rhythmus des Schreibens, die zufälligen oder bewussten Lücken im Tagebuch eine Dimension des Lebens spiegeln, die durch solche Eingriffe für den Tagebuchschreibenden und für andere unsichtbar wird.

Auch mit den Namen anderer Personen, die im Tagebuch auftauchen, ist es so eine Sache. Manchmal empfiehlt es sich – je nach persönlichen und gesellschaftlichen Umständen –, Namen lieber nicht auszuschreiben oder sogar Tarnnamen zu verwenden. Was für den eigenen und den Schutz anderer gut war, kann jedoch später möglicherweise nicht mehr eindeutig zugeordnet werden. Das heißt, wenn Jahre vergangen sind, die Erinnerung noch wach und die Gefahr vorüber ist, könnte man die wirklichen Namen nachtragen.

In diesem Zusammenhang stellt sich die Frage nach eigenen Ergänzungen. Kann, soll oder darf ein Tagebuchschreiber seine eigenen Tagebücher später ergänzen? Wohlgemerkt ergänzen, nicht fälschen. Auch hier gibt es klare Kriterien. Der Schreibende kann tun und lassen, was er oder sie will. Aber sowohl für sich selbst als auch für eine spätere Lektüre ist das entweder eine Fälschung oder eine zusätzliche Dimension im Tagebuch.

Insofern ist es sinnvoll, spätere Einfügungen jeweils farblich, kursiv oder mit Klammern sichtbar zu machen und sie wiederum mit einem Datum zu versehen, zumal wenn es sich um längere Passagen und Kommentare handelt. Denn nach ein paar Jahren oder Jahrzehnten kann genau das wieder von Bedeutung und in einer gewissen Weise ebenfalls authentisch sein.

Auch ist jeder frei, die eigenen Tagebücher wie einen Steinbruch zu benutzen und die kreuz und quer durcheinandergehenden Eintragungen nachträglich bestimmten Themen zuzuordnen. Die verschiedenen Stränge des Tagebuchs können zu einem oder mehreren thematischen Tagebüchern zusammengefasst werden. Denkbar ist auch, die ursprünglichen Tagebuchtexte gänzlich aus dem Tagebuch herauszunehmen, zu überarbeiten und dann als eigenständige Texte zu veröffentlichen.

Eine andere Dimension stellt allerdings das Fälschen und Umschreiben eigener Tagebücher dar. Dazu gibt es zwei Dinge anzumerken. Einmal kann das Tagebuch dann nicht mehr der eigenen Selbstreflexion dienen. Ganz abgesehen davon, dass jemand, der damit wirklich ernst machen würde, sein Tagebuch alle paar Jahre um- und neuschreiben müsste, weil er oder sie (hoffentlich) zu immer neuen Erkenntnissen und Einsichten gekommen ist.

Zum anderen ist das Tagebuch dann nicht länger ein authentisches Tagebuch. Es wird (anders als wenn die Ergänzungen sichtbar gemacht werden) zu einer Fälschung. (Die natürlich auch wieder interessant sein kann: Wer fälscht da? Mit welcher Intention? Wie geschickt?) Dieses Tagebuch wird dann ganz oder in Teilen zu einem gestalteten, literarisierten, fiktiven Tagebuch, das mehr oder weniger bewusst für andere, für ein kleines Publikum oder eine Veröffentlichung umgeschrieben wurde.

Und was heißt veröffentlichen? Wer seine Tagebücher anderen in Gänze zu lesen gibt, hat sie damit faktisch veröffentlicht, das heißt, aus dem auratischen Raum der Selbstauseinandersetzung herausgerissen und als Selbstdarstellung anderen gegenüber benutzt.

Etwas anders verhält es sich, wenn man kurze Auszüge aus seinen Tagebüchern anderen zu lesen gibt oder kleine Ausschnitte daraus zitiert. Wenn jemand einmal im Jahr zwei Seiten von zweihundert preisgibt, ist das anders zu beurteilen, als wenn jemand jeden Tag oder jede Woche sein Tagebuch einem kleinen Kreis vorliest oder es sogar aus der Hand gibt. Jede Grenzüberschreitung will bedacht sein, zumal selbst vage Veröffentlichungsabsichten den Prozess des weiteren Schreibens nachhaltig beeinflussen können.

Tagebücher und ihr ungewisses Schicksal

Literarische Tagebücher oder solche, die zu Lebzeiten des Verfassers von ihm überarbeitet, redigiert und veröffentlicht wurden, stehen hier nicht zur Debatte. Sie werden gelesen und besprochen, verrissen, nachgedruckt oder nicht. Aber was ist mit den Teilen von Tagebüchern, die nicht redigiert und aus gutem Grund nicht veröffentlicht wurden? Und erst recht mit den authentischen Tagebüchern, die nie für eine Veröffentlichung vorgesehen waren?

Auf wen ist Verlass, wenn der Schreibende selbst verstorben ist? Was gilt es noch, wenn man im eigenen Testament festgelegt hat, die Tagebücher sollen nach dem Tod vernichtet werden? Was, wenn jemand dem Testament zuwiderhandelt? Oder angenommen, es wurden Sperrfristen verfügt und diese werden nicht eingehalten: Werden die Nachkommen der Versuchung widerstehen, wenn es kein Testament gibt, heimlich in den Tagebüchern zu lesen und damit genau das in Gang zu setzen, was weiter oben über das Lesen fremder Tagebücher ausgeführt wurde? Durch den Tod des Schreibenden nun dazu verdammt, nie mehr nachfragen zu können.

Daher ist es durchaus konsequent, ein authentisches Tagebuch zu vernichten, ehe man stirbt. Da es nie für eine Veröffentlichung gedacht war, wird es mit ins Grab genommen. Es hat seine Schuldigkeit getan, einen begleitet und herausgefordert, einem genutzt und beigestanden, und damit ist es gut.

Aber niemand kennt die Stunde seines Todes. Immerhin, wer nicht durch einen tragischen Unfall ums Leben kommt, könnte ahnen, wann es langsam zu Ende geht. Aber man kann sich täuschen. Susan Sontag hatte den Krebs einmal überlebt und hoffte, ihn auch ein zweites Mal zu besiegen.

Das Dilemma ist, einerseits das Tagebuch noch möglichst lange zur Verfügung zu haben, aber andererseits dereinst noch genügend Kräfte zu besitzen, es rechtzeitig loszulassen und am besten selbst zu vernichten. Die Schwierigkeiten, die dabei auftreten können, hat James Bowell schon 1763 in seinem Tagebuch notiert:

»Johnson empfahl mir, ein Tagebuch zu führen, ehrlich und ungeschminkt. Er meint, das sei eine sehr gute Übung, die mir unendlich viel Befriedigung verschaffen werde, wenn später die Einzelheiten meinem Gedächtnis entfallen sein würden … Er sagte tatsächlich, ich solle es geheimhalten und mich eines Freundes versichern, der es nach meinem Tode verbrennt. Ich bin aber im Augenblick derart in dieses mein Tagebuch vernarrt, daß mir der Gedanke, es könne verbrannt werden, einen Schock versetzt.«[17]

Nicht selten empfinden Menschen ihrem eigenen Tagebuch gegenüber eine enorme Ambivalenz. Behalten oder vernichten? Zu unterschiedlichen Zeiten und in verschiedenen Lebensphasen kann man zu völlig entgegengesetzten Haltungen kommen. Eindeutig wird die Entscheidung vielleicht nie sein.

Mögen doch spätere Generationen entscheiden, was vielleicht von Wert sein könnte und was nicht. Was geht es Boswell an, wenn 250 Jahre später seine Tagebücher mit Genuss gelesen werden? Aber es bleibt die Sorge vor den Lesern, die diese Texte besser nicht lesen sollten. Die Angst vor Kontrollverlust, Fehlinterpretationen und Verzerrungen, vor unliebsamen Enthüllungen von verdeckten Teilen der eigenen Persönlichkeit. Wie damit umgehen?

Die Perspektiven verändern sich immer wieder, und es ist schwer zu sagen, wie viel Welthaltigkeit und Universalität ein äußerst persönliches Tagebuch nach Jahrzehnten oder Jahrhunderten aus der Sicht anderer Menschen hat. Das eigene authentische Tagebuch loszulassen kann jedenfalls sehr schwer sein, fast so schwer, wie das Leben selbst loszulassen. Das ist wahrscheinlich der Grund, warum es am Ende viele Menschen versäumen, ihr Tagebuch rechtzeitig zu vernichten.

Wie zu einem glücklichen, erfüllten und selbstreflektierten Leben das Bedenken des eigenen Endes gehört, so gehört zum Schreiben eines Tagebuchs der Gedanke daran, was aus diesem Tagebuch einmal werden soll – der Gedanke an seinen Verbleib und sein mögliches, immer ein bisschen ungewisses Schicksal.

ANMERKUNGEN

Vorwort

1 Wolfgang Herrndorf: Arbeit und Struktur, Reinbek 2013.
2 Max Frisch: Tagebuch 1966–1971, Frankfurt am Main 1972.
3 Elias Canetti: ›Dialog mit einem grausamen Partner‹, in: Macht und Überleben – Drei Essays, LCB-Editionen 29, Literarisches Colloquium Berlin, Berlin 1972, S. 48.
4 Ebd., S. 43.

I. Das Tagebuch schreiben

1 Vergleiche zu diesem Begriff: Olaf Georg Klein: Zeit als Lebenskunst, Berlin 2007.
2 Arthur Schnitzler: Tagebuch 1879–1892, Wien 1987, S. 48. Eintrag vom 30. April 1880.
3 Ödön von Horváth: Zur schönen Aussicht. Theaterstück 1926, in: Gesammelte Werke in 8 Bänden, Frankfurt am Main 1972, Bd. 3, S. 67.
4 Franz Kafka: Gesammelte Werke, Bd. 7: Tagebücher 1910–1923, Frankfurt am Main 1976, S. 305. Eintrag vom 2. August 1914.
5 Friedrich Nietzsche: Werke in 3 Bänden, hg. v. Karl Schlechta, München/Wien 1994, Bd. 3: Autobiographische Schriften aus den Jahren 1856–1869, S. 9. Eintrag vom 26. Dezember 1856.
6 Christian Schärf: Schreiben Tag für Tag, Mannheim/Zürich 2012, S. 24.
7 Johann Wolfgang Goethe: Sämtliche Werke. Briefe, Tagebücher und Gespräche, II. Abteilung, Bd. 2 (29): Das erste Weimarer Jahrzehnt 1775 bis 1786, hg. v. Hartmut Reinhardt, Frankfurt am Main 1997, S. 43. Einträge vom 10.–12. Mai 1776.
8 Sei Shonagon: Das Kopfkissenbuch einer Hofdame, Zürich 2016.
9 Jochen Schmidt: Schmidt liest Proust – Quadratur der Krise, Dresden/Leipzig 2008, S. 215. Eintrag vom 3. Oktober 2006.
10 Paul Valéry: Cahiers/Hefte, 6 Bände, Frankfurt am Main 1987, Bd. I, S. 493.
11 Ebd., S. 472.
12 Zu dem Begriff und seiner Deutung vergleiche: Jon G. Allen/Peter Fonagy/Anthony W. Bateman: Mentalisieren in der psychotherapeutischen Praxis, Stuttgart 2011.
13 Walter Kempowski: Sirius – Eine Art Tagebuch, München 1990, S. 471. Eintrag vom 6. Oktober 1983.
14 Sören Kierkegaard: Die Tagebücher 1834–1855, München 1953, S. 84. Eintrag vom 9. Juli 1837.

15 Cesare Pavese: Das Handwerk des Lebens, Frankfurt am Main 1974, S. 318. Eintrag vom 5. März 1947.

16 Anne Frank: Tagebuch der Anne Frank, Heidelberg 1974, S. 13. Eintrag vom 20. Juni 1942.

17 Brigitte Reimann: Ich bedauere nichts. Tagebücher 1955–1963, Berlin 1998, S. 124. Eintrag vom 12. November 1959

18 Walter Höllerer: Sind Tagebücher zeitgemäß? Diskussion im LCB am 27. Dezember 1972, mit Max Frisch, Elias Canetti, Uwe Johnson und Lars Gustafsson, http://cicero.de/salon/warum-tagebuch-schreiben/43410.

19 Rainer Wieland: Das Buch der Tagebücher, München 2010, S. 623.

20 Anaïs Nin: Die Tagebücher der Anaïs Nin (1931–1934), hg. v. Gunther Stuhlmann, München 1971, S. 227, Eintrag vom Mai 1933.

21 Simone de Beauvoir: Amerika: Tag und Nacht, Hamburg 1950, S. 97f. Eintrag vom 16. Februar 1947.

22 Hans Henny Jahnn: Werke und Tagebücher in sieben Bänden, Bd. 7: Schriften, Tagebücher, Hamburg 1974, S. 533. Eintrag vom 20. Oktober 1914.

23 Christian Schärf: a. a. O., S. 61.

24 Max Beckmann: Leben in Berlin – Tagebuch 1908–1909, München 1983, S. 35f. Eintrag vom 28. Januar 1909.

25 Paul Klee: Tagebücher 1898–1918, Leipzig/Weimar 1980, S. 255. Eintrag vom 16. April 1914.

26 Susan Cain: Still, München 2013, S. 25.

27 Ralph Waldo Emerson: Die Tagebücher, Stuttgart 1954, S. 79. Eintrag vom 14. Oktober 1834.

28 Sören Kierkegaard: a. a. O., S. 120. Eintrag vom 24. Mai 1839.

29 Samuel Pepys: Der erotische Pepys, ausgewählt von Helmut Krausser, Frankfurt am Main 2007, S. 125. Eintrag vom 14. Januar 1666.

30 Elias Canetti: ›Dialog‹, a. a. O., S. 38.

31 Ernesto Che Guevara: Ausgewählte Werke in Einzelausgaben, Bd. 5: Das vollständige bolivianische Tagebuch, hg. v. Horst-Eckart Gross, 6. Aufl., Bonn 2003, S. 94f. Eintrag vom 26. Februar 1967.

32 Olaf Georg Klein: Tagebuch (unveröffentlicht). Eintrag vom 19. Juli 1977.

33 Elias Canetti: ›Dialog‹, a. a. O., S. 45.

34 Julia Cameron: Der Weg des Künstlers, München 1996, S. 33ff.

35 Hannah Arendt: Denktagebuch, München 2002, Bd. 2, S. 793.

36 Paul Valéry: a. a. O., Bd. 11, S. 20, aus einem Brief an André Gide vom 22. Februar 1879.

37 Christa Wolf: Ein Tag im Jahr, 1960–2000, München 2003, S. 23. Eintrag vom 27. September 1960.

II. Auswirkungen des Tagebuchschreibens

1 Anne Berest/Andrey Diwan/Caroline de Maigret/Sophie Mas: ›Auszeit für Dich‹, in: How to be Parisian wherever you are. Liebe, Stil & Lässigkeit à la française, München 2014, S. 122.

2 Franz Kafka: a. a. O., S. 204. Eintrag vom 1. Juni 1912.
3 Marc Aurel: Selbstbetrachtungen, 4. Aufl., Leipzig 1982, S. 16, Buch II, Sentenz 8.
4 James Boswell: Journal, Stuttgart 2014, S. 317. Eintrag vom 17. März 1776.
5 Seneca: Handbuch des glücklichen Lebens, Köln 2005, S. 178 (Von der Seelenruhe).
6 Wilhelm Schmid: Schönes Leben? Einführung in die Lebenskunst, Frankfurt am Main 2000, S. 120.
7 Johann Wolfgang Goethe: Faust I, Vers 1112, Vor dem Tor.
8 Alma Mahler-Werfel: Tagebuch-Suiten 1898–1902, Frankfurt am Main 1997, S. 477f. Eintrag vom 19. März 1900.
9 Marshall B. Rosenberg: Gewaltfreie Kommunikation, Paderborn 2003.
10 Arthur Schnitzler: a. a. O., S. 121. Eintrag vom 1. Februar 1882.
11 Katherine Mansfield: Tagebuch 1904–1922. Ungekürzte Ausgabe, hg. v. Max A. Schwendimann, München 1979, S. 113. Eintrag vom 1. Januar 1915.
12 Alma Mahler-Werfel: a. a. O., S. 662f. Eintrag vom 23. April 1901.
13 Paul Valéry: a. a. O., Bd. III, S. 145.
14 Hannah Arendt: a. a. O., Bd. 1, S. 279. Eintrag vom Dezember 1952.
15 Paul Valéry: a. a. O., Bd. III, S. 66.
16 Henri-Frédéric Amiel: Blätter aus dem Tagebuch, ausgewählt von Ernst Merian-Genast, Erlenbach/Zürich 1944, S. 54. Eintrag vom 17. Juni 1852.
17 Victor Hugo: 1848. Ein Revolutionsjournal, hg. v. Jörg W. Rademacher, Berlin 2002, S. 32. Eintrag vom 19. Februar 1848.
18 Paul Klee: a. a. O., S. 28. Eintrag (61) vom 13. Februar 1898.
19 Wilhelm Schmid: a. a. O., S. 81 (kursiv im Original).
20 George Orwell: 1984, Frankfurt am Main/Berlin 1984, S. 34.
21 Ebd., S. 32.
22 Seneca: a. a. O., S. 129 (Vom glücklichen Leben).
23 Lord Byron: Briefe und Tagebücher, hg. v. Leslie A. Marchand, Frankfurt am Main 1985, S. 135. Eintrag vom 16. Januar 1814 (kursiv im Original).
24 Stanislaus Joyce: Das Dubliner Tagebuch des Stanislaus Joyce, hg. v. George Harris Healy, Frankfurt am Main 1984, S. 81. Eintrag vom 13. August 1904.
25 Stefan Klein: Die Glücksformel, Reinbek 2002, S. 237.
26 Ebd.
27 Alma Mahler-Werfel: a. a. O., S. 481. Eintrag vom 24. März 1900.
28 Rainer Wieland: a. a. O., S. 639.
29 Max Beckmann: Tagebücher 1940–1950, München 1984, S. 150. Eintrag vom 11. Januar 1946.
30 Marc Aurel: a. a. O., S. 28, Buch III, Sentenz 14.
31 André Gide: Gesammelte Werke in zwölf Bänden, hg. v. Hans Hinterhäuser, Peter Schnyder und Raimund Theis, Bd. IV: Autobiographisches, Tagebuch 1939–1949, Stuttgart 1990, S. 120. Eintrag vom 21. Juni 1941.
32 Katherine Mansfield: a. a. O., S. 58f. Eintrag vom 23. Oktober 1907.
33 Paula Modersohn-Becker in Briefen und Tagebüchern, Frankfurt am Main 1979, S. 157. Eintrag undatiert, um den 6. März 1899.

34 Franz Kafka: a. a. O., S. 387. Eintrag vom 19. September 1917.
35 William S. Burroughs: Last Words, hg. v. James Grauerholz, Bonn 2001, S. 295. Eintrag vom 28. Juli 1997.
36 Etty Hillesum: Das denkende Herz. Die Tagebücher 1941–1943, Hamburg 2016, S. 43.
37 Rainer Wieland: a. a. O., S. 234f. (Christopher Isherwood: Eintrag vom 14. Mai 1952).
38 Benjamin Constant: Werke in vier Bänden, Bd. II: Autobiographische und Kritische Schriften, hg. v. Axel Blaeschke und Lothar Gall, Berlin 1970, S. 52. Eintrag vom 8. März 1803.
39 Max Beckmann: Frühe Tagebücher 1903/04 und 1912/13, München/Zürich 1985, S. 53. Eintrag vom 9. Dezember 1903.
40 Keith Haring: Tagebücher, Frankfurt am Main 1997, S. 251. Eintrag vom 6./8. März 1989.
41 Etty Hillesum: a. a. O., S. 30.
42 Paul Valéry: a. a. O., Bd. V, S. 96.
43 Etty Hillesum: a. a. O., S. 61.
44 Ebd., S. 79.
45 Arthur Schnitzler: Tagebuch 1893–1902, Wien 1989, S. 122. Eintrag vom 9. Februar 1895.
46 Paul Valéry: a. a. O., Bd. III, S. 277.
47 Susan Sontag: Wiedergeboren, Tagebücher 1947–1963, München 2010, S. 155, in: »Notizen zu einer Kindheit«, Tagebuch vom Januar 1957.
48 Paul Valéry: a. a. O., Bd. III, S. 311.
49 Ebd., Bd. III, S. 306.
50 Julien Green: Tagebücher 1926–1942, München/Leipzig 1991, S. 488. Eintrag vom 26. Januar 1937.
51 Sándor Márai: Tagebücher 1984–1989, ausgewählt von Hans Skirecki, München 2002, S. 101. Eintrag vom 18. Februar 1986.
52 Marc Aurel: a. a. O., S. 60, Buch VI, Sentenz 2.
53 Jürgen vom Scheidt: Innenwelt-Verschmutzung. Die verborgenen Aggressionen, Frankfurt am Main 1988.
54 Rainer Wieland: a. a. O., S. 637.
55 Friedrich Hebbel: Tagebücher, Stuttgart 1996, S. 47. Eintrag 902 aus dem Jahr 1837.
56 Etty Hillesum: a. a. O., S. 54. Eintrag vom 5. September 1941.
57 Ralph Waldo Emerson: a. a. O., S. 93. Eintrag vom 21. Juli 1836.
58 Stefan Klein: a. a. O., S. 260.
59 Mihaly Csikszentmihalyi: Flow, Stuttgart 1999, S. 68 (kursiv im Original).
60 Thomas Mann: Tagebücher 1951–1952, hg. v. Inge Jens, Frankfurt am Main 1993, S. 67. Eintrag vom 1. Juni 1951.
61 Mihaly Csikszentmihalyi: a. a. O., S. 141.

III. Selbstbewusstsein, Selbsterkenntnis, Selbstwirksamkeit

1 Seneca: a. a.O., S. 228 (Briefe an Lucilius).
2 Gustav René Hocke: Das europäische Tagebuch, S. 41.
3 Ebd., S. 44.
4 Ebd.
5 Etty Hillesum: a. a. O., S. 63. Eintrag vom 21. Oktober 1941.
6 Wilhelm Schmid: a. a. O., S. 139 (Unterstreichung OGK).
7 Vgl. ›Versäumnisangst und Versäumnisterror‹, in: Olaf Georg Klein: a. a. O., S. 31ff.
8 Heimito von Doderer: Commentarii 1957 bis 1966, München 1986, S. 39. Eintrag vom 4. Februar 1957.
9 Jon Kabat-Zinn: Gesund durch Meditation – Das große Buch der Selbstheilung durch MBSR, München 2013.
10 Thich Nhat Hanh: Die Kunst des glücklichen Lebens, Berlin 2001, S. 151.
11 Etty Hillesum: a. a. O., S. 49. Eintrag vom August 1941.
12 Ebd., S. 13. Eintrag vom 9. März 1941.
13 Ebd., S. 23. Eintrag vom März 1941.
14 Ebd., S. 67. Eintrag vom 21. November 1941.
15 Susan Sontag: Ich schreibe, um herauszufinden, was ich denke. Tagebücher 1964–1980, München 2013.
16 Etty Hillesum: a. a. O., S. 28. Eintrag vom 22. März 1941.
17 Victor Klemperer: Ich will Zeugnis ablegen bis zum letzten – Tagebücher 1942–1945, Berlin 1995, S. 119. Eintrag vom 11. Juni 1942.
18 https://www.jurion.de/urteile/bgh/1964-02-21/4-str-519_63/ (4. Juli 2018) Bundesgerichtshof – Urt. v. 21.02.1964, Az.: 4 StR 519/63.
Verwendung von Tagebuchaufzeichnungen als Beweismittel; Grundgesetzliches Beweisverbot in Bezug auf private Aufzeichnungen in Strafverfahren; Folge der besonderen Bedeutung des Schutzes der Menschenwürde und des Rechtes auf Entfaltung der Persönlichkeit im GG; Grundsatz der Verhältnismäßigkeit bei der Beurteilung der Zulässigkeit von Strafverfolgungsmaßnahmen.
Amtlicher Leitsatz: »Werden tagebuchartige Aufzeichnungen, die mit der Persönlichkeitssphäre des Verfassers verknüpft sind und die er nicht zur Kenntnis Dritter bringen wollte, im Strafverfahren als Beweismittel gegen seinen Willen benutzt, so liegt hierin ein Verstoß gegen die Menschenwürde und das Grundrecht auf freie Entfaltung der Persönlichkeit, es sei denn, das Interesse des Staates an der Strafverfolgung überwiegt, im Lichte des Grundrechts abgewogen, das persönliche Interesse an Schutz des eigenen Geheimbereichs.«
19 Thomas Mann: Tagebücher 1933–1934, hg. v. Peter de Mendelssohn, Frankfurt am Main 1977, S. 40. Eintrag vom 7. April 1933.
20 Ebd., S. 66. Eintrag vom 30. April 1933.
21 Henri-Frédéric Amiel: a. a. O., S. 32. Eintrag vom 16. Dezember 1847.

22 Alma Mahler-Werfel: a. a. O., S. 582. Eintrag vom 12. November 1900.
23 Gustav René Hocke: a. a. O., S. 757 (Henri-Frédéric Amiel, Eintrag vom 16. Dezember 1847).
24 Sylvia Plath: Die Tagebücher, hg. von Frances McCullough, Frankfurt am Main 1997, S. 117. Eintrag vom 14. Mai 1953.
25 Herbert Marcuse: Triebstruktur und Gesellschaft, Frankfurt am Main 1990, S. 40ff.
26 Friedrich Hebbel: a. a. O., S. 18. Eintrag (156) vom 4. Juni 1836.
27 Cesare Pavese: a. a. O., S. 62. Eintrag vom 20. November 1937.
28 Anaïs Nin: Wir steuern den Kurs unserer Ehe nur mit tiefer Liebe – Die frühen Tagebücher 1923–1927, München 1998, S. 181f. Eintrag vom 23. März 1925.
29 Wilhelm Reich: Jenseits der Psychologie – Briefe und Tagebücher 1934–1939, Köln 1997, S. 331. Eintrag vom 17. Juli 1939.
30 Julien Green: a. a. O., S. 248. Eintrag vom 2. Januar 1933.
31 Franz Kafka: a. a. O., S. 148. Eintrag vom 23. Dezember 1911 (Unterstreichung OGK).
32 André Gide: a. a. O., Bd. III: Autobiographisches, Tagebuch 1923–1939, S. 511. Eintrag vom 11. März 1933.
33 Etty Hillesum: a. a. O., S. 33. Eintrag vom 25. März 1941.
34 Paula Modersohn-Becker: a. a. O., S. 317. Eintrag vom 30. März 1902.
35 Etty Hillesum: a. a. O., S. 81. Eintrag zwischen dem 21. November und dem 31. Dezember 1941.
36 Paula Modersohn-Becker: a. a. O., S. 151. Eintrag vom 19. Januar 1899.
37 Julien Green: a. a. O., S. 227. Eintrag vom 3. Oktober 1932.
38 Rainer Wieland: a. a. O., S. 630.
39 Paula Modersohn-Becker: a. a. O., S. 231. Eintrag vom 26. Juli 1900.
40 Susan Sontag: a. a. O., S. 205 (Unterstreichung OGK).
41 Marc Aurel: a. a. O., S. 89, Buch VII, Sentenz 60.
42 Rainer Wieland: a. a. O., S. 316 (Liane de Pougy, Eintrag vom 4. Juli 1919).
43 Byung-Chul Han: Agonie des Eros, Berlin 2012, S. 30.
44 Wilhelm Schmid: a. a. O., S. 124 (kursiv im Original).
45 Eugène Delacroix: Dem Auge ein Fest – Aus den Tagebüchern des Malers, hg. v. Kuno Mittelstadt, Berlin 1979, S. 179f. Eintrag vom 28. April 1854.

IV. Tagebuchschreiben und Zeitwahrnehmung

1 Susan Sontag: a. a. O., S. 353.
2 Paul Valéry: a. a. O., Bd. IV, S. 27.
3 Olaf Georg Klein: a. a. O., S. 13.
4 Etty Hillesum: a. a. O., S. 35. Eintrag vom 8. Juni 1941 (kursiv im Original).
5 Vgl. Olaf Georg Klein: a. a. O.: Zeit vergeht nicht, sondern Zeit entsteht … ohne dass dafür etwas zu tun wäre; wie unbewusste Zeitkonzepte auf den Einzelnen wirken …
6 Petter Moen: Der einsame Mensch, hg. v. Edzard Schaper, Zürich 1950, S. 6.

7 Gustav René Hocke: a. a. O., S. 162.
8 Marc Aurel: a. a. O., S. 30, Buch IV, Sentenz 3.
9 Dag Hammarskjöld: Zeichen am Weg, München/Zürich 1965, S. 20.
10 Paul Valéry: a. a. O., Bd. IV, S. 97.
11 Oskar Loerke: Tagebücher 1903–1939, hg. v. Hermann Kasack, 2. Aufl., Heidelberg/Darmstadt 1956, S. 129. Eintrag vom 27. Dezember 1923.
12 Milan Kundera: Die unerträgliche Leichtigkeit des Seins, Frankfurt am Main 1987, S. 11.
13 León Bloy: Vier Jahre Gefangenschaft in Cochons-sur-Marne. Tagebücher des Verfassers 1900–1904, Nürnberg 1951, S. 87. Eintrag vom 4. Juli 1904.
14 Paul Valéry: a. a. O., Bd. IV, S. 33.
15 Friedrich Hebbel: a. a. O., S. 37f. Eintrag (669) aus dem Jahr 1837.
16 Paul Valéry: a. a. O., Bd. III, S. 445.
17 Ebd., Bd. IV, S. 23.
18 Bruce Frederick Cummings [Pseudonym W. N. P. Barbellions]: The Journal of a disappointed man, London 1931. Eintrag vom 2. Juni 1910 [übersetzt von Gustav René Hocke: a. a. O., S. 913].
19 Ebd., S. 917. Eintrag vom 4. März 1915.
20 Michael Maar: Heute bedeckt und kühl – Große Tagebücher von Samuel Pepys bis Virginia Woolf, München 2015, S. 80.
21 André Gide: a. a. O., Bd. III, S.263. Eintrag vom 23. Oktober 1929.
22 Etty Hillesum: a. a. O., S. 133.
23 Antoine de Saint-Exupéry in: Hans Walter Bähr (Hg.): Die Stimme des Menschen. Briefe und Aufzeichnungen aus der ganzen Welt 1939–1945, München 1961, S. 374.
24 Etty Hillesum: a. a. O., S. 27.
25 Vgl. dazu ausführlicher: Olaf Georg Klein: a. a. O.
26 Etty Hillesum: a. a. O., S. 125f.
27 André Gide: a. a. O., Bd. III, S. 630. Eintrag vom 28. Juni 1937.
28 Marc Aurel: a. a. O., S. 17, Buch II, Sentenz 11.
29 Etty Hillesum: a. a. O., S. 100.
30 Julien Green: a. a. O., S. 260. Eintrag vom 23. Februar 1933.
31 Friedrich Hebbel: a. a. O., S. 40. Eintrag (731) aus dem Jahr 1837.
32 Dag Hammarskjöld: a. a. O., S. 22.
33 Etty Hillesum: a. a. O., S. 115.
34 Harry Graf Kessler: Das Tagebuch, Siebter Band 1919–1923, Stuttgart 2007, S. 101. Eintrag vom 17. Januar 1919.
35 Samuel Pepys: a. a. O., S. 87. Eintrag vom 8. März 1664.
36 David Livingstone: Die Erschließung des dunklen Erdteils – Reisetagebücher aus Zentral-Afrika 1866–1873, Berlin o.J., S.283. Eintrag vom 8. November 1869.
37 Klaus Mann: Tagebücher 1931–1933, Reinbek 1995, S. 64. Eintrag vom 14. Juli 1932.
38 Victor Klemperer: a. a. O., S. 107. Eintrag vom 2. Juni 1942.

39 Olaf Georg Klein: Tagebuch (unveröffentlicht). Eintrag vom 9. Dezember 1977.
40 Etty Hillesum: a. a. O., S. 43. Eintrag vom 4. August 1941.
41 Stendhal: Rom, Neapel und Florenz, Berlin 1964, S. 322f. Eintrag vom 19. Juni 1817.
42 Eugène Delacroix: a. a. O., S. 181. Eintrag vom 29. Juni 1854.
43 Ralph Waldo Emerson: a. a. O., S. 192. Eintrag vom 15. Juni 1844.

V. Tagebuch und Erinnerung

1 James Boswell: a. a. O., S. 95. Eintrag vom 11. August 1764.
2 Dag Hammarskjöld: a. a. O., S. 56. Eintrag von 1954.
3 Bruce Frederick Cummings: a. a. O. Eintrag vom 19. Mai 1911 [übersetzt von Gustav René Hocke: a. a. O., S. 915].
4 Paul Valéry: a. a. O., Bd. III, S. 448.
5 Erich Kästner: Notabene 45. Ein Tagebuch, Zürich 1961, S. 13. Eintrag vom Frühjahr 1961 (aus seinem Vorwort).
6 Vgl. dazu: Sabine Bode: Kriegsenkel, Stuttgart 2009, und dies.: Nachkriegskinder, Stuttgart 2011.
7 Vgl. dazu: Olaf Georg Klein: Plötzlich war alles ganz anders – Deutsche Lebenswege im Umbruch, Köln 1994; Michael Hacker u. a. (Hgg.): Dritte Generation Ost – Wer wir sind, was wir wollen, Berlin 2012; Judith Enders/Mandy Schulze/Bianca Ely (Hgg.): Wie war das für Euch – Die Dritte Generation Ost im Gespräch mit ihren Eltern, Berlin 2016.
8 Wilhelm Schmid: a. a. O., S. 115.
9 Susan Sontag: a. a. O., S. 206f. Einträge vom 31. Dezember 1957 und 2. Januar 1958.
10 Susan Sontag: a. a. O., Vorwort von ihrem Sohn und Herausgeber David Rieff, S. 8.
11 Ebd., S. 13.
12 Vgl. Anm. 20 in Teil III über das Urteil des Bundesgerichtshof.
13 Michael Maar: a. a. O., S. 50.
14 Ebd., S. 35.
15 Ebd., S. 38.
16 Ebd., S. 76.
17 James Boswell: a. a. O., S. 45f. Eintrag vom 16. Juli 1763.

Olaf Georg Klein studierte Evangelische Theologie mit den Schwerpunkten Philosophie und Psychologie an der Humboldt-Universität zu Berlin. Er lebt und arbeitet als Autor und Coach in Berlin, war Writer in Residence und Gastprofessor in den USA. Bei Wagenbach erschien *Zeit als Lebenskunst* in mehreren Auflagen.

© Juliane Flöting

LESEN SIE WEITER

Olaf Georg Klein   Zeit als Lebenskunst

Zeit kann man nicht sparen, Zeit muss man leben – ein Buch wider den Beschleunigungswahn der westlichen Gesellschaft. Nach drei Auflagen erstmals im Taschenbuch!

WAT 632. Broschur. 240 Seiten

Georg Simmel   Das Abenteuer des Lebens
Philosophische Versuche

Warum raucht niemand mehr Zigarre? In dieser Auswahl philosophischer Essays lässt sich Georg Simmel, der bedeutende Diagnostiker des modernen Lebens, ebenso gut entdecken wie die Lust am Denken überhaupt.

WAT 808. Broschur. 160 Seiten

Klaus Wagenbach
Franz Kafka. Biographie seiner Jugend

Ein junger Mann liest wenige Jahre nach dem Ende des Zweiten Weltkriegs den Roman eines deutschsprachigen Autors. Er geht den Lebensspuren seines Helden nach, sucht nach Verwandten und Freunden des Autors. – Der junge Mann heißt Klaus Wagenbach, sein jugendlicher Held Franz Kafka. Es entsteht die erste Biographie des Prager Autors nach Max Brod.

Gebunden mit Schutzumschlag und Lesebändchen
328 Seiten mit vielen Abbildungen

Wenn Sie mehr über den Verlag und seine Bücher wissen möchten, schreiben Sie uns eine Postkarte oder elektronische Nachricht (mit Anschrift und E-Mail). Wir informieren Sie dann regelmäßig über unser Programm und unsere Veranstaltungen.

Verlag Klaus Wagenbach   Emser Straße 40/41   10719 Berlin
www.wagenbach.de   vertrieb@wagenbach.de

www.wagenbach.de
Umschlaggestaltung Julie August unter Verwendung einer Fotografie
© Archiv Klaus Wagenbach. Satz aus der Adobe Caslon. Überzug- und
Vorsatzmaterial von Winter & Company, Eimeldingen. Gedruckt auf
Schleipen und gebunden bei Pustet, Regensburg. Printed in Germany.

ISBN 978 3 8031 3674 9

9 783803 136749